IDEAL LIBRARY

Free Souls
The Life and Works of 12 Female Writers

by Kweon Osoo An Jung Sim Park Hae Sook Kim Moonsook
Kim Chae-Nam Lee Jeong-Hee Kim Yun-Sun Oh Kyounghee
Lee Hwasook Seo Yu Jung Kang Moon Ae

그녀들은 자유로운 영혼을 사랑했다

불꽃처럼 살다간 12인의 여성작가들

권오숙 안정심 박혜숙 김문숙 김채남 이정희
김윤선 오경희 이화숙 서유정 강문애

이상의 도서관 39

한길사

이상의 도서관 39

그녀들은 자유로운 영혼을 사랑했다
불꽃처럼 살다간 12인의 여성작가들

지은이 · 권오숙 안정심 박혜숙 김문숙 김채남 이정희 김윤선 오경희 이화숙 서유정 강문애
펴낸이 · 김언호
펴낸곳 · (주)도서출판 한길사

등록 · 1976년 12월 24일 제74호
주소 · 413-756 경기도 파주시 광인사길 37
   www.hangilsa.co.kr
   E-mail: hangilsa@hangilsa.co.kr
전화 · 031-955-2000~3 팩스 · 031-955-2005

상무이사 · 박관순 | 총괄이사 · 곽명호
영업이사 · 이경호 | 관리이사 · 김서영 | 경영기획이사 · 김관영
기획편집 · 배경진 서상미 김지희 홍성광 이지은
전산 · 한향림 | 마케팅 · 윤민영
관리 · 이중환 문주상 장비연 김선희

CTP 출력 · 알래스카 커뮤니케이션 | 인쇄 · 현문인쇄 | 제본 · 자현제책사

제1판 제1쇄 2011년 11월 30일
제1판 제2쇄 2013년 5월 30일

값 18,000원
ISBN 978-89-356-6534-1 03800

• 잘못 만들어진 책은 구입하신 서점에서 바꿔드립니다.

이 도서의 국립중앙도서관 출판시도서목록(CIP)은
e-CIP 홈페이지(http://www.nl.go.kr/ecip)와
국가자료공동목록시스템(http://www.nl.go.kr/kolisnet)와
국가자료공동목록시스템(http://www.nl.go.kr/kolisnet) 에서 이용하실 수 있습니다.
(CIP제어번호: CIP2011004806)

세상에 도전한 위대한 여성들
―머리말

전통적으로 여성의 글쓰기는 '감히, 여자가!' 넘볼 수 없는 영역이었다. 여성에게 교육이 제한되었던 사회에서 붓과 펜은 여성의 영역이 아니었다. 그러나 천형처럼 자신 속에 숨어 있는 '시인으로서의 기질'을 온몸과 삶으로 살아냈던 여성들은 도처에 있어왔다. 그들 중 많은 이들은 남성 중심 사회의 문화 권력에 의해 매몰되어 잊혀졌다. (페미니스트 성명서나 다름없는 1792년에 출판되었던 메리 울스턴크래프트의 『여권의 옹호』가 그랬듯이 말이다.)

페미니즘의 등장과 함께 우리나라에서도 여러 여성 작가가 소개되고 연구되어왔다. 그러나 이러한 연구들은 너무 전문가 중심이어서 일반 독자가 다가가기에는 거리가 있었다. 또한 지나치게 서구 여성 작가 중심이어 와다. '불꽃처럼 살다간 12인의 여성작가들'이라는 부제를 단 『그녀들은 자유로운 영혼을 사랑했다』의 출간은 이 두 가지 아쉬운 면을 해소하는 반가운 책이다.

이 책은 고대 그리스의 시인 사포를 비롯한 영미 작가 조지 엘리엇·버지니아 울프·실비아 플라스, 유럽 여성 작가 조르주 상드·시몬 드 보부아르·루이제 린저는 물론이며, 이와 균형을 맞추어 그간 우리와 가까이 있으면서도 서로를 알지 못했던 일본의 히구치 이치요와 중국의 딩링·샤오훙을, 우리나라의 황진이·나혜석과 함께 소개하고 있다. 이들의 삶은 한결같이 열정적이고 치열했고 사회의 관습이나 편견에 도전적이었다. 그래서 대체로 그들에게는 남성사회가 칠해놓은 부정적 이미지들이 덧씌워져 있다.

예를 들어 사포는 그리스라는 남성 중심 사회에서 소외된 여성들의 집단 교육을 시행하며 제자들에 대한 사랑을 솔직하고 담대한 서정시로 읊어낸 위대한 교육자이자 시인이었다. 그러나 후대 남성들은 그녀와 제자들을 레즈비언(원래 '레스보스〔Lesbos〕섬 사람들'이란 뜻)이라 불렀으며 그 단어에는 여성 동성애자, 성적 일탈자라는 부정적 이미지가 담겨 있다. 그런가 하면 전체주의가 무너지고 개인의 인권을 찾기 위해 투쟁을 벌이던 격동의 프랑스 19세기를 조르주 상드는 개인의 자아를 갈망하는 낭만주의자로, 또 민중을 위한 사회주의자로 살았다. 그러나 그녀는 남성들에 의해 자유연애가로 폄하되었으며 흔히 쇼팽의 연인으로만 기억되고 있다.

이 책에 실린 작가 중에는 누구나 다 그 이름은 익히 들어 알고 있는 이들도 있다. 신분질서가 엄격했던 16세기 조선 사회에서 사대부 남성들과 시와 음악으로 교유했던 황진이, 빅토리아 사회의 여성 지식인으로서 여성·종교·결혼에 대한 온갖 사회적 통념과 싸우며 영국 농촌을 배경으로 한 위대한 소설들을 쓴 조지 엘리엇, 모더니즘 소설가이자 페미니스트로서 세상에 큰 족적을 남긴 버지니아 울프, 『제2의 성』으로 여성을 열악한 사회적 조건에서 살아가게 하는 사회 시스템을 해부함으로써 페미니즘의 초석을 놓은 시몬 드 보부아르, 동서를 막론하고 많은 독자층을 확보하고 있는 독일의 루이제 린저. 하지만 이 책을 읽어보면 우리가 그들에 대해 알고 있는 바가 얼마나 피상적이고 왜곡된 것인지를 깨닫게 된다. 이 책의 필진인 중진, 소장 학자들은 이 작가들의 삶과 작품 세계를 새롭게 조망함으로써 그들에 대한 우리의 미망을 바로잡고자 했다.

그런가 하면 우리에게 익숙지 않은 동양의 위대한 여성 문인들에 대한 소개도 싣고 있다. 일본 최초의 직업 여성 작가로 유곽 여성들의 삶을 그린 히구치 이치요, 급진적 사고로 편협한 여성관과 싸우며 예술 활동을 벌인 나혜석, 혁명의 소용돌이였던 중국 현대사를 온몸으로 살아낸 딩링, 1930년대 항일과 혁명이라는 환란의 중국의 역사에서 인간의 내면을 탐색한 샤오훙. 그들의 삶과 작품이 낯선 만큼이나 반가웠다.

여성들의 사회적 위상이 역사상 그 어느 때보다도 상승된 지금, 이런 사회적 변혁의 큰 씨앗이 되어준 여성 문인들의 삶을 되짚어보는 작업은 대단히 의미 있는 것으로 여겨진다. 더구나 이 책은 여성학의 논의에서 종종 비난받아왔던 난삽한 언어가 아니라 비교적 쉬운 언어로 명료하게 쓰여진 덕분에 일반 독자가 부담 없이 읽을 수 있다는 미덕도 지니고 있다. 고마운 일이다.

끝으로 아직도 발굴하여 조명되기를 기다리는 또 다른 동서고금 여성 작가들을 다룬 후편의 출간을 기대해본다.

2011년 11월
연점숙 경희대 교수 · 전 영미문학페미니즘학회 회장

머리말 • 세상에 도전한 위대한 여성들 | 연점숙 5

1 레즈비언의 기원이 되다 • 사포
권오숙 11

2 신분을 넘어 사대부의 지우知友가 되다 • 황진이
안정심 43

3 사랑과 정의의 몽상가 • 조르주 상드
박혜숙 69

4 시대의 올무를 끊다 • 조지 엘리엇
김문숙 101

5 인간의 실존적 비극을 탐색한 휴머니스트 • 버지니아 울프
김채남 133

6 일본 최초의 여성 직업 작가 • 히구치 이치요
이정희 163

7 한국 여성의 길이 되다 • 나혜석
김윤선 189

8 고뇌와 욕망을 넘어서 역사가 되다 • 딩링
오경희 221

9 자유를 향한 열정 • 시몬 드 보부아르
이화숙 249

10 모든 생을 사랑하다 • 루이제 린저
서유정 275

11 역사를 넘어서 인간의 내면을 꿰뚫다 • 샤오훙
오경희 299

12 폭풍 같은 삶, 핏빛 울음의 시 • 실비아 플라스
강문애 323

주註 353

1 사포 Sappho

레즈비언의 기원이 되다

권오숙 | 한국외국어대학교 외래교수 • 영어영문학

"내 심장은 가슴속에서 용기를 잃고 작아지네.
흠칫 너를 훔쳐보는 내 목소린 힘을 잃고
혀는 굳어져 아무 말도 할 수 없네.
내 연약한 피부 아래 뜨겁게 끓어오르는 피는
귀에 들리는 듯 맥박 치며 흐르네.
내 눈에는 지금 아무것도 보이지 않네."

사포(Sappho, 기원전 612년경~기원전 556년경)

고대 그리스의 서정시인 사포

그리스 최고의 여성 시인이자 서정시인이라 할 수 있는 사포(Sappho, 기원전 612년경~기원전 556년경)는 그리스의 레스보스 섬에서 태어났다. 귀족 가문 출신의 사포는 언어를 다루는 데 남다른 재능이 있어서 아름다운 서정시들을 남겼다. 그는 살아생전에 호메로스(Homeros, 기원전 8세기경)와 비교될 정도로 높은 문학적 명성을 누렸다. 호메로스가 당대의 대서사시인으로 영웅들의 모험담을 노래한 시인이라면, 사포는 섬세하고 세밀한 내면의 감정과 사랑을 자유롭고 사실적으로 표현한 서정시인이다. 하지만 후대인들의 칭송을 받은 호메로스와는 달리 사포의 서정시들은 생전의 명성을 유지하지 못했다.

사포는 흔히 알카이오스(Alkaeos, 기원전 620년경~기원전 580년경), 아나크레온(Anacreon, 기원전 582년경~기원전 485년경), 시모니데스(Simonides, 기원전 556년경~기원전 468년경)와 함께 고대 그리스 4대 서정시인으로 꼽힌다. 사포는 아홉 권 분량의 방대한 시를 쓴 것으로 알려져 있다. 그러나 당시 종이 대신 쓰였던 파피루스의 보존력이 약해 상당수의 시가 소실되었으며, 남아 있던 작품들조차 음란하다는 이유로 중세 기독교 성직자들이 불태워버렸다. 그래서 지금은 700여 행만이 파편적으로 전해지고 있는데 로마 시대 필사본 시집인 『팔라티네 앤솔러지』(Palatine Anthology) 같은 책들에 부분적으로 인용이 되어 전해오고 있다.

작품이 많지 않은데다 파편화되어 전해지고 있어 사포의 시들은 항상 새롭게 해석될 여지가 있는 수수께끼로 남아 있다. 그래서 전반적인 문학적 평가를 내리기는 어렵지만 사포는 전쟁 영웅과 신들의 이야기를 주로 묘사하는 서사시가 풍미하던 시절에 개인적인 감정의 토로라는 새로운 주제의 시 영역을 개척한 시인으로 볼 수 있다. 또한 '사포체'(sapphic)

라는 이름이 붙여질 정도로 시 형식에서도 그만의 독특한 영역을 구축했다. 사포체의 특징은 기교와 수식이 없는 명료성과 직접성이다.

허구와 전설 속에 숨겨진 사포의 생애

사포의 생에 대해서는 명확히 알려진 바가 없고 정당한 평가가 이루어지지도 않았다. 사포의 삶을 보여주는 당대의 자료는 오로지 그의 시와, 그의 모습을 담고 있는 고대 도자기 몇 점뿐이다. 후대인들은 남성만의 전유물로 여겨지던 에로티시즘의 경계를 넘나든 이 대담한 여성 시인에 대해 부정적인 이미지들을 끊임없이 창출해왔다. 그래서 그는 그리스 최고의 서정시인이라는 평가보다 레즈비언(Lesbian)이라는 타이틀이 더 유명하고, 젊은 남성에게 실연당해 자살한 격정적 여인으로 회자된다.

남성 위주의 왜곡된 시각은 시인 사포를 사회의 규범을 깬 일탈한 여성의 이미지로 끊임없이 재현해왔다. 후대의 남성 문인들은 그를 언제나 상대를 바꿔가며 연애를 하는 음탕한 여인으로 그리고 있으며, 10~11세기에 비잔틴제국에서 제작된 백과사전인 『수이다스』(Suidas)에서는 사포와 여제자들의 관계에 대해 "아티스, 텔레시파, 메가라라는 세 명의 동료이자 친구가 있었으며 그들과의 불명예스러운 교유(交遊) 때문에 나쁜 평판을 얻었다"고 설명한다.[1] 그리스 로마 문학과 관련된 저술 활동을 하고 있는 독일 작가 기벨(Marion Giebel, 1939~)은 사포의 생애와 사상을 연구한 저술에서 다음과 같이 적고 있다.

서구의 서정시 시화집의 어느 것도 사포의 시를 담지 않은 것은 없다시피 하지만 그의 개인에 대한 관심은 오히려 사포적인 면을 레즈비언적인 것에 초점을 맞추어 그것에 온 심혈을 기울여온 경우가 많았다.[2]

파피루스에 씌어진 사포의 시.
고대 문헌학자들은 이런 파편적인 시들의 조각을 계속해서 맞추고 있다.

이렇듯 후대 사람들은 사포의 탁월한 시세계에 대한 관심은 제쳐두고 유독 그녀의 성 정체성에만 관심을 가졌다. 이로 인해 사포의 생애는 허구와 전설의 베일 속에 숨겨져 있었다. 하지만 근대에 들어서면서부터 사포에 대한 관심이 되살아나면서부터 마치 조각난 도자기의 조각들을 끼워 맞추고 사라진 부분들을 상상으로 채워가듯이, 그의 시편과 생애에 대한 조각 맞추기가 계속되어왔다.

『수이다스』에 따르면 사포는 20세에 안드로스(Andros) 섬의 부유한 상인 케르킬라스(Cercylas)와 결혼하여 클레이스(Kleis)라는 딸을 낳았다. 그 딸에 대한 사랑을 노래한 다음 시편이 전해오고 있다.

「클레이스」[3)]

금빛으로 활짝 핀 꽃처럼 아름다운
딸을 나는 가지고 있습니다.
클레이스, 무엇과도 견줄 수 없는 나의 사랑.
리디아 보물을 다 준다 해도 바꿀 수 없습니다.
애인과도 바꿀 수 없습니다.

사포는 레스보스의 정치적인 문제에 연루되어 2년간 시칠리아(Sicilia)로 망명을 가게 된다. 시라쿠사(Syracusa)의 시청에 서 있는 그의 모습을 담고 있는 도자기를 통해 그가 기원전 603년과 595년 사이에 그곳으로 망명한 것으로 추정되고 있다. 또한 한 시편에는 망명에 대해 언급하며 예전처럼 호사스럽게 살지 못함을 암시하는 부분이 남아 있다. 당대의 정치 상황을 날카롭게 비판했던 동료 시인 알카이오스와는 달리 사포는 자신의 시에 정치를 담는 데에는 관심이 없었던 것으로 보인다. 다만 그의 시 중 미틸레네[4)]의 참주인 피타코스가 결혼한 펜틸로스 가문에 대한 적개심이 드러난 부분이 있는 것으로 미루어볼 때 정파 간의 권력 투쟁에 연루되었던 것으로 추정된다.

이때 아네테는 위대한 개혁 군주 솔론(Solon, 기원전 640년경~기원전 560년경)의 통치 아래 있었다. '솔론의 개혁'으로 유명한 이 군주는 문예를 정치적 수사로 활용하려 했다. 그래서 그는 평생 사포의 시를 암송하며 그의 시작법(詩作法)을 익히고자 했다. 사포 시형(詩形)으로 쓴 솔론의 서정시가 몇 편 전해지고 있는데, 심지어 80세 노년에도 조카의 도움을 받아 사포의 최신 시를 익히곤 했다고 한다.

사포가 다시 레스보스 섬으로 돌아왔을 때는 남편이 사망한 뒤였다. 30세 무렵에 미망인이 되어버린 사포는 귀족 집안의 소녀들을 모아 그들에게 시와 노래, 춤 등의 예술을 가르치기 시작했다. 당시 그리스에는 도시 국가의 공동체 행사로 대규모 축제나 제전이 많이 열렸는데, 여성들은 축제나 종교 의식에서 현악기 합주에 맞추어 노래를 하고 춤을 추거나 코로스를 했다. '뮤즈에게 이바지하는 자들의 집'이라고 명명한 자신의 교육장에서 사포는, 가무(歌舞)를 비롯한 여성 교양 교육을 실시했다. 당대에 이런 여성 그룹이 몇 개 더 있었는데 그중 안드로메다와 고르고가 운영하는 그룹이 사포의 그룹과 경쟁 관계에 있었던 것으로 보인다.

안드로메다는 사포처럼 소녀 가무단을 이끌던 경쟁자였다. 그녀는 사포와 알카이오스를 추방한 것으로 여겨지는 미틸레네의 참주 피타코스의 부인과 긴밀하여 정치적 영향력이 컸던 것으로 보인다. 이런 이유로 사포가 가장 아끼던 제자 아티스가 안드로메다의 문하로 들어가기도 한다. 하지만 아티스는 나중에 다시 사포의 그룹으로 돌아온다.[5] 사포의 작품에는 안드로메다에게 아끼는 제자를 빼앗긴 질투와 안타까움을 담은 시편들이 남아 있다.

사포 문하의 소녀들은 그리스뿐만 아니라 소아시아, 이집트, 지중해 서부 해안 지역 등 출신 지역이 다양했다. 이를 볼 때 정치적 영향력은 약했을지 모르지만 그의 명성은 상당히 높았던 것으로 추정된다.

「제자들과 함께 있는 사포」. 아티카 물병. 기원전 440년~기원전 420년경. 키타라(Cithara)를 들고 있는 제자와 시를 읊고 있는 사포의 모습을 통해 이들 모임의 성격을 알 수 있다.

그리스의 청년 교육과 동성애

소녀들은 사포와 기거하면서 시, 춤, 노래와 같은 예술뿐만이 아니라 점잖은 품행, 가사 등의 교육을 받았다. 그녀들은 혼기까지 머물면서 교육을 받다 결혼과 함께 떠났다. 그러면 사포는 제자의 결혼을 축하하는 축혼시를 써주곤 했다.[6] 이렇게 특이한 여성 공동체는 고대의 청년 교육과 상응하는 성격의 교육 집단으로 볼 수 있다.

플라톤은 『향연』(Symposion)[7]에서 고대 그리스의 귀족 사회에서 청년 교육 문화를 묘사하고 있다. 그리스어 symposion은 sym(함께)+posion(마시다)란 뜻으로, 술자리를 의미한다. 귀족 남성들의 단합을 꾀할 목적으로 열린 이 술자리에는 귀족의 자제들이 동석하여 술시중을 들며 훈육을 받았다. 이 과정에서 교육의 수단으로 등장한 것이 남성들 간의 동성애다.

파우사니아스의 주장에 따르면 사랑하는 자는 동성애를 통해 성적 만족을 얻고 사랑받는 청소년은 지식 전수 등의 유익을 얻는다.[8] 이것이 고대 그리스에서 귀족 자제들이 성인 사회로 입문하는 과정이었다. 이에 대해 도버(Sir Kenneth James Dover, 1920~2010)는 『그리스 동성애』(*Greek Homosexuality*, 1978)에서 "사포와 제자들 사이의 관계는, 남성 사회로부터의 여성을 분리하고, 단혼제로 인해 남자들로부터 그들에게 부인(否認)된 것을 그들 자신의 성(性)으로부터 받는 '하위문화' 혹은 '반대문화'"라고 주장했다.[9]

이때 "남성 사회로부터의 여성의 분리"와 "남자들로부터 그들에게 부인된 것"은 모두 고대 그리스 남성 사회의 동성애적 기질을 언급하는 것이다. 플라톤이 『향연』에서 주로 논의하고 찬양하는 사랑도 성인 남성(스승)과 청년 남성(제자)의 사랑이다. 당대의 그리스인들은 진정한 정신적 교감이나 사랑은 남성 간의 우정뿐이라고 칭송하면서 여성에게 성적 매력을 느끼는 것은 상대방의 능력을 증진시키는 것과는 상관없는 행위이므로 천한 사랑으로 여겼다. 결국 개발할 여지가 있는 이성(理性)의 소유자인 청년에게 성적 매력을 느끼는 것이 고귀한 사랑이라는 것이다. 이에 따르면 "좀더 용맹스럽고 지적인 성향을 가진 남성들을 향한 사랑"만이 이성을 향한 사랑에 비해 "고상한" 사랑이요, "지순한" 사랑이 된다.

그리스의 청년 교육에서 나타난 동성애 성향을 고려해보면 사포가 동성애의 대명사가 된 것은 오해임을 알 수 있다. 사포의 여성 교육과 그녀들 간의 애정 관계는 여성을 도외시한 남성 문화와 경쟁하는 여성 문화 집단이오, 남성들만의 문화 '향연'에 대한 여성들 간의 대응문화였던 것으로 보이기 때문이다. 동시대를 살아간 남성들 간의 동성애는 지워지고 그들과 같은 교육 방법으로 제자들을 키워낸 사포가 부도덕하다고 손가락질 받아서는 안 될 것이다.

사포가 동성애자로 여겨지게 된 데는 그의 시편 중 상당수가 여성 제자들에 대한 심취와 사랑을 격정적으로 노래하고 있기 때문이다. 사포는 아름다운 소녀들과 함께 생활하며 느낀 사랑과 질투의 감정들을 시로 남기고 있다. 그래서 여성 동성애자를 뜻하는 레즈비언이란 단어가 탄생하게 된다. 원래 레즈비언이란 말은 '레스보스 섬의 사람들'이란 뜻으로 사포 문하에서 공부하는 젊은 여성들을 지칭하는 단어였다. 그러다가 사포와 그 제자들 사이에 돈독함이나 친밀감을 성애적으로 바라보게 되면서 이 단어에 여성들 간의 동성애라는 의미가 담기게 된다.[10] 그의 이름에서 유래한 'sapphic'이라는 단어도 그의 시 형식을 언급하는 '사포체'라는 뜻도 있지만 '동성애의'라는 뜻도 지니고 있다.

사랑과 열정으로 그려낸 사포의 시

사포의 시들은 순수함과 솔직함이 담겨 있어 많은 인기를 누렸다. 그는 고대 시인 중에서도 그 누구보다 탁월하게 사랑을 감각적으로 그려낸 시인으로 여겨진다. 남성들 사이의 동성애가 유행했던 시대상을 생각해보면 이와 비슷한 감정교류가 사포와 그의 제자들 사이에 존재했을 가능성이 있다. 사포가 특히 아꼈던 것으로 알려진 제자들은 아티스, 아나크토리아, 귀린나 등이었다. 이는 사포가 이 여성들을 향한 자신의 사랑을 노래한 시편들을 남긴 것을 통해 추론한 것이다. 아래 시는 아티스의 아름다움을 찬미한 시다.

「아티스에게」

내가 너를 바라보니
헤르미오네[11]도 너의 아름다움에 미치지 못하는구나.
금발의 헬레네만이 너와 비교될 수 있을 거다.

이제 너에게 고백하노니
비록 너는 죽을 운명의 인간일지라도
놀랍도록 아름답구나.

사포는 이 시에서 아티스를 트로이 전쟁의 도화선이 된 세상 최고의 미녀 헬레네에 비유함으로서 그녀의 아름다움을 극찬하고 있다. 마치 페트라르카(Francesco Petrarca, 1304~74)풍의 연애시를 보는 듯하다. 어쩌면 페트라르카가 사포에게 한 수 배웠는지도 모를 일이다.
　아래 시는 아티스가 사포의 곁을 떠나 안드로메다 그룹으로 가버리자 그 슬픔을 토로한 시다.

「떠나는 아티스에게」

너는 슬피 울면서

나를 떠나며
"아, 이 얼마나 큰 불행인가.
사포여, 나는 어쩔 수 없이 당신을 떠나야 합니다"라고 말했을 때
나는 정말 죽고 싶었네.
……
너는 제비꽃과 장미꽃으로 화환을 만들어
내 곁에 수를 놓아주고
나는 향기로운 꽃목걸이를 만들어
부드러운 네 목에 걸어주었지.

부드러운 침대 위에서
팔과 다리에 향기로운 향유를 발라주었을 때
섬세한 너의 욕망은 만족했었지.

우리가 함께 추어보지 않은 춤은 없었고
가보지 않은 신성한 사원도 없었지.

그리고 함께 불러보지 않은 노래도 없었고
가보지 않은 숲 속도 없었지.

　이별의 쓰라림을 그린 이 시에서는 어쩔 수 없이 떠나는 아티스와의 이별에 대한 비통과 아름답고 행복했던 시절에 대한 추억이 묻어난다. 서로 다정하게 노래 부르고 춤추며 숲을 헤맸던 때를 떠올림으로써 헤어짐으로 인한 비애가 배가된다. "아티스, 나는 오래전 한때 너를 사랑했

어"라는 시행으로 시작하는 시를 포함하여 사포는 아티스에 대한 사랑과 배신감 등 격정을 읊은 시들을 많이 썼다. 다음은 아티스가 한 남성과 사랑에 빠진 뒤 사포가 느낀 질투심을 묘사한 것으로 여겨지는 시다.[12]

「질투」

그는 생명을 가진 인간이지만
내게는 신과도 같은 존재.
그가 너와 마주 앉아
달콤한 목소리에 홀리고
너의 매혹적인 웃음이 흩어질 때면

내 심장은 가슴속에서
용기를 잃고 작아지네.
흠칫 너를 훔쳐보는 내 목소린 힘을 잃고
혀는 굳어져
아무 말도 할 수 없네.
내 연약한 피부 아래
뜨겁게 끓어오르는 피는
귀에 들리는 듯
맥박 치며 흐르네.
내 눈에는 지금 아무것도 보이지 않네.

차디찬 땀이 흘러내릴 뿐,

온몸은 와들와들 떨리기만 할 뿐,
풀보다 창백해진 내 모습이란 마치
숨져 죽어버린 사람 같으리니.

「아티스를 위한 노래」로도 불리는 이 시는 흔히 사포 서정시의 백미로 꼽힌다. 질투심에 사로잡힌 여인을 예리하게 관찰하여 그 고통스런 심정을 아주 적확(的確)하고도 섬세한 필치로 담아내고 있기 때문이다. 이 시는 고대 그리스 문헌학자이자 문예평론가, 문체론자이기도 했던 롱기누스(Longinus, 217~273)의 유명한 평전인 『숭고함에 관하여』에 수록되어 우리에게 전해지고 있는 송가(頌歌)다. 롱기누스는 이 시를 비교적 길게 인용하고 있지만, 필요한 부분만 인용한 탓으로 안타깝게도 종결 부분이 빠져 있다. 롱기누스는 이 시에 대해 "감정적으로 고양된 상황에서 인간 신체와 영혼, 각 감각 기관들이 복합적이고도 모순적이기까지 한 반응을 동시에 나타내는 것을 보여주는 예"[13]라며 여러 감각을 동원하여 통합하고 있는 방식이 놀랍다고 칭송했다. 독일의 고전 문학연구가인 샤데발트(Wolfgang Schadewaldt, 1900~74)는 이 시를 일컬어 '정열의 병리학'이라고 명명했다.[14]

다음 시는 사랑의 여신인 아프로디테에게 자신의 사랑이 이루어질 수 있도록 간청하는 시다. 이 시는 사랑의 대상이 여성으로 표현되어 동성애 논란에 근거가 되기도 했다.

「아프로디테 송가」 중 일부

페이토가 네 품속에서 누구를 빼앗아갔느냐?

어떤 아름다운 처녀가 너를 거절하더냐?
사포여, 너의 마음은 아프겠지만
네가 원하는 그녀가 떠나게 그냥 내버려둬라.

그녀는 오늘은 냉정하지만, 어쩔 수 없이
곧 너를 사랑하게 되리라.
……

사포는 자신의 가장 깊숙한 내면의 감정을 밖으로 끄집어냈다. 그의 시들에는 사랑의 아픔과 고통으로 몸부림치는 모습이 꾸밈없이 담겨 있다. 솔직하게 감정을 풀어내는 그의 시구에서 당당함과 대담함이 느껴진다. 다음 시들은 그런 격정적 사랑의 감정과 고뇌를 읊은 대표적 단편들이다. 어느 시편에서나 직선적이면서도 격렬한 감정을 느낄 수 있다.

「사랑 1」

또다시 사지를 나른하게 하는 에로스가
나의 온몸을 전율케 하는구나.
달콤하면서도 쓴, 저항할 수 없는 존재여.

「사랑의 폭풍」

산속 떡갈나무를 휘몰아치는
폭풍처럼

사랑은
내 마음을 흔들어놓네.

「주지 못한 사랑」

나는 그리움에 말라가고
그의 사랑에 허기져 있네.

「아프로디테」

아프로디테가 황금빛을 잃으면 삶은 무엇이며,
무엇이 우리를 즐겁게 하랴?
삶이 더 이상 나에게 매혹적이 아니라면
내 죽어버리리라!

사포에게 사랑은 그를 전율케 하고 세상에서 가장 값진 것이기도 하지만 그 사랑은 또한 좌절과 상실감으로 그를 비탄에 빠지게 하는 고통이기도 했다. 지금까지의 시들을 통해 볼 수 있듯이 사포는 대단히 정열적인 감정의 소유자였던 것 같다. 서양 고전학 연구자인 정혜신은 사포의 사랑에 대해 "동성을 향한 사포의 사랑은 단순한 부드러운 애정이 아니라 가슴 찢는 고뇌로 점철된 아주 강렬한 감정이었다"고 평가한다.

사포가 사랑했던 제자들 가운데 '아나크토리아'라는 소녀가 있었다. 그녀는 군인과 결혼하여 리디아의 수도인 사르디스로 갔다. 다음 시는 그렇게 떠난 아나크토리아에 대한 그리움을 담은 시다.

「사포에게 관을 씌워주는 에로스」. 기원전 450년~기원전 400년경.
주로 사랑의 감정을 노래한 사포의 에로스적 이미지를 부각시킨 그림이다.

「아나크토리아를 위한 노래」(또는 「가장 아름다운 것」)

어떤 사람은 기병대가
또 다른 사람은 보병이
많은 사람들은 전함이
이 검은 땅에서 가장 멋지다 하네.
그것은 사랑하기 때문이라고 나는 생각하네.
사람들은 저마다 편하게 생각하기 나름.

이 세상에서 가장 아름다운 헬레네조차도
멋진 남자인 남편을 버리고
트로이로 배를 타고 떠나가
사랑하는 자식과 부모조차 잊어버리지 않았던가?
그는 아프로디테의 명령만이 성스러워
스스로 유혹된 것이 아닌가?

나 역시 아프로디테에 빠져
지금은 멀리 있는 아나크토리아를 그리워하네.

그녀의 귀여운 발걸음과 발랄한 얼굴은
리디아의 전차와 무장한 보병보다도
나에게는 한없이 소중하고 황홀해 보이네.

  이 시에서 사포는 의도적으로 여성의 세계와 남성의 세계를 대립시키고 있다. 흔히 영웅서사시에서 남성들이 찬미하는 것과 자신이 찬미하는 것이 어떻게 다른지를 대비시킨 이 시에서 남성들은 기사, 보병대, 전차, 전함 등을 아름답다고 말한다. 하지만 자신은 결혼하여 자신의 곁을 떠난 제자 아나크토리아의 귀여운 발걸음과 발랄한 얼굴이 가장 예쁘다는 것이다.
  세상 그 무엇보다 사랑이, 에로스적 사랑의 즐거움이 가장 중요하다고 보는 사포의 사물에 대한 평가는 다른 고대 남성 시인들과는 다르다. 사포는 스파르타의 왕비 헬레네가 부와 권력과 명예, 가족 등 모든 것을 버리고 파리스를 따라 변방의 트로이로 간 것도 사랑의 막강한 힘 때문 아니겠냐고 반문한다. 또한 헬레네가 파리스를 선택한 것은 아프로디테 때문이 아니라 여성으로서 사랑을 선택한 결과라고 해석한다.

　이 시를 통해 사포는 남성들이 중시하는 전쟁과 무력이라는 가치에 맞서 사랑을 최고의 가치로 내세우고 있다. 남성이 추구하는 세상은 전쟁 혹은 파괴의 세계이지만, 여성이 추구하는 세상은 사랑이 지배하는 세계인 것이다.

　사포의 여제자들에 대한 사랑을 '협애한 성 정체성 구분을 넘어서는 고대적 포용성'으로 바라보는 서울대 서양사학과 한정숙은 "사포가 동성애자라는 통념은 그녀의 시 속 화자가 사포 개인이며 그녀의 시가 시인의 감정과 경험을 그대로 반영한다는 전제에서 출발한다"며 사포에 대한 편협한 해석에 의구심을 던진다. 한정숙은 사포를 동성애자로 보는 시각에 다음과 같이 반박한다.

　　이러한 시가 특정한 여성(들)에 대한 사포 자신의 개인적인 동성애 감정을 직접 표현한 것이라고 보기는 어렵다······ 예컨대 어떤 시는 한 여성과 제3의 여성 사이의 애틋한 관계를 보면서 여성 화자가 느끼는 기쁨을 표현하고 있고, 다른 시에서는 화자가 복수(複數)의 여성들에 대한 자신의 애정을 표현하고 있기도 하다.[15]

　한정숙은 이렇게 복수의 여성들에 대한 사랑을 읊은 사포시의 화자는 특정 여인에 대한 배타적인 동성애 감정을 품은 것이 아니라 아름답고 젊은 여성들에 대한 일반적인 찬양의 시로 읽을 수 있다고 주장한다. 또한 서양 고전학 연구자인 김헌은 『고대 그리스의 시인들』이란 책에서 여제자들에 대한 사포의 사랑을 다음과 같이 해석하고 있다.

(여제자들을 향한 사랑은) 대상을 가리지 않던 무차별적인 사랑의 한 부분에 지나지 않는다. 그녀는 아름답고 감동스런 모든 것에 대해 열렬히, 진실로 사랑을 표현했다.[16]

게다가 사포가 사랑의 감정 묘사에만 탁월한 것은 아니었다. 사포는 여성들의 사랑과 우정, 연대를 노래했을 뿐 아니라 남녀 간의 이성애를 노래하는 시도 썼고, 축혼가에서는 신랑의 남성미와 늠름함을 찬양하기도 했다.[17] 그는 인간의 감정과 아름다운 시상을 섬세한 시선으로 관찰하고 사실적인 필치로 그려내기도 했다. 다음 시는 노년에 젊은 시절에 대한 향수를 노래한 작품이다.

「세월」

······

나의 피부는 이미 늙어 주름지고
검던 머리카락은 희게 변하였구나.
멋지게 춤추고 노래하였건만
힘없는 무릎은 이제 나를 지탱하지 못하는구나.
그러니 내가 어쩔 수 있단 말인가?
불행하게도 이젠 돌이킬 수 없구나.
장밋빛 팔을 가진 에오스[18]조차도
사랑하는 남편을 구할 수 없었고,

티토노스[19] 역시 영원히 젊게
사랑하는 아내 곁에 머물려 하였건만
몸은 약해지고 줄어들어 의미 없는 소리만 들려주는구나.
나 또한 계속 늙어가지만
나는 화려하고 찬란한 것을 사랑하네.
이것만이 나의 몫이요,
태양신처럼 빛나고 아름답게 여기는 것이라네.

젊은 제자들과 함께 아름다운 자연 속에서 춤과 노래, 음악을 즐기며 사랑과 우정을 나누던 사포에게 노화는 유난히 큰 괴로움이었던 것 같다. 이 시에서는 세월의 흐름에 따라 생기는 신체적 변화를 몹시 안타까워한다. 그리고 인생의 덧없음을 아쉬워하며 청춘의 아름다움을 그리워한다. 비록 노화는 피할 길이 없으나 마음속만은 태양처럼 타오르며 아름다운 것에 대한 사랑도 변함없음을 이 시는 노래한다.

신화가 된 사포의 죽음

사포는 55세 때 미모의 젊은 뱃사람 파온(Phaon)을 사랑했으나 그 사랑이 받아들여지지 않자 절망하여 레우카스(Leukas) 섬의 절벽[20]에서 몸을 던져 사망했다고 전해지고 있다. 파온이 사포의 제자인 멜리타와 사랑의 도피를 시도하자 배신감과 분노에 사로잡혀 투신자살을 했다는 것이다. 하지만 사포의 말년과 그녀의 죽음에 대해서는 신뢰할 만한 기록이 남아 있지 않다. 앞에서 언급한 『수이다스』에서는 파온과의 사랑을 대단히 선정적으로 기술하고 있다. 기원전 3, 4세기에는 이들의 사랑을 소재로 한 「파온」 「사포」라는 희극들이 등장했으며 기원전 4세기의 극작

자크 루이 다비드, 「사포와 파온」, 1809년.
미모의 젊은 청년 파온의 팔에 기댄 사포가 사랑의 환희에 빠진 표정을 짓고 있다.
두 사람의 사랑을 상징하는 에로스가 함께 그려져 있다.

가 메난드로스(Menandros, 기원전 342~기원전 292)는 『레우카스의 여인들』이란 희곡에서 "콧대 높은 파온을 뒤따르던 사포가 열망에 겨워 흰 절벽 위에서 몸을 날렸다고 하는 그곳"이라고 레우카스 섬을 묘사하고 있다.[21]

오비디우스(Ovidius, 기원전 43~17)는 영웅들을 사랑했으나 그들에게서 버림받은 여성들이 쓴 성애적인 사랑 편지를 가상으로 지은 서간집 『용감한 여인들』(Heroides)의 15번째 편지에서 사포가 파온에게 보내는 편지를 담고 있다. 오비디우스는 자신을 무시하는 파온에게 사포가 열정적이면서도 한편으로는 굴욕적이기까지 한 사랑의 갈망을 표현하는 편지를 지어냈다. 이 서간집은 이후 사포의 이미지에 결정적인 영향을 주어 많은 극작가들로부터 그녀를 조롱의 대상이 되게 만들었다. 19세기 오스트리아 최고의 희곡 작가인 그릴파르처(Franz Grillparzer, 1791~1872)의 『사포』(1818)는, 파온과 멜리타의 도주 시도 음모와 그로 인한 사포의 절망과 자살을 다룬 비극이다.

파온에 대해서는 여러 가지 전설이 전해지고 있다. 그중 한 전설에 의하면 파온은 원래 늙고 추한 뱃사공이었는데 어느 날 한 늙은 부인을 레스보스에서 키오스까지 건네주었다. 그런데 그 부인이 바로 아프로디테였고 여신은 선심의 대가로 파온을 필멸의 인간 중 가장 아름다운 자로 만들어주었다고 한다.

파온과의 사랑을 묘사한 시도 여러 편 남아 있다.

「아무 소용없어요」(혹은 「마비」)

오, 사랑하는 어머니,
더 이상 베를 짤 수 없습니다.
달콤하고 상냥한 한 젊은이를
열렬히 그리워하도록
날씬한 아프로디테가
나를 꾀어버렸어요.

「유언」

아무도 원망하지 않으련다.
파온이여.
멜리타여.
내가 죽는 것은 생에 지친 까닭이다.
더 이상 살 의욕을 잃었고
이런 상태에선 한 줄의 시도 나오지 않는다.
녹슨 하프와 갈라진 심장을 내던지고
피안으로 나의 영혼의 고향에 휴식하러
돌아가고 싶어진 것이다.
너희와 나는 고향이 다른 사람,
그것이 우리의 죄의 전부다.
나는 아무도 원망하지 않으리라.
잘 있거라.

이 시는 사포가 레우카스 절벽에서 몸을 날리기 전에 쓴 시로 여겨진다. 실연으로 살 의욕을 잃고 마음의 고통을 끝내고자 하는 시인의 마음이 전달되고 있다. 동시에 자신의 마음에 상처를 준 자들이 자신의 죽음으로 인해 갖게 될 정신적 부담을 덜어주고자 하는 마음도 엿보인다. 많은 화가들이 이 열정적이고 극적인 사포의 죽음을 화폭에 담고 있다. 그로(Antoine-Jean Gros, 1771~1835)가 그린 「레우카스 절벽의 사포」(1801)를 비롯하여 프랑스의 유명한 상징주의 화가 모로(Gustave Moreau, 1826~98), 맹갱(Charles-August Mengin, 1853~1933), 프랑스의 신고전주의 화가 게랭(Pierre-Narcisse Guérin, 1774~1833) 등이 하프를 들고 절벽에서 뛰어내리거나 절벽에 서 있는 사포의 모습을 재현했다. 그래서 절벽과 하프는 사포를 상징하는 전통적 도상이 되었다.

파온과의 로맨스에 대한 진위는 밝혀지고 있지 않으나 사포의 정열적인 삶과 사랑이 그 삶의 본질이었음을 시사해준다고 볼 수 있다. 한정숙은 이성애자이면서 동성애자라는 모순적인 사포의 상(像)은 배타적인 이성애 관계에 바탕을 두는 근대의 성적 규범과 달리 고대 그리스 사회는 성적 정체성 면에서 포용성을 지니고 있었던 탓으로 돌린다.

사후에 사포의 유골은 레스보스 섬에 묻혔는데 그가 당대 대중 사이에서 누린 인기를 말해주듯 많은 사람들이 그의 묘지를 순례했다고 한다. 미틸레네 사람들은 사포를 높이 칭송하여 그의 얼굴을 새긴 주화를 주조하기도 했다. 또한 안티파테르(Antipater of Sidon, 기원전 2세기경)는 다음과 같은 비문을 썼다.

여기 사포가 누워 있네.
그의 노래는

여인들에 의해 불려진 어떤 노래보다도
우리에게 깊은 감동을 주네.

마치 호메로스의 노래가
이제까지 인간이 만든 어떤 영웅서사시보다
뛰어나듯이.

살아생전에도 사포는 호메로스에 비견되는 존재였으나 이 비문에서도 그는 여전히 호메로스에 견주어지고 있다. 또한 사포가 추방당해 머물렀던 시칠리아 섬의 시라쿠사 주민들은 그가 자기들 마을에 머물렀던 것을 기념하여 동상을 건립하기도 했다. 그 입상이 수백 년 동안 시라쿠사의 시청 홀 안에 서 있었다는 사실로 우리는 시라쿠사 주민들이 사포를 얼마나 사랑했으며, 그가 잠시나마 그곳에 머문 것을 얼마나 자랑스럽게 여겼는지를 알 수 있다. 기원 후 1세기경 신(新)피타고라스 교도들의 회합장소였던 것으로 보이는 한 바실리카 지하실의 천장에도 사포가 그려져 있다. 사포가 손에 리라를 들고 에로스에 인도되어 바다로 내려가고 있는 그림이다. 해신 트리톤은 큰 수건을 펼쳐들고 그가 뛰어내리면 받아낼 준비를 하고 있다. 절벽 위에서는 아폴론이 사포와 마주 서서 그에게 손을 뻗치고 있다. 아폴론의 뒤에는 생각에 잠긴 한 젊은이가 앉아 있는데 그가 파온으로 짐작된다. 이렇듯 사포는 그리스 로마 시대에 신이나 영웅들에게나 바치는 명예를 한껏 누렸다.

인간을 노래한 뮤즈, 사포

헬레니즘 시대에 이르기까지 위대한 시인으로 명성을 떨치던 사포는 중세 기독교 사회가 되면서 '성적 일탈자'라는 성적 정체성에서만 주목받았다. 그를 이성애자로 다룬 사람들도 성적인 문란함을 상징하는 대표적인 인물로 취급했다. 자유롭게 자신의 성애적 감성을 노래한 것에 대해서는 더욱더 혹독한 평가를 내렸다. 사포의 시들은 기독교 성직자들에 의해 그 내용이 부도덕한 것으로 여겨져 대부분 파손되었다. 다행히 20세기 초에 이집트의 옥시린쿠스(Oxyrhuncus)라는 작은 촌락에서 사라졌던 고대의 문학 파편들이 발견되는데, 그중에 사포의 원본들도 포함되

앙투안 장 그로,
「레우카스 섬의 사포」, 1801년.
하프와 절벽은 사포 도상에
자주 등장하는 상징물이다.

어 있었다. 이로 인해 사포의 시가 좀더 풍부해졌고 고대 문헌학자들은 이 단편적인 시들을 해독하려고 무던히 노력해왔다.

중세 암흑기가 지난 뒤 고대 그리스와 로마 문화를 재생시킨 르네상스 시대에 오랫동안 잊혔던 사포의 시들은 재조명을 받았다. 롱기누스가 『숭고함에 관하여』를 집필하던 중에 발견한 「아프로디테의 송가」와 할리카르나소스의 디오니시오스가 발견한 「질투」가 16세기에 영어로 번역되면서 사포에 대한 열광이 재현된 것이다. 그 뒤 테니슨(Alfred Tennyson, 1809~92)이나 파운드(Ezra Loomis Pound, 1885~1972), 바이런(George Gordon Byron, 1788~1824), 스윈번(Algernon Charles

Swinburne, 1837~1909), 릴케(Rainer Maria Rilke, 1875~1926) 등 근현대의 시인들도 그의 시를 찬미하여 번역하곤 했다.

사포의 시는 교훈적이거나 정치적인 주제보다는 주로 남녀 연인을 향한 사랑과 질투, 증오와 같은 개인적인 감정을 묘사하고 있다. 호메로스가 영웅과 신을 찬양할 때 그는 인간을 노래했다. 그는 문어적인 시어가 아닌 일상어로 시를 썼으며 간결하고 직설적이면서도 격렬하고 극적인 언어로 솔직하게 자신의 감정을 표현했다. 또한 그는 늘 자신의 고향인 레스보스의 에올리아 방언으로 시작(詩作)을 했다.

이렇듯 인간의 보편적 감정을 사실적이면서도 극적이게 전달하는 사포의 시들은 당대 대중들의 사랑을 많이 받았다. 또한 당대의 동료 시인들뿐만 아니라 지성인들도 그의 시에 매료되어 그를 여신으로까지 찬미했다. 예를 들어 플라톤은 그를 시와 음악의 여신인 아홉 명의 뮤즈에 덧붙여 열 번째 뮤즈라고 찬미했다.

> 아홉 명의 뮤즈가 있다고 말하여지네.
> 그러나 그들은 레스보스의 사포를 잊고 있네.
> 열 번째 뮤즈를.[22]

후에 로마의 작가 플루타르코스(Ploutarchos, 46년경~120년경)는 '사포는 뮤즈로 불릴 만한 시인'이라고 말함으로써 플라톤의 견해에 동감했다. 그리스 문화를 숭배했던 로마의 많은 시인들이 사포의 시를 칭송하고 그의 시를 모방한 시를 지음으로써 그의 시들이 로마 시대에 문체의 모범으로 여겨졌음을 알 수 있다.

여성의 사회적 진출이나 여성 예술가들의 활동이 왕성해진 지금, 사포는 현대에 새롭게 조망해야 할 여성이다. 그는 고대 그리스라는 남성 중심 사회에서 귀족 남성들의 교육 문화에 상응하는 여성 교육 문화를, 남성들끼리의 성애적 연대에 상응하는 여성 간의 성애적 연대를 실천한 인물이다. 그의 시에서는 여성도 남성과 마찬가지로 사랑의 주체이며 여성들의 사랑은 남성들이 찬미하는 전쟁이나 권력, 명예 못지않은 미덕이다. 고대 그리스 사회는 여성이 동성의 매력을 성애적 언어로 찬양한 시들이 회자되고, 낭송되다가 파피루스에 기록되어 보존될 정도로 포용성이 있었다.[23] 하지만 후대에 에로스를 둘러싼 시각이 편협해지면서 사포는 '성적 일탈자'라는 불명예를 대표하는 인물로 비판을 받아왔다.

하지만 이제는 사포에 대한 그릇된 이미지를 씻어내고 시선을 그의 문학의 아름다움과 우수성으로 향해볼 때다. 또한 겹겹이 쌓여온 왜곡된 역사의 뒤안에서 위대한 서정시인으로서의 그의 면모를, 담대하고 솔직한 그의 시들의 가치를 복원해내야 한다. 호메로스의 서사시보다 현대 독자들의 시적 감수성에 호소력 있게 다가오는 그의 시들은 인간을 노래했다는 점에서, 그리고 여성의 눈으로 세상을 그려냈다는 점에서 충분히 가치가 있다.

사포를 알기 위해 더 읽어볼 책

『에게 해의 사랑』 | 사포 지음, 오자성 옮김, 한겨레, 1991
이 시집은 독일어판 『사포—에레소스의 뮤즈』(1990), 『사포의 시와 단편들』(1978)과 영어판 『그리스 서정시』(1972)에 실린 사포의 시를 비교하여 번역한 사포 시전집이다.

『그리스 문화 산책 : 디오뉘소스의 열정에서 사포의 사랑까지』 | 정혜신 지음, 민음사, 2003
그리스 문화에 대해 소개한 책으로 그중 한 장인 「아름다운 영혼 사포」 편에서 사포의 삶과 시세계를 소개하고 있다.

『고대 그리스의 시인들』 | 김헌 지음, 살림, 2004
호메로스, 헤시오도스, 파르메니데스 등 고대 그리스 시인의 삶과 시세계를 소개한 책으로 「사포, 열 번째 뮤즈—사랑의 시인」 장에서 사포의 시와 삶을 소개하고 있다.

『사포: 시인의 사랑』 | 프란쯔 그릴팔쩌 지음, 황혜인 옮김, 박이정, 2005
19세기 오스트리아의 드라마 작가인 그릴파르처가 사포에 대한 역사와 전설을 소재로 쓴 5막의 희곡이다. 사포가 젊은 연인 파온과 제자 멜리타에게 배신당하고 투신자살하는 이야기를 주된 내용으로 다룬다.

『사포』 | 지오프리트 오버마이어 지음, 강명순 옮김, 작가정신, 2007
사포의 신화적 삶과 사랑을 그린 장편소설이다. 작가 오버마이어는 남아 있는 사포의 시와 동시대인들이 사포에 대해 언급한 내용 등을 철저히 고증하여 이 소설에서 그녀의 삶을 복원해냈다고 한다.

사포 연보

기원전 612년경	레스보스 섬의 에레소스에서 태어남.
기원전 610년경	뮈르질로스가 미틸레네에서 전제 정치를 함.
기원전 604년경	사포와 알카이오스를 중심으로 한 귀족 그룹이 뮈르질로스에 대해 혁명을 일으켰으나, 실패. 피타코스가 뮈르질로스의 지위를 승계함. 사포와 알카이오스를 포함한 반항 귀족들이 추방됨.
기원전 600년경	뮈르질로스 사망. 피타코스가 미틸레네 통치.
기원전 598~기원전 592년경	케르킬라스와 결혼.
기원전 598~기원전 90년경	피타코스가 적대자들을 추방. 사포는 시칠리아에, 알카이오스는 이집트로 각기 망명.
기원전 594년	솔론, 아테네의 집정관이 됨.
기원전 586~기원전 585년경	추방자들, 미틸레네로 귀환. 여성 가무단 그룹 결성.
기원전 570	피타코스 사망.
기원전 570~기원전 556년경	사포 사망.
1900	이집트 옥시린쿠스에서 사포의 단편 추가로 발견.

2 황진이 黃眞伊

신분을 넘어 사대부의 지우知友가 되다

안정심 | 덕성여자대학교 외래교수 • 국어국문학

"물소리는 거문고 소리를 닮아 차갑고
피리 부는 코끝에 매화향기 가득하도다
내일 아침 이별한 뒤에는 우리의 그리움은
푸른 물결과 같이 끝이 없으리라."

파편으로 남은 기록들

한국의 여류시인으로서 황진이(黃眞伊, 1512년경~1555년경)만큼 잘 알려진 사람은 많지 않다. TV 드라마나 영화의 소재로 수없이 만들어진 황진이 이야기가 그녀의 매력을 증명한다. 이로 인해 우리는 황진이를 잘 알고 있다고 착각한다. 그러나 황진이는 본명과 생몰 연대조차 확실하지 않다. 실존인물로 보이나 공식적인 자료도 없고, 지방지, 야담, 패설(稗說)류와 같이 한문에 익숙한 사대부 계층들이 기록한 문헌 속에 단편적인 기록만 전해질 뿐이다.

황진이에 대한 기록은 유몽인(柳夢寅, 1559~1623)의 『어우야담』(於于野談), 이덕형(李德馨, 1561~1613)의 『송도기이』(松都紀異), 허균(許筠, 1569~1618)의 『성옹지소록』(惺翁識小錄), 임방(任埅, 1640~1724)의 『수촌만록』(水村漫錄), 홍만종(洪萬宗, 1643~1725)의 『소화시평』(小華詩評), 이덕무(李德懋, 1741~93)의 『청비록』(淸脾錄), 김이재(金履載, 1767~1847)의 『중경지』(中京誌), 서유영(徐有英, 1801~74)의 『금계필담』(錦溪筆談), 김택영(金澤榮, 1850~1927)의 『송도인물지』(松都人物志) 등이 있다.

특히 허균의 『성옹지소록』은 서경덕의 수제자이자 허균의 아버지인 허엽(許曄)과의 관련성을 고려하면 그 기록의 신뢰성을 확인할 수 있다. 『어우야담』『송도기이』『성옹지소록』은 초기 문헌으로 황진이의 행적과 관련된 이야기가 집중되고, 『청비록』『소화시평』은 시에 대한 평을 주로 하며, 『수촌만록』『금계필담』은 교유한 인물을 중심으로 전한다. 또 『송도인물지』는 황진이의 신분을 서녀로 변화시키고 상사병에 걸린 총각의 죽음으로 기녀가 되는 과정을 소개하며 극적인 상황을 더하고 있다.

이처럼 황진이에 대한 기록은 편찬자에 따라 다양한 양상을 보인다.

그래서 어느 것 하나 단정적인 결론을 내릴 수 없다. 그럼에도 엄격한 신분 질서가 유지되던 16세기에, '기생'이었던 그녀가 사대부들에게 매력적일 수 있었던 까닭은 뛰어난 용모와 문학적 재능 때문이다.

이런 황진이의 매력은 1930년대 신문 역사소설로써 다시 등장하고 또 거듭 창작되어 2000년대 이후에는 TV 드라마나 영화 등의 대중 매체를 통해 새롭게 소환되고 있다. 그 결과 실체로서의 황진이보다 시대에 따라 해석된 황진이의 모습이 더 유명해졌다. 이는 그녀의 삶이 해석된 시대에 따라 다양한 여성상의 전형으로서 확장될 수 있는 가능성이 열려 있었기 때문이다. 그러나 황진이에 대한 다양한 변주는 자기만의 방식으로 치열하게 살다 간 황진이의 모습과는 거리가 있다. 이제 남겨진 자료를 재구성하여 그녀의 진면목을 만나보자.

양반들과 교유한 기생

황진이는 조선 중종 때 개성에서 태어났다. 본명은 '진'(眞) 혹은 '진랑'(眞娘)으로 알려져 있다. 1823년에서 1826년 사이에 개성 유수(留守)로 있던 김이재가 『중경지』에서 황진이의 이름을 '황진'(黃眞)으로 기록하여 황(黃)이란 성이 처음 나온다.

출생에 관한 이야기는 여러 가지가 전한다. 이덕형의 『송도기이』에는 아전의 딸인 진현금(陣玄琴)이 빨래터에서 지나가던 늠름하고 준수한 양반집 자제를 만나 물을 주고받으면서 사랑하는 사이가 되어 진이를 낳았다고 한다. 또 김택영의 『송도인물지』에서는 아예 황 진사의 서녀(庶女)로 설정하고, 허균의 『성옹지소록』에는 장님의 딸이라고 기록했다. 어머니 이름이 거문고(玄琴)인 것을 보면 평범한 아전의 딸이라기보다 기녀나 악기를 다루는 일을 했을 것이라 추측하기도 한다. 게다가 "물을 떠주었더니 술이었다"(『송도기이』)거나, "태어났을 때 방 안에 이상한 향기가 가득했다"(『송도인물지』)는 이야기는 신비함을 더한다. 미세한 음률을 표현하는 악사 중에 눈먼 사람이 많았다고 하니, 어머니가 장님이고 악기를 다루었다는 기록을 보면 황진이 역시 어머니의 예인 기질을 물려받아 기녀의 길로 들어섰을 가능성이 있다.

황진이의 성격에 대한 기록은 "여자이면서도 뜻이 크고 높았으며 호협한 기개가 있었다"(『어우야담』)고도 하고, "얽매이지 않는 성품이라 남자 같다"(『성옹지소록』)고도 했다. 또 "창류에 있기는 했지만 고결하여 번화하고 화려한 것을 일삼지 않고 방탕한 것을 좋아하지 않아 자못 문자를 해득하여 당시(唐詩) 보기를 좋아했다"(『송도기이』)고 한다.

또 외모에 관한 전승은 "예쁜 기생들 사이에서 꾸미지 않았어도 국색(國色)으로서 광채가 사람을 움직였다"(『송도기이』)고도 하고, "잔치 자리에서 초라한 행색에 이를 잡으며 노래하고 거문고를 타되 여러 기생이 기가 죽었다"(『성옹지소록』)고도 했다. 특히 15, 6세쯤 이웃에 사는 서생이 황진이를 좋아하다 병을 얻어 죽자, 그녀의 저고리를 관에 덮어주니 관이 앞으로 나아갔다(『송도인물지』)는 일화는, 출신이 아전의 딸이든 황 진사의 서녀이든 그녀가 기생이 된 계기를 설명하면서도 그만큼 비범한 아름다움을 지녔다는 표현이다.

그러나 무엇보다도 황진이의 매력은 기생이면서도 그 신분적 틀 안에서 머물지 않고 당시의 덕망 있는 학자, 선비, 유력인과 교유하며 독창적인 예술적 성취를 이루었다는 점에 있다.

조선은 신분질서가 엄격했던 사회로, 신분으로 사회적 특전과 차별이 주어졌고 그 특전과 차별은 세습되었다. 이런 사회에서 황진이가 스스로 선택하여 '기생'이 되었다는 것은 그 신분을 통해 자신의 욕망과 재주를 드러내는 방식으로 삼았기 때문에 의미가 있다. 물론 당시 사회에서 풍류를 주도하던 사대부들의 사상과 취향을 따라야 했을 것이다. 하지만 그들과의 만남을 통해 황진이 스스로가 자신의 정체성을 찾아가고 그 과정에서 성숙한 인간으로의 길을 걸어간 것이다.

조선시대 기녀는 국가나 지방관청에 소속된 천민으로서 국가 행사나 연향(宴享)에서 가무를 담당하는 여악(女樂)의 구성원으로 전문적 예능인이었다.[1] 그러므로 국가나 관련 관청의 특별한 지침이 없는 한 그 소유권이 소속관청에 귀속되었고, 다른 지역으로 나갈 수도 없었다.

기녀에게 부과된 일은 국가나 임금에게 관련된 여러 행사를 위하여 '여악'을 대비하고, 사신 접대를 위한 연향과 변방 군사를 위로하기 위한 가무와 빨래, 바느질 등의 봉사를 수행했다. 『경국대전』에 따르면 나이가 50세가 되면 기녀의 역이 면제되었고, 50세 이전에 왕의 특별명령에 의해 부분적으로 면제되는 경우도 있었다.

기역(妓役)은 언급한 공식적인 일 외에는 금지되었다. 양반 관리가 기녀를 대동하고 연음(宴飮)하는 것, 육체적인 관계를 맺는 것도 위법 행위로 탄핵, 곤장, 파직, 직첩 회수, 강등 등의 처벌과 징계를 받았다. 그러나 사회 풍속 차원에서 상층 양반이나 지방 관리들이 기녀를 풍류나 향락의 대상으로 삼았기 때문에 필요에 따라 연희의 도구로 성적 봉사의 수행까지 요구받았다.

기녀는 기역을 위해 장악원이나 소속 교방에서 교육을 받았기 때문에 대부분 어느 정도의 시, 서, 화, 가무의 수준을 이루었다. 그래서 양반의 풍류를 돕기도 하고 시를 남기기도 하고 애정관계를 맺기도 한다. 그 결과 조선시대의 기생제도는 남성의 욕망을 충족시킬 수 있는 공인된 제도이면서 여성이 남성들과 시와 음악을 논할 수 있는 영역으로도 기능했다. 즉 양반에게는 신분적 특권을 통해 억압되었던 욕망을 표출하는 장치였고, 기녀에게는 비록 신분은 천민이지만 양반과의 관계를 통해 생존방식, 신분상승, 애정실현 등의 다양한 욕망을 제기하며 주체적인 자의식을 성장시킬 수 있는 통로였던 것이다.

사실 열악한 사회적 조건 속에서 진정한 삶의 길을 찾기 위해 노력한 기녀는 황진이만이 아니다. 기녀 중에 한시나 시조를 통해 자기를 가장 확실히 드러냈던 이가 황진이이고, 그녀와 함께 늘 거론되는 이가 흔히 매창(梅窓)이라 불리는 부안 기생 계랑(桂娘, 1573~1610)이다.

매창은 허균, 이귀 등과 각별히 교류했고, 수백 편의 시를 남겼으며 그 공을 기리기 위해 중종 때 세운 시비가 현존한다. 매창이 촌은(村隱) 유희경(劉希慶, 1545~1636)과 사랑하고 이별한 뒤에 남긴 그리움과 회한의 한시와 시조는 유명하다.[2]

이화우(梨花雨) 흩뿌릴 제 울며 잡고 이별한 님
추풍낙엽(秋風落葉)에 저도 날 생각하는가.
천 리(千里)에 외로운 꿈만 오락가락하노매

그녀는 유희경이 서울로 올라간 뒤 소식이 없자 이 노래를 짓고 수절했다고 한다.

매창은 기녀였지만 지조를 지키기로 유명했다. 이수광(李睟光, 1563~1628)의 『지봉유설』(芝峯類說)에 따르면 어떤 나그네가 그녀의 명성을 듣고 시를 지어 유혹하니 차운하기를,

평생에 동가에서 밥 먹기를 배우지 않았으니
다만 매화 창문에 달그림자 비낀 것을 사랑할 뿐이네.

글 짓는 사람 아직도 그윽한 뜻을 모르니
부질없이 행운(行雲)만 가리키는 일이 많을 뿐이네.

라고 해서, 나는 여기저기 몸을 맡기는 기녀와 다르니 헛된 짓 하지 말고 물러가라는 뜻을 보였다.

황진이와 매창은 시기(詩妓)로서 유명했지만 그 작품세계에는 차이가 있다. 매창이 한 정인에 대한 애정과 그리움의 정서를 표현했다면 황진이는 정인과의 사랑, 이별을 통해서 신분과 성적 차별을 깨닫고 사회와 역사, 인간에 대한 성찰을 노래했다.

청산리 벽계수야 수이감을 자랑 마라

황진이의 삶은 크게 세 시기로 구분할 수 있다. 송도의 관기였던 10대 후반에서 20대 중반의 시기로 벽계수와 소세양(蘇世讓, 1486~1562)을 만난 시기, 20대 중반 이후 이사종(李士宗)을 만나 사랑을 나누고 송도를 벗어나 이곳저곳을 유랑한 시기. 그리고 30대 중후반에 다시 송도에 돌아와 지족선사(知足禪師), 화담(花潭) 서경덕(徐敬德, 1489~1546) 등과 교유한 시기다.[3]

이들과의 만남은 단순히 기생이란 신분으로 남성들을 편력한 것이 아니라 자신의 신분에 대해 고민하고, 시대에 대해 성찰하며, 시와 음률에 대한 열망을 느끼게 되는 기회였다. 황진이는 그들과 교유하면서 시조와 한시를 지었는데 당시의 사대부들이 물아일치(物我一致)를 추구하며 문학에 도학(道學)적 의미를 부여하는 데 골몰했다면, 그녀는 사대부들과는 다른 독자적인 세계를 구축한다.[4]

홍만종은 『소화시평』에서 사대부들과는 다른 황진이의 시를 "공교롭고 곱다" 했고, 김택영은 『송도인물지』에서 "애환과 성쇠가 서린 누대나 산수를 만나면 붓을 끌어다 시를 지었는데, 어느 것 하나 자신의 감정을 곡진하게 펼쳐내지 않은 것이 없었다"고 평가한다. 황진이의 황진이다움은 그의 삶 자체를 진솔하게 한시나 시조 속에 드러냈다는 점이다.

관기로서 보내던 시절 재질과 미색을 발휘했지만 자신의 상처를 건드리면 한껏 시험하고 조롱하기도 했는데 왕실의 종친인 벽계수와의 일화가 유명하다. 벽계수와의 만남은 서유영의 『금계필담』에 전한다. 황진이의 명성을 들은 벽계수가 황진이를 만나고자 허균의 시선생이던 손곡(蓀谷) 이달(李達, 1539~?)에게 계책을 물었다. 그러고는 이에 따라 거문고를 끼고 황진이 집 근처 누(樓)에 올라 술을 마시고는 노래를 부른다. 황진이가 와 곁에 앉았으나 그는 본체만체하고 일어나 나귀를 타고 갔다. 이달이 벽계수에게 취적교(吹笛橋)를 지날 때까지 돌아보지 말아야 한다고 당부했으나 그만 돌아보다 말에서 떨어지고 만다. 왜냐하면 벽계수가 일부러 무시하고 가려는 의도를 황진이가 눈치채고 시조를 읊었기 때문이다.

청산리(靑山裏) 벽계수(碧溪水) l 야 수이감을 자랑 마라.
일도창해(一到滄海)하면 다시 오기 어려우니
명월(明月)이 만공산(滿空山)하니 쉬어간들 어떠리.

'취적'(吹笛)은 중국 진나라 상수(向秀, 230년경~280)와 관련한 고사로 떠나감을 아파하고 옛날을 그리워한다는 의미를 내포하고 있다. 살아 있을 때 만나보지 않고 죽고 나서 가슴아파하며 그리워했다는 의미를 가진 '취적교'에서 그 고사를 되새기도록 의도한 것이다.[5]

겉으로 자유롭다며 큰소리치던 벽계수에게 그녀는 만공산의 의미를 던진다. 주인 없는 달이란 표현을 써서 혼자 있는 자신을 드러내어 유혹하는 의미와, 인간 세상을 비추는 밝은 달이란 이중적 의미를 벽계수가 어찌 이해하는지 보고자 한 것이다. 그런데 벽계수는 유혹을 이기지 못하고 돌아보다 말에서 떨어진다. 그런 그를 황진이는 "멋진 선비가 아니고 그저 풍류를 좋아하는 사내일 뿐이다"라고 비웃으며 돌아가버린다.

이에 비해 소세양과는 진정을 나눈다. 임방의 『수촌만록』에 따르면 소세양은 판서와 대제학을 지낸 인물이다. 그는 젊었을 때 여색에 굳기로 자처하여 늘 친구들에게 "여색에 혹함은 남자가 할 바가 아니다"라고 장담했다. 그가 말하기를 "듣건대 송도에 절창 진이가 있다 하나, 만일 나라면 30일만 함께 살면 능히 헤어질 수 있다. 그러고도 추호의 미련도 두지 않을 것이다"라 했다. 그러고는 친구들과 내기를 하고 황진이에게 갔다. 그가 날을 채운 뒤 떠나려 하자 황진이가 작별을 서글피 여기며 남루에 올라 주연을 베풀고 한 편의 시를 지었다.

「소양곡을 보내며」(奉別蘇陽谷詩)

달빛 어린 마당에 오동잎은 지고
차가운 서리 속에 들국화는 노랗게 피어 있네.

다락은 높아 하늘과 한 척 사이라
사람은 취하여 술잔을 거듭하네.

물소리는 거문고 소리를 닮아 차갑고
피리 부는 코끝에 매화향기 가득하도다.

내일 아침 이별한 뒤에는
우리의 그리움은 푸른 물결과 같이 끝이 없으리라.

이에 소세양이 "나는 사람이 아니로구나, 생각을 바꾸어 머물게 되다니"(吾其非人也, 爲之更留)라고 말했다. 이 시를 듣고 자기가 일찍이 장담했던 바를 탄식하면서 다시 머물렀던 것이다. 서리까지 내려 춥고 스산한 쓸쓸한 가을밤에 이별을 아쉬워하는 마음을 진실하게 노래하자, 오만했던 자신의 태도를 바꾸고 진정을 받아들일 줄 아는 그에게 인간적인 깊이가 느껴진다. 그만큼 황진이도 절실하게 그리움을 표현한다.

특히 이사종과의 일화는 황진이가 송도를 떠나 세상 밖으로 나오게 된 과정과 그녀의 파격을 보여준다. 이사종과의 만남은 유몽인의 『어우야담』, 허균의 『성옹지소록』에 전하는데 이언방과 동일 인물이라고 보는 견해도 있다.[6] 선전관인 이사종은 사명을 받들고 송도에 갔다가 천수원 시냇가에서 가곡 두서너 곡을 불렀다. 진이 또한 길을 가다가 쉬면서 그 노랫소리를 듣고 "서울의 풍류객 이사종이 당대 절창이라 하던데 필시 이 사람일 것이다"라고 하며 찾게 하여 정성을 다해 대접했다. 그러고는 자기 집으로 와서 며칠을 머물게 하고 마땅히 6년을 살아야겠다고 기한을 정했다. 3년은 한양에서 3년은 송도에서 지냈는데, 한양에서는 진이가 살림살이를 하고 송도에서는 이사종이 비용을 다 내어 살았다. 그러고는 약속한 기일이 되자 작별을 하고 떠났다는 것이다.

두 사람은 양반과 기녀라는 신분을 떠나 시와 노래를 알아주는 지우(知友)로서 경제적·정신적으로 평등한 관계를 유지했다. 사실 기생이 역(役)을 지지 않고 생활을 유지하기란 여간 어려운 일이 아니다. 그런데 황진이는 신분과 경제적인 토대를 떠나서 스스로 사랑하는 사람을 택했고, 그와 함께하는 동안 신분이나 조건, 규범을 초월해 서로를 인정한다. 그리고 약속한 시간이 되자 미련 없이 서로 이별한다. 남녀를 떠나 인격적으로 성숙한 공감을 나눈 것이다. 그와 이별하고 지었다는 시를 보면,

동지(冬至)ㅅ돌 기나긴 밤을 한 허리를 둘혀내여
춘풍(春風) 니불 아레 셔리셔리 너헛다가
어룬님 오신 날 밤이여드란 구뷔구뷔 펴리라.

하여, 이별이 중요한 것이 아니라 이별한 후에 그를 맞이할 마음의 자세를 가다듬는 것이 중요하다는 인식을 보여준다. 헤어지더라도 그리움은 남는 법, 봄밤이 짧으니까 임 오실 때 길게 하려면 긴 밤을 잘라서 준비를 해야 한다는 의미로 이별을 기다림으로 바꾸는 의지를 표현한다. 특히 '셔리셔리'와 '구뷔구뷔'는 우리말의 절묘함으로 맺고 푸는 상황을 이미지화한다.

송도를 떠난 황진이는 천하제일의 명산 금강산까지 들어간다. 1년 남짓 칡베적삼과 무명치마를 입고 금강산의 구석구석을 다니며 걸식을 하기도 하면서 지냈는데 규범에 얽매이지 않고 세속의 삶을 벗어나 자유로운 영혼으로서의 깨달음을 얻게 된다.

여러 사람과의 만남, 그리고 세상을 통해 깨달음을 얻은 황진이는 송도로 다시 돌아와 자기가 살고 있는 송도에 대한 남다른 애정을 표현한다.

「만월대 회고」(滿月臺懷古)

옛 절은 쓸쓸히 어구 곁에 있고
해질 무렵 교목에 사람들 시름겹도다.

연기와 놀은 쓸쓸히 스님의 꿈결을 휘감고
세월만 첩첩이 깨어진 탑머리에 어렸다.

누런 봉황새 날아간 뒤 참새 날아들고
철쭉꽃 핀 곳에서 소와 양을 치는데

송도의 번화했던 날을 추억하니
어찌 지금처럼 봄이 가을 같을 줄 생각이나 했으랴.

한때 태평성대를 이루었던 고려의 수도였지만 쓸쓸한 고적으로 남아 있음을 남루에 올라, 혹은 만월대를 보면서 저녁안개에 싸인 송도를 노래하며 안타까워하고 있다.

송도(고려의 개경)는 고려의 옛 도읍지로 두문동 72현(賢) 등은 고려에 충절을 다하고 개성사람들은 이성계의 역성혁명에 반대했다. 그 때문에 송도 출신은 조선왕조에서 출사가 불가능했다. 성종대 이후 공식적으로 과거 응시를 금하는 제도가 풀렸다고는 하나, 실제로 중앙의 요직에 나가는 것은 어려운 형편이었다. 따라서 그들은 상업에 종사하면서 경제적 번영을 누렸으며 독자적인 문화를 형성했다.[7] 황진이 또한 송도에 대한 자부심이 대단했다.

「박연폭포」(朴淵瀑布)

한 줄기 긴 하늘이 바위 끝에 뿜어내니
백 길 넘는 폭포수 물소리 우렁차다.

거꾸로 쏟는 폭포 은하수 같고
성난 폭포 드리우니 흰 무지개 완연하네.

어지럽게 쏟는 물벼락 골짜기에 가득하니
구슬 절구에 부서진 옥창공에 맑구나.

노니는 사람들아 여산(廬山)이 좋다고 말하지 마라.
천마(天磨)가 해동에선 가장 으뜸이라네.

"어조가 극히 맑고도 호쾌하니 화장한 여자가 미칠 수 있는 것이 아니다"라는 평가를 받을 정도로 활달한 기상과 힘찬 어조를 느낄 수 있다. 황진이가 서경덕에게 박연폭포, 서화담과 그녀 자신을 송도삼절이라고 이야기하는 일화는 송도의 자연과 인물, 특히 스스로에 대한 자부심을 보여준다.

정선, 「박연폭포」.
황진이는 그녀 자신과
서경덕, 그리고 박연폭포를
송도삼절로 칭했다.

녹수는 청산을 못 잊고, 인걸은 돌아오지 못하네

지족선사와의 관계는 문헌과 구비설화로 전하는 내용에 차이가 있다. 문헌에서는 서경덕의 인품이 강조된다면 구비설화에서는 지족선사를 파계시키는 황진이의 행동이 중심이다. 13년 동안 면벽 수행하던 지족선사를 청상과부로 꾸민 황진이가 제자로 삼아달라고 하며 유혹하자 결국 훼절했다는 것이다.

「청산은 내 뜻이오」

청산은 내 뜻이오 녹수는 님의 정이라.
녹수 흘러간들 청산이야 변홀손가
녹수도 청산을 못 니져 우러예어 가는고.

이 노래는 황진이가 지족선사를 파계시키고 이별한 후에 지은 것이라 한다. 주로 변함없는 자신의 의지를 청산에 비기고 변화무쌍한 사내들의 마음을 녹수에 비겼다고 해석하지만 최근의 논의는 조금 다르다. 청산은 변하지 않는 정적인 이미지로 지족선사요 녹수는 흘러가는 동적인 이미지의 나, 황진이다. 임의 정(情)이 지향하는 대상인 녹수는 청산인 지족선사를 잊지 못하는 것이다.[8]

사람들은 지족선사가 유혹당했다고 하지만 녹수가 흘러가도 청산은 변치 않고 본래의 모습이듯이 지족선사 또한 여전하다. 부술 것은 부수고 바꿀 것은 바꾸면서 지족선사를 시험하고자 했던 자신에 대한 반성과, 파계한 지족선사에 대한 그녀의 연민이 드러난다.

황진이에게 가장 큰 인연은 화담 서경덕과의 만남이다. 서경덕과 교유하며 보여준 모습에서 황진이는 조선 중기 여성의 한계를 극복한 대표적인 인물로 평가받는다. 처사로서 행실이 고상하며 벼슬에 나아가지 않았으나 학문이 뛰어나다는 서경덕의 소문을 듣고 황진이가 시험하고자 했다. 그래서 허리에 실띠를 묶고 『대학』을 옆에 끼고 가서 밤을 틈타 어루만지며 유혹하기를 여러 날 하였지만 화담은 끝내 조금도 흔들리지 않았다는 것이다. 또 다른 전승에는 거문고와 술을 가지고 화담의 농막에 가서 한껏 즐긴 다음에 떠나가고 여러 해를 가깝게 지냈지만 끝내 관계하지 않았다고 한다. 남아 있는 시로 상황을 재구성해 황진이와 서경덕의 교유를 살펴보자.

「마음이 어린 후(後) l 니」

마음이 어린 후(後) l 니 ᄒᆞ는 일이 다 어리다.
만중운산(萬重雲山)에 어니 님 오리마는
지는 닙 부는 ᄇᆞ람에 힝여 긘가 ᄒᆞ노라.

이 시조는 황진이를 기다리며 지었다는 서경덕의 시조다. 화자는 임을 애타게 기다리고 있다. 올 것이라 생각하며 어떤 일이든 손에 잡히지 않는다. 그러면서도 기다림이 부질없을지 모른다고 생각하기도 한다. 그러나 바람에 떨어지는 나뭇잎 소리를 '임'의 기척으로 착각하기도 한다.
이런 심리상태일 때 황진이가 약속을 지키기 위해 한밤중에 찾아와 다음 시조를 읊는다.

「뉘 언지 무신ᄒ야」

뉘 언지 무신ᄒ야 님을 속엿관디
월침 삼경(月沈三更)에 온 뜻지 전혀 업닉.
추풍에 지는 닙소릭야 닌들 어이 ᄒ리오.

한번도 임을 속인 일 없고 어김없이 찾아왔는데 지는 잎 부는 바람에 자신이 오지 않을까 의심하는 상대에게 야속한 마음이다. 가을바람에 잎 떨어지는 것은 자연현상이지 자신에게 원인이 있는 것이 아니다. 이렇게 사소한 것에서조차 황진이는 서경덕과 겨룰 만한 능력이 있는 존재감을 드러낸다.

서경덕의 존재는 세상을 향해 으르렁거리고 조롱하며 시험하고자 했던 황진이를 내적으로 성장하게 했다. 서경덕이 죽은 후 황진이가 지었다는 노래는 삶에 대한 깊은 이해에 도달한 황진이의 모습을 짐작케 한다.

「산(山)은 산이로디」

산(山)은 산이로디 물은 물 아니로다.
주야(晝夜)에 흐르거든 물이 이실소냐
인걸(人傑)도 물과 갇도다 가고 아니 오는또다.

인걸이 돌아오지 못하듯이 스승도, 자신도 옛 물처럼 흘러가고 말 것이라는 깨달음은 서경덕에 대한 황진이의 마음이요, 자신에 대한 성찰이요, 삶에 대한 깊은 이해다.

잔 잡고 권할 이 없으니

황진이의 죽음에 대한 이야기도 여러 가지다. 유언으로 살면서 성품이 분방하고 화려한 것을 좋아했으니 죽은 뒤에도 큰길가에 묻어달라고 했다는 유몽인의 기록과, 출상할 때에 제발 곡하지 말고 풍악을 잡혀서 인도하라고 했다는 허균의 기록, 또 자신이 죽거든 물가 모래밭에 시신을 버려서 개미와 땅강아지 등의 먹이가 되게 하여 세상 여자들의 경계를 삼도록 했다는 김택영의 기록이 전한다. 또한 임제(林悌, 1549~87)는 평안도사로 부임하는 길에 송도를 지나면서 황진이의 묘에 축문을 지어 제사 지냈다가 끝내 조정의 비방을 입었다고도 한다.

「청초 우거진 골에」

청초 우거진 골에 자난다 누었난다.
홍안(紅顔)은 어디 두고 백골만 묻혔난다.
잔 잡아 권할 이 없으니 그를 슬허하노라.

이런 기록들을 통해 볼 때, 그녀의 죽음도 전달하는 이의 의도에 따라 자유분방함을 드러내기도 하고 보수적인 관점에서 여성의 행실을 경계하기도 하는 상반된 시각을 확인할 수 있다.

지금까지 살펴본 황진이는 16세기를 살았던 기생으로 뛰어난 한시와 시조를 남긴 여성문인이다. 그러나 개인적 삶에 대한 정확한 역사적 기록이 없기 때문에 단편적인 설화를 토대로 이해할 수밖에 없다. 그렇기 때문에 다양한 해석이 가능하다. 그럼에도 가장 중요한 점은, 신분질서가 엄격했고 여성에게 억압적인 시대임에도 남성들과 당당하게 맞서 시와 학문을 나누고 그 한계를 넘어섰다는 것이다. 처음에는 조롱으로 맞서기도 하고 시험하기도 하면서, 혹은 진정으로 소통하면서 세상과 인간에 대한 본질을 탐색해갔다.

사대부 남성들과 교유하면서 그들 못지않은 능력을 지니고 오히려 그 시대를 앞서 가는 진취성으로 자기다움을 표출할 수 있는 유일한 여성이었기 때문에 사대부들의 기록을 통해 이 세상에 전해질 수 있었다.

우리시대의 황진이, 그 치열한 삶에 대한 변주

황진이의 매력은 근대에 와서도 계승되어 소설로 각색되기도 하고 영화나 TV 드라마로도 만들어졌다. 황진이를 주인공으로 한 역사소설은 1936년에 발표된 이태준의 작품을 출발점으로 한다. 이 작품은 신문에 연재하다 1938년 단행본으로 출판되었다. 이태준은 기록된 황진이의 단편적인 이야기를 고스란히 적용하여 봉건적인 유교 이념에 반항하는 자유로운 여인으로 형상화했다. 특히 기행(奇行)에 가까운 그녀의 모습을 보여줌으로써 반규범적인 여성상을 제시한다.

1950년대 박종화가 쓴 『황진이의 역천』은 일대기 형식으로 고전적인 기생의 모습을 계승하면서도 문학적 재능을 지닌 시인으로 평가한다. 정한숙의 『황진이』는 육체의 에로티즘을 통해 현실의 고통을 극복하려는 모습으로 형상화한다. 특히 독자의 관심을 끌기 위한 자극적인 성적 묘사와 애정갈등이 이야기의 중심축을 이룬다.

1970년에 오면 허구적 영역이 확대되고 새로운 실험을 모색한다. 최인호의 『황진이 1』과 『황진이 2』가 그것으로 잡지에 연이어 발표되었다. 『황진이 1』은 이사종과 황진이의 사랑을 심미화된 에로티시즘으로 형상

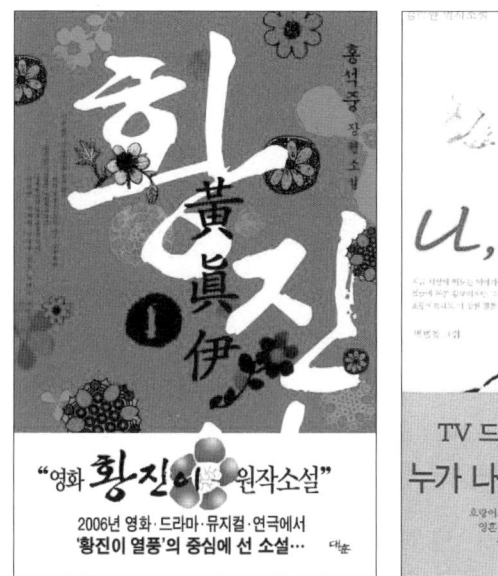

왼쪽 | 홍석중, 『황진이』(2004년)
오른쪽 | 김탁환, 『나, 황진이』(2002년)

화하고, 『황진이 2』는 지족선사를 통해 육체적 사랑에 대한 집착에서 벗어나고 자비의 세계로 나아가는 심리적 변화 과정을 그렸다. 특히 인간의 원초적인 욕망을 다룬 『황진이 2』는 일화의 도식성을 벗어나 상징적인 비유와 묘사로써 억압된 욕망을 구현하는 인물로 재구성했다.

이후 '황진이' 이야기는 역사소설의 범주 안에서 계속 창작되다가 2000년대에 들어서면서는 역사물의 유행과 함께 새롭게 각색되었다. 그중에서 2002년에 홍석중의 『황진이』와 김탁환의 『나, 황진이』가 북과 남에서 동시에 발표되었다. 2004년에는 홍석중의 『황진이』가 남한에서 출판되고 비슷한 시기에 전경린의 『황진이』가 발표되었다.

이 세 작품은 폭넓은 대중성을 확보하면서 김탁환의 『나, 황진이』는

TV 드라마로, 홍석중의 『황진이』는 영화로 제작되었다. 김탁환의 『나, 황진이』는 파격적인 형식 실험에서 특별하다. 주인공 황진이의 독백적 서술을 본문에 두고 하단에 각주를 달았다. 또 황진이에 대한 형상도 학인(學人)으로서의 면모를 부각시키며 중세의 시대적 고통 속에서 자기구원의 문제를 탐구한다.

홍석중의 『황진이』는 북한 문학의 전통을 깨고 과감한 성묘사나 에로틱한 사랑표현으로 관심을 집중시켰다. 특별히 허구적 인물인 '놈이'를 등장시켜 그 관계 속에서 근대적 주체로서 성장하는 과정을 보여준다는 점이 주목된다. 그녀를 사모하여 상사병으로 요절한 또복이의 장례식에서 사랑을 부정하고 모든 남성을 냉정하게 대하던 황진이가 몸종 이금이와 괴똥이의 순결한 사랑을 보며 놈이의 우직하고 진솔한 사랑을 수용한다. 나아가 그 사랑을 상직 할멈, 불쌍한 기생 등 민중을 향한 사랑으로 확장시킨다.

전경린의 『황진이』는 여성의 시각에서 기록을 가장 충실히 계승한다. 특히 심리묘사를 중심으로 운명을 개척하는 주체적인 여성으로 표현한다. 자유로운 예술가이면서 동시에 사회제도에 억눌린 여성문제를 분출하는 존재로서 황진이가 베푸는 사랑의 방식은 이타적이고 모성적이다.

황진이를 영상으로 재현하는 작업은 몇 차례 있었으나 1986년 최인호의 소설을 배창호 감독이 연출한 것과 2007년에 홍석중의 소설을 장윤현 감독이 연출한 것이 눈에 띈다. 배창호의 황진이는 세 남자와의 인연을 통해 각성에 도달하는 구도자로서의 이미지다. 갖바치 떡보와의 인연으로 실존에 대해 자각하고 벽계수와 정념을 나누며 백면서생과의 만남으로 긍휼을 실천한다.

장윤현의 황진이는 소설의 서사골격을 충실하게 따라가며 거짓과 위선을 조롱하고 단호한 결단으로 세상의 규범을 넘어서는 주체적인 인간으로 그려진다. 여기서 황진이는 섹슈얼리티가 소거된 정숙하고 정신적인 여인이다. 그러나 놈이와의 사랑에 대한 정신적인 유대를 충분히 설명하지 않고 순정적 차원으로만 처리한 점이 아쉽다.

지금까지의 논의를 통해 우리가 알고 있는 황진이는 실상보다 재구성된 소설, 그리고 소설을 원작으로 삼아 재현된 영상물을 통해 구축된 이미지로서의 황진이가 크게 자리 잡고 있다는 것을 확인할 수 있다.

게다가 황진이에 대한 관심은 시대가 변화하고 매체가 달라졌어도 지속될 수 있었다. 그 까닭은 그녀의 일생을 통해 다양하게 해석하여 현실을 드러낼 수 있고, 여성 인물의 전형으로서 보편적인 인간에 대한 이해가 가능했기 때문이다. 따라서 황진이에 대한 이야기는 여전히 현재진행형이다. 그러나 황진이에 대한 평가에서 무엇보다 중요한 것은 기생으로서 한시와 시조를 통해 자기를 표현하고 자기 시대를 치열하게 살아간 여류 시인이라는 점이다.

황진이를 알기 위해 더 읽어볼 책

『나, 황진이』 | 김탁환 지음, 푸른역사, 2002
황진이가 자신의 삶을 회고하는 형식의 소설이다. 서화담의 제자로서 학문과 사상을 추구하는 황진이의 내면세계를 깊이 있게 재구성하고 있다.

『황진이』 | 이태준 지음, 깊은샘, 1999
1936년 중앙일보에 연재된, 황진이를 다룬 최초의 소설이다. 황진이의 여러 이야기를 재구성하여 봉건질서에 반항하는 자유로운 여인으로 형상화했다.

『황진이』 | 전경린 지음, 이룸, 2004
황진이 개인의 심리묘사를 중심으로 서사를 전개한다. 특히 사랑을 실천하는 이타적이고 모성적인 존재로서 표현된다.

『황진이』 | 최인호 지음, 문학동네, 2002
1972년에 『황진이 1』(현대문학), 『황진이 2』(문학사상)를 발표하면서 억압된 욕망을 구현하는 인물로 황진이를 재구성했다.

『황진이』 | 홍석중 지음, 대훈, 2004
2002년 북한에서 출판되고 2004년 남한에서 간행되어 제19회 만해문학상을 수상했다. 가공의 인물인 '놈이'를 내세워 황진이의 삶과 사랑, 나아가 사회혁명의 가능성을 제시했다.

황진이 연보

1512년경	출생.
1530년경	기생이 됨.
1535년경	송도에서 관기로 이름을 떨침.
	이 무렵 벽계수, 소세양을 만남.
1538~42년 사이	송도 유수 송공을 만남.
	이사종을 만나 6년을 함께 지냄.
1542년경	관기를 그만두고 이곳저곳을 유랑.
1545 이후	송도에 돌아와 지족선사와 서경덕을 만남.
1555년경	40세 안팎의 나이에 죽음.

3 조르주 상드 George Sand

사랑과 정의의 몽상가

박혜숙 | 연세대학교 인문학연구원 전문연구원 • 불어불문학

"신의 장막이 벗겨져 향이 내뿜는 연기와 사랑의
후광 뒤로 보잘것없고 불완전한 인간의 모습이 드러나면
우리는 우리의 환영에 질겁하여 얼굴을 붉히게 됩니다.
그리고 결국 우상을 부숴 발밑에 짓밟게 되는 것입니다.
하지만 우리는 또 다른 우상을 찾아 헤맵니다.
우리는 사랑해야만 하기 때문입니다. 그러나 결국
언젠가는 신께 향한 경애심처럼 계속적인 감정이
이 세상에는 존재치 않는다는 것을 깨닫게 되는 것입니다."

조르주 상드(George Sand, 1804~76)

격동의 시대를 헤쳐간 위대한 여성, 조르주 상드

조르주 상드(George Sand, 1804~76), 우리나라에서 그녀는 프랑스 낭만주의 시인 뮈세(Alfred de Musset, 1810~57)와 천재 피아니스트 쇼팽(Frédéric François Chopin, 1810~49)의 연인으로 잘 알려져 있다. 낭만주의 시대 최고의 시인과 음악가를 한눈에 알아보고 사랑할 수 있었으니 남자를 보는 그녀의 혜안이 남달랐음을 알 수 있다. 그러나 연애사건만이 그녀의 모든 것은 아니다.

그녀는 격동의 시대를 살았다. 프랑스의 19세기는 핏빛의 역사였다. 역사적으로 절대왕정이 무너지고 개인의 권리를 찾기 위해 투쟁을 벌이던 대변혁의 세기였다. 상드는 그 격동의 시기에 개인의 자아를 갈망하는 낭만주의자로, 또 민중을 위한 사회주의자로 살아갔다. 그녀는 먼발치에서 소문으로만 그녀를 알고 있던 남성들에 의해 자유연애가로 폄하되었지만 정작 그녀를 가까이 알고 있던 많은 남성들에게는 위대한 여성으로 남아 있다.

영국사를 썼으며 프루스트(Marcel Proust, 1871~1922)의 전기 작가로도 유명한 모루아(André Maurois, 1885~1967)는 그녀의 전기 『렐리아, 조르주 상드의 삶』(*Lélia, ou la vie de George Sand*) 「서문」에서 "상드를 공부하는 대부분의 사람들은 그녀를 사랑한다는 행복함 또는 약점을 가지고 있는데, 그것은 그녀에 대해 더 많이 알게 될수록 위대하다고밖에는 말할 수 없는 그녀의 인류애 때문"이라고 고백한다.

『잃어버린 시간을 찾아서』의 작가 프루스트는 상드에게서 자연스럽고 흐르는 듯한 문체를 배웠다고 고백하고, 쇼팽과 뮈세에게 그녀는 예술적 영감을 가진 뮤즈였으며, 들라크루아(Eugène Delacroix, 1798~1863)는 그녀의 집에 아틀리에를 꾸몄다. 이뿐만이 아니다. 발자크(Honoré de Balzac, 1799~1850)는 그녀를 스승이라고 부르며 그의 가장 아름다운 작품 중의 하나인 『베아트릭스』를 쓸 때 그녀에게 자문을 구했다. 그는 그녀를 "남자이고 예술가이며 위대하고 관대하며 성실하고 몸가짐이 올바르다. 그녀는 남자가 갖는 커다란 특색, 자아를 가지고 있다. 결코 여자가 아닌 것이다. 그녀는 자식들로부터 깊이 사랑받고 있는 훌륭한 어머니다"라고 기록했다.

당시 문학가들의 모임이었던 마니(Magny) 식당에서 상드를 만난 플로베르(Gustave Flaubert, 1821~80)는 1866년 11월 27일 상드에게 다음과 같은 편지를 보내기도 한다.

> 당신에게 특별한 친근감을 갖고 있는데, 이것은 지금까지 누구에게서도 느껴보지 못했습니다. 우리는 서로 상대방을 이해하고 있지 않습니까? 멋진 일입니다…… 어째서 당신이 좋은지 나는 알 수 없습니다. 아마도 당신이 위대한 사람이거나 매력 있는 사람이기 때문일 것입니다. 잘 알 수는 없습니다마는…….

플로베르는 상드가 죽을 때까지 20년 가까이 그녀와 편지를 주고받는다. 또한 러시아의 문호 도스토옙스키(Fyodor Mikhailovich Dostoevsky, 1821~81)는 그녀를 "그 정신적인 에너지와 재능에 있어서는 거의 유례가 없는 작가"라고 말했다. 19세기 유럽 문명에 대한 통렬한 비판과 유럽인들에 대한 독설로 유명한 도스토옙스키가 유럽인인 상드를 이렇게 극찬했다는 것은 참으로 예외적인 경우라 아니할 수 없다. 그는 상드가 죽은 후 어떤 글에서 그녀를 유럽인 중 유일하게 존경할 수 있는 인물이라고까지 말하기도 했다. 실제로 그의 작품이 사상적인 면에서 당시 사회주의자였던 상드로부터 많은 영향을 받았다는 것은 정설이다. 그러므로 모루아가 그녀의 사상을 가리켜 "이것이 한 시대의 정신적 힘이었지만 오늘날에는 별로 읽히지 않는 이 여성에 대해 내가 공부하려고 하는 이유"라고 한 말은, 상드를 공부하는 대부분의 사람들이 가지고 있는 유대감일 것이다.

그녀의 일생을 관통하는 사상은 한마디로 사랑과 정의다. 정의도 민중에 대한 큰 사랑으로 여긴다면 일생을 통해 그녀가 추구한 것은 인간에 대한 사랑이었다. 물론 천재들과의 연애사건도 그 사랑의 일부분을 차지하는 것이리라. 그러나 그녀를 '위대하다'고 말할 수 있는 것은 그녀가 가지고 있는 인류애적 사랑 때문이다. 여성에 대해 불공평한 사회에 대한 페미니즘적 비판들도 소외되고 약자인 인류의 반쪽을 위한 항변이었다.

그녀는 남자와 여자, 가진 자와 갖지 못한 자 모두가 함께 잘살 수 있는 유토피아를 꿈꾸었다. 이런 의미에서 수녀원에서 그녀가 체득한 기독교적 가치관은 그녀의 삶을 꿰뚫고 지나가는 하나의 중심축이었다. 이제 우리는 그녀의 삶과 작품을 통해 신과 사랑과 정의에 대한 그녀의 생각들을 추적해보기로 하겠다.

신과 대면하고 완전한 사람을 갈망하다

상드의 본명은 오로르 뒤팽(Aurore Dupin)이다. 그녀는 1804년 왕족의 핏줄을 이어받은 아버지와 새장수의 딸이었던 어머니 사이에서 태어났다. 불의의 사고로 아버지가 일찍 죽자 그녀는 노앙에 작은 성을 가지고 있던 할머니와 살게 된다. 그런데 할머니는 신분이 낮은 며느리를 인정하지 않았기 때문에 어머니는 자신의 남편이 죽은 후 상드를 두고 파

상드의 아버지 모리스 뒤팽.
왕족의 피를 물려받은 그는
상드가 네 살일 때 세상을 떠난다.

리로 떠나버린다. 이때 어린 상드는 가슴이 찢어지는 이별의 경험을 하게 되고 이로 인한 애정결핍은 상드의 연애사건에도 큰 영향을 미치게 된다. 그녀의 사랑은 언제나 모성애적이며 모든 것을 바칠 정도로 헌신적이었기 때문이다.

어린 상드는 할머니로부터 엄격한 귀족 수업을 받게 되지만 다른 한편으로 귀족 사회에 환멸을 느끼며 자라나게 된다. 아버지 쪽의 늙은 백작 부인들은 신분이 낮다는 이유로 자신의 어머니를 업신여겼기 때문이다. 이 같은 경험은 나중에 그녀가 사회주의 진영의 선두에 서게 되는 원인이 되기도 한다.

사춘기 시절 그녀는 파리에 있던 수녀원에서 18세까지 교육을 받게 된다. 그리고 바로 이곳에서 그녀의 평생을 좌우하게 될 경험을 한다. 그녀는 볼테르주의자였던 할머니의 영향으로 처음에는 수녀들을 놀려대는

상드가 그린 어머니
앙투아네트 소피 빅투아르 뒤팽.
비천한 출신인 그녀는
딸과 함께 살 수 없었다.

골칫덩어리였다. 그러던 어느 어스름한 저녁, 그녀는 성당으로 들어가는 수녀들을 따라 자기도 모르게 성당 안으로 발을 내딛게 된다. 그리고 그날 저녁, 기도 소리가 신비하게 웅얼거리는 어두운 그곳에서 그녀는 하나님의 음성을 듣는 신비한 경험을 하게 된다.

파스칼을 비롯한 여러 사람들이 고백하는 종교적 회심(回心)의 순간이다. 눈물을 쏟은 것은 물론이다. 이날 그녀는 마치 "자기 안의 뜨거운 열망과 거대한 용광로 사이를 가로막던 방해물이 제거된 것 같은 경험을 하였다"[1]고 자서전 『내 생애 이야기』에 쓰고 있다. 방해물이란 바로 할머니로부터 비롯된 무신론적 사고였다. 그녀는 이 경험을 통해 신성과의 완전한 일치를 경험하게 된다. 같은 책에서 그녀는 이 순간을 다음과 같이 고백한다.

3 사랑과 정의의 몽상가 | 조르주 상드 75

이 신성과의 완전한 일치가 나에게는 기적과 같이 느껴졌습니다. 나는 성녀 테레즈와 같이 문자 그대로 불타올랐습니다. 잠을 자지도 않았고, 먹지도 않았으며, 몸뚱이가 어디로 가는지도 모르고 걸어 돌아다녔습니다.[2]

그러나 이 같은 경험으로 상드가 성녀가 된 것은 아니다. 이후 그녀 안에서는 신성과 인간적 욕망 사이의 치열한 싸움이 시작되기 때문이다. 그녀의 초기 작품은 이와 같은 신과 인간의 갈등, 영적인 것과 육체적인 것의 갈등에 대한 내면 고백이라 할 수 있다. 말년에 기독교적 경험이 정치 활동으로 전이되기 전까지 젊은 상드는 결혼과 사랑을 통해 인간적 욕망의 긴 터널을 통과해야만 했던 것이다.

여성의 성욕에 관한 최초의 고백서라고 일컬어지는 소설 『렐리아』[3]의 여주인공 렐리아는 바로 젊은 시절의 상드 자신이다. 그녀는 끊임없이 솟아오르려 하지만 그렇게 될 수 없는 자신의 처지에 절망한다. 소설 속에서 렐리아는 이렇게 말한다. "당신은 끊임없이 제게 솟아오르라고 부추깁니다. 그러나 당신은 제게 날개를 주는 것을 잊었어요. 그러니 당신을 갈망하는 영혼을 주신 것이 무슨 소용입니까?" 결국 그녀는 "지금껏 그녀에게 인간을 참아내게 했던 천상으로의 희망"을 포기하기도 한다. 하지만 그녀 안에 "어떤 완벽함"에 대한 느낌은 여전히 살아 숨 쉬고 있다.

내 안에는 어떤 완벽함에 대한 애정과 느낌이 있습니다. 만약 내게 어떤 믿음이 있다면 나는 그것들에 대한 힘을 얻게 될 것입니다. 하지만 내게는 바로 그 믿음이 없습니다. 삶의 경험이 저를 그 믿음으로부터 등 돌리게 하는 것입니다. 과거조차 제게는 생소하고 현재 또한 쉴 새 없이 저를 괴롭히며, 미래는 끔찍스럽게 느껴질 따름입니다.

이와 같은 방황은 단지 신과의 문제로만 끝이 나는 것이 아니다. 이제 렐리아는 신과 나누어야 할 완벽한 사랑을 인간에게 쏟아붓는다.

그래서 우리는 인간에게서 하늘을 찾게 됩니다. 그리고 그에게 좀더 숭고한 존재에게 줘야 할 에너지를 써버리게 됩니다. 우리는 이제 더 이상 신에게, 오직 신에게만 주도록 되어 있는 숭배의 감정을 쏟지 않습니다. 대신 그것을 불완전하고 약한 존재에게 주고 그 존재를 신으로 만드는 것입니다.[4]

그러나 너무나 당연하게도 인간과의 사랑에서도 렐리아는 완전한 합일을 찾지 못한다. 상대를 신처럼 우상화했으나 신의 장막이 벗겨지고 나면 결국 초라하게 드러난 인간의 모습에 다시 실망하게 될 뿐이다.

신의 장막이 벗겨져 향이 내뿜는 연기와 사랑의 후광 뒤로 보잘것없고 불완전한 인간의 모습이 드러나면 우리는 우리의 환영에 질겁하여 얼굴을 붉히게 됩니다. 그리고 결국 우상을 부숴 발밑에 짓밟게 되는 것입니다. 하지만 우리는 또 다른 우상을 찾아 헤맵니다. 우리는 사랑해야만 하기 때문입니다. 그러나 결국 언젠가는 신께 향한 경애심처럼 계속적인 감정이 이 세상에는 존재치 않는다는 것을 깨닫게 되는 것입니다.[5]

이것은 성녀같이 충만한 신심으로 수녀원을 나온 상드가 신 대신 인간을 사랑하려다 겪은 고통에 대한 고백이다. 수녀원을 나온 직후 상드는 생각이 통하지 않는 사람과 결혼한다. 남편과의 결혼 생활은 천형과 같은 괴로움이었으며 이후 다른 사람과의 사랑도 마찬가지로 파국을 맞았다. 파리로 떠나기 전 젊은 상드의 내면은 신과 인간 사이의 갈등으로 점철되어 있었다. 그러나 어떠한 경우에도 기독교적인 가치관, 즉 사랑에 대한 신념을 저버린 적은 없었다. 후에 이것은 상드를 사회주의자로 재탄생케 하는 원동력이 된다.

젊은 날의 상드는 결혼과 사랑에 자신의 모든 것을 바치려 했던 여성이었다. 철학, 문학, 예술에 뛰어났던 그녀는 평범한 카지미르 뒤드방 남작과 결혼하여 남작부인이 된다. 처음에는 헌신적인 아내가 되기 위해 무진 애를 썼지만, 말도 취미도 통하지 않았으며 더욱이 방탕하기까지 한 남편과의 결혼 생활은 참을 수 없이 고통스러웠다. 불행한 나날을 보내던 그녀는 보바리 부인처럼 우울증과 신경 쇠약에 빠지게 된다. 자서전『내 생애 이야기』에서 그녀는 이렇게 고백한다.

자신의 취미를 충족시킬 수 있는 온갖 것에 둘러싸이고, 고운 아기의 어머니가 된 나는 열아홉 살에 이미 인생에 진력이 나버렸던 것입니다. 아아, 이러한 영혼의 상태를 설명하기는 쉬운 일입니다. 사랑하고 싶다, 열렬히 사랑하고 싶다고 생각하는 연령이 된 것입니다. 내가 하는 짓 일체가 사랑하는 사람과 관계가 있지 않으면 안 되는 것입니다. 당신은 내가 가진 것이 마음에 들지 않았습니다. 나의 지식은 상실되고 말았습니다. 당신은 그 지식을 나누어 갖지 않았습니다. 당신으로부터 사랑을 받고 있었지만 말할 수 없었던 무엇인가가 나의 행복에 결여되어 있었던 것입니다.[6]

삶의 고통을 껴안은 주인공, 렐리아

그녀는 신과의 합일처럼 완전한 사랑을 바라고 있다. 어떤 대상을 열렬히 사랑하고 싶었던 것이다. 결국 그녀는 3개월은 노앙에서, 또 3개월은 파리에서 지내기로 남편과 합의하고 노앙을 떠나게 된다. 파리에서 그녀는 고향 사람들의 도움으로 작가의 길을 걷게 된다. 불행한 결혼 생활을 그린 『앵디아나』(Indiana)는 단번에 그녀를 유명작가로 만들어주었다. 그녀 자신의 내면고백이 독자들의 심금을 울린 덕분이다. 작품 『렐리아』를 쓰기 시작한 것도 이즈음이다.

상드의 머릿속은 신과 인간과 사랑에 대한 철학적 단상들로 가득 차 있었다. 렐리아는 한 여자가 살아가는 인생의 단계를 보여주는 소설이다. 제일 처음은 관념의 단계다. 아직 현실도 사랑도 모르고 오직 관념의 세계 속에서 어떤 완전성을 꿈꾸는 단계다. 신의 단계라고도 할 수 있다. 두 번째는 관능의 단계다. 뜬구름 잡던 시절을 지나 현실 속에서 사랑하고 결혼하며 마주치게 되는 갈등의 단계다. 이것은 신의 단계가 아닌 피와 살을 가진 인간의 단계다. 이 모든 단계 속에서 렐리아는 어떤 출구도 찾지 못한다. 신에 울고 사랑에 속는다. 그러므로 그다음 단계는 당연히 도피의 단계다. 렐리아는 세상을 버리고 떠난다. 그러나 그러한 해탈의 열망도 불가능한 것임을 깨달은 렐리아는 결국 "차라리 삶의 고통을 껴안자!"는, 낭만주의적이지만 한편으로 매우 악마적인 생각으로 독자들의 가슴을 뒤흔든다. 악마적인 것도 아름다운 것이라는 보들레르(Charles Baudelaire, 1821~67)의 낭만주의 미학이 나오기 20여 년 전이며, 삶의 고통을 피해 신의 치맛자락 속에 숨지 말고 의연히 삶의 고통에 맞서자는 니체의 초인사상이 나오기 50년 전 일이다.

『렐리아』 이전 소설 중에, 특히 여주인공 중에 그런 인물은 없었다.

1830년대에 "삶의 고통을 껴안자"고 울부짖는 『렐리아』는 당시 사회적으로 큰 반향을 일으켰음이 분명하다. 기독교가 깊이 뿌리내리고 있던 사회에서 이것은 다분히 반기독교적이며 또한 신성모독적인 생각이었기 때문이다.

이 말은 "선이고 악이고 그런 이분법을 떠나 그냥 인간적 본능대로 살면서 당하는 고통을 감내하자"는 의미다. 고통을, 악을 아름다움으로 승화시키려는, 다시 말해 인간 존재의 미학을 도덕으로부터 분리시킨 것은 낭만주의 미학의 핵심 개념이다. 그러므로 렐리아는 당시로서는 가히 혁명적이었던 낭만주의 미학을 형상화하고 있는 인물이라고 할 수 있다. 우리는 상드의 이와 같은 낭만주의에서 신을 부정하는 인본주의를 발견하게 된다. 그러나 그것은 냉소적인 무신론이라기보다는 신에 대한 절망의 또 다른 표출일 뿐이다.

광기의 뮈세, 몽상가 상드의 신기루 같은 연애

고통을 감내하자는 주인공의 운명이 상드에게 전이된 것일까. 상드는 이때 그녀의 인생에서 가장 고통스러웠던 사랑을 시작하게 된다. 『양 세계 평론』(Revue des deux mondes)의 편집장 뷔로가 초대한 저녁 식사에서 시인 뮈세를 만나게 된 것이다. 그는 파리 사교계의 댄디(dandy)였고 상드는 갓 시골에서 상경한 순진한 몽상가였다. 뮈세는 유부녀들과의 사랑에 닳고 닳은 도덕 불감증이었고 그녀는 여전히 완전한 사랑에 대한 환상을 지닌 이상주의자였다. 둘은 함께 그 유명한 베네치아 밀월여행을 떠난다. 상드는 진정으로 예술혼이 통하는 사람끼리의 완전한 사랑을 꿈꾸었던 것이다.

하지만 베네치아 여행은 실패로 끝났다. 애초에 뮈세의 광기와 방탕함

뮈세가 그린 상드. 뮈세의 광기와 방탕함은 상드를 상처입힐 뿐이었다.
상드와 헤어진 뮈세는 속죄의 의미로 『세기아의 고백』을 쓴다.

이 그 원인이었다. 뮈세는 아픈 상드를 내버려두고 베네치아 무희들과 밤새워 놀고 와서는 "너는 사랑도 할 줄 모르는 여자야. ……난 지금 진짜 사랑을 할 줄 아는 여자들과 놀고 오는 중이거든. ……솔직히 난 널 사랑하지 않아"라고 말하며 상드 가슴에 대못을 박았다. 둘은 각방을 쓰고 관계는 끝이 났다. 단지 돌아갈 경비가 없어 머물고 있을 뿐이었다. 상드는 둘의 여행 경비를 대기 위해 밤낮으로 소설을 써야 했다.

그러다 이번에는 뮈세가 지독한 열병에 걸리게 된다. 상드는 파젤로라는 마음씨 따뜻한 이탈리아 의사를 부르게 된다. 그와 함께 며칠 밤을 새워 뮈세를 간호하던 상드는 온화한 성품의 파젤로에게서 위안을 얻게 되고 둘은 편지를 주고받는 사이가 된다. 파젤로는 너무나 평범하고 단순한 사람이었지만 날카로운 천재 예술가로부터 치명적인 상처를 받고 있었던 상드에게는 따뜻한 위로가 필요했던 것이다.

파리에는 순식간에 상드가 아픈 애인의 침상에서 의사와 바람이 났다는 소문이 퍼졌다. 그것은 정말 파리 사람들의 구미를 당기는 흥미진진한 가십거리였다. 사람들은 먼저 비참하게 상드를 버린 것이 뮈세였다는 것을 알지 못했다. 사람들은 상드를 '남자를 갈아치우는 바람둥이'라며 떠들어댔다.

먼저 파리로 돌아간 것은 뮈세였다. 그때부터 둘은 친구로서 편지를 주고받게 되는데 뮈세의 편지는 점점 더 구애의 글로 바뀌며 상드의 마음속으로 파고들게 된다. 그는 떨어져 있을 때에는 절절한 애정을 호소하지만 다시 만났을 때는 사정없이 상처를 주는 유의 남자였던 것이다. 그럼에도 파리로 돌아온 상드는 모든 것을 용서하고 다시 뮈세와 연인관계가 된다.

그러나 얼마 못 가 결국 뮈세의 광기와 질투에 머리가 돌 지경이 된 상드는 도망치듯 고향인 노앙으로 돌아간다. 처음 만난 몇 개월과 파리와 베네치아에서 떨어져 지낸 몇 개월을 제외한다면 뮈세와의 관계는 그녀에게 악몽과 같은 시간이었다. 비싼 수업료를 지불하고 "영혼이 통하는 사랑"이란 것도 결국 신기루에 불과한 것이라는 것을 깨닫게 된 것이다. 뮈세는 헤어진 후 상드에 대한 속죄의 심정으로 『세기아의 고백』을 쓰고 상드는 이 책을 통해 뒤늦게 뮈세의 진심을 읽고 눈물 흘린다. 이것이 상드와 뮈세 이야기의 전모다.

이후 그녀는 남편과의 형식적인 부부관계를 정리하고 자신이 유산으로 물려받은 노앙의 저택을 되찾기 위해 이혼 소송을 벌인다. 당시 프랑스에서는 여성의 재산권을 인정하지 않았기 때문이다. 그녀는 매번 남편에게 돈을 구걸해야 했는데 결국 이혼 소송을 통해 자신의 재산을 되찾게 된다. 1830년대에 여성이 소송을 통해 이혼을 쟁취해냈다는 사실은 가히 혁명적인 일이었다. 이때 변호를 맡아준 미셸 드 부르주와 그녀는 다시 사랑에 빠진다. 그는 추남이었지만 똑똑한 공화주의자이며 웅변가였다. 민중에 대한 그의 인류애적 사랑은 상드의 심금을 울리고 결국 상드를 사랑에 빠뜨렸다.

유부남이었던 그와의 사이는 오래가지 못했지만 상드는 그에게서 공화주의 사상을 배우게 된다. 민중이 주인인 사회에 대한 꿈은 상드 마음속 깊이 자리 잡고 있던 기독교적 가치관과 조우하게 되어 그녀의 정의감에 불을 지폈다. 상드는 기독교적인 유토피아 사상이 정치적으로도 실현될 수 있다는 가능성을 그를 통해 배우게 되었다.

쇼팽, 운명을 만나다

이제 상드에게 있어 가장 유명하고 또 마지막 사랑이었던 쇼팽을 이야기할 차례다. 상드는 뮈세를 통해 리스트(Ferenc Liszt, 1811~86)를 소개받고 또 리스트를 통해 쇼팽을 만나게 된다. 음악에 일가견이 있었던 상드는 프랑스로 망명하여 이제 막 파리의 사교계에 등장하기 시작한 쇼팽의 천재성을 알아봤다. 상드보다 7세 연하이며 섬세했던 쇼팽은 광인 뮈세에게, 또 폭군과 같았던 부르주에게 지친 상드의 모성애를 자극했다. 상드는 쇼팽의 첫 인상에 대해 "호리호리한 중키, 가늘고 긴 손가락, 아주 작은 발, 다갈색에 가까운 금발, 밤색이 도는, 멜랑콜릭하다기보다는 싱싱한 눈빛, 갈고리코, 매우 우아한 미소, 약간 가라앉은 음성, 그 인품에 깃든 고귀하고도 말로 표현할 수 없는 귀족적인 무엇"이라고 말한다.

반면에 쇼팽이 본 상드의 첫 인상은 그리 호의적이지 않았다. "남장을 하고 담배를 피우는 상드, 야릇한 친구들과 다정스레 이야기하고 예술과 관련 없는 일체의 세계와 손을 끊었으며 민주적이고 사회주의적인 생각을 과시한다." 하지만 결국 쇼팽은 그녀를 사랑하게 된다. 1837년 10월 쇼팽은 일기에 이렇게 적는다.

세 번 그 사람을 만났다. 피아노를 치고 있는 동안, 뚫어져라 쳐다보는 것이다. 다뉴브의 전설을 빈 약간 슬픈 음악이었다. 내 마음은 그 사람과 함께 그의 나라에서 춤췄다. 내 눈 속에서 그 사람의 눈이 어둡고 불가사의한 눈이 무언가를 속삭인다. 피아노에 기대어 불타는 눈동자로 나를 휘어잡는다……. 내 마음은 빼앗기고 말았다. 그러고 나서 두 번 만났다……. 그녀는 나를 사랑하고 있다……. 오로르, 얼마나 아름다운 이름인가.[7]

병약한 쇼팽에 대한 상드의 사랑은 애초부터 희생 그 자체였다. 쇼팽의 건강을 위해 상드는 아들인 모리스와 딸 솔랑주와 함께 햇볕 좋은 에스파냐 섬 마조르카로 여행을 떠난다. 1838년 11월 그들은 마조르카의 항구 팔마에 도착했다. 특별 주문한 쇼팽의 프레이엘 피아노도 곧 도착할 예정이었다.

그러나 백 년 만에 한파가 몰아친 그곳에서 쇼팽의 건강은 더 악화되었다. 계속 각혈을 해대는 쇼팽을 보고 그곳 주민들은 그들을 전염병자처럼 두려워하게 된다. 결국 상드 일가는 주민들과 멀리 떨어진 발데모사의 빈 수도원을 빌려 생활하게 된다. 이곳에서 여전히 각혈을 하며 쇼팽은 몇 개의 발라드와 프렐류드를 작곡했다.

어느 비오는 저녁, 물건을 사러 나가 한동안 돌아오지 않는 상드와 아이들을 기다리며 병약한 쇼팽은 갑자기 그들이 죽었다는 이상한 망상에 사로잡히게 된다. 그는 빗소리를 들으며 피아노 연주를 시작한다. 상드는 이 곡에 대해 이렇게 기록한다.

그날밤의 야곡은 빗방울 소리로 넘친 것이었는데, 그 소리는 사원의 지붕에 소리 내며 떨어지는 빗방울이기는 했어도 그의 환상과 노래 속에, 또한 그의 마음에 떨어지는 눈물로 승화된 빗방울이었던 것입니다.

그 유명한 쇼팽의 「빗방울 전주곡」이 탄생되는 순간이다.

2년도 안 되는 짧은 기간 동안 폭풍 같은 사랑을 나누었던 뮈세와 달리 쇼팽과는 9년간 관계가 지속되었다. 쇼팽은 파리와 노앙에서 소나타, 녹턴, 마주르카 등을 작곡했다. 쇼팽은 친구에게 보내는 편지에서 "내 손가락이 건반 위에 부드럽게 미끄러지면 그녀의 펜은 종이 위를 날아간다"

들라크루아가 그린 상드와 쇼팽(1838년). 상드와 쇼팽은 이상적인 예술가 커플이었다.
상드와 결별한 쇼팽은 곧 죽음을 맞이한다.

고 적고 있다. 두 예술가의 이상적 삶을 엿볼 수 있는 부분이다. 말하기 좋아하는 사람들은 방탕한 상드 때문에 쇼팽의 건강이 상한 거라고 떠들어댔지만 상드는 지인에게 보내는 편지에서 "지난 7년간 저는 흡사 수녀와 같은 생활을 했습니다"라고 적는다.

쇼팽에 대한 그녀의 사랑은 일종의 모성애이며 천재에 대한 경외심이었다. 그러나 결국 9년 만에 이 관계도 끝이 나게 된다. 뮈세의 경우는 칼을 들고 죽으려는 광기에 상드가 도망쳤지만 쇼팽의 경우는 질투심으로 그가 먼저 상드를 떠났다. 쇼팽은 상드와 헤어진 직후 1년도 되지 않은 1849년 10월 죽음을 맞이한다. 병약한 그를 돌봐줄 사람이 없었던 것이다. 쇼팽과 결별한 후 그녀에게 특별한 연애사건은 없다.

여성의 삶을 직시한 최초의 페미니스트

사랑을 겪으며 상드는 결혼과 여성의 삶에 대한 산 증인이 된다. 그녀는 많은 글에서 현대 페미니즘의 선구자다운 말들을 거침없이 쏟아낸다. 다음은 여성문제에 대한 그녀의 신랄한 고발이다.

> 여성은 심한 취급을 당하고 있다. 여성을 저능하게 만들어놓고 그 저능을 비난하고 무지를 경시하며 그 지식을 조롱하고 있다. 연애에 있어서는 창녀 취급을 당하고 부부의 애정에 있어서는 하녀 취급을 받는다. 결코 사랑받는 일이 없다. 이용당하고 밥이 되며, 더구나 정조라는 명에로 여성을 속박해놓으려고 하고 있다. 이것이 남성이다.[8]

더욱이 정조관념에서의 불평등은 젊은 시절 상드가 가장 분개한 문제였다. 상드는 철저히 남성 중심적인 도덕관념에 일침을 가한다.

> 우리 사회에 있어서는, 우리의 전례와 풍습에 따르면 한 남자가 정사에 성공했다는 명성이 올라가면 올라갈수록, 주위 사람들의 미소가 그에게 집중되는 것입니다. 특히 지방에 있어서는, 이런 사람이 환대를 받고 식사에 초대되며 훌륭한 친구로 여겨지는 것입니다……. 여자에게 이런 일은 있을 수 없습니다. 간통이라며 돌을 던질 뿐이니까요.[9]

여기에는 상드의 불행한 결혼 생활과 실패한 연애 사건들 그리고 그 속에서 여자로서 감내야 했던 세상의 추문들이 한몫했을 것이다. 『렐리아』의 다음 구절들은 남성에 대해 젊은 시절 상드가 갖고 있던 내면의 생각들을 적나라하게 보여준다.

내게 있어 가장 잔인한 것은 나의 희생의 정도를 그는 모른다는 거예요. 게다가 나의 복종에 대해 주제넘은 생각을 해대는 거예요. 나의 정숙함이 위선적인 감정에 빠진 거라고 생각하는 거지요. ……그는 내 눈물을 가혹하게 비웃었습니다. 때때로 그의 파렴치한 이기주의는 자만심으로 흡족해하는 겁니다. 매우 거친 행동으로 나를 부서뜨려놓고는 아무런 배려도 없이 냉정하게 내 옆에서 잠에 빠지는 겁니다. 난 그의 잠을 깨울까봐 울음소리를 삼키지요.[10]

나는 나의 사랑이 하나의 종교가 되기를, 적어도 하나의 미덕이 되기를 바랐다. 그러나 본능적인 욕구에만 끌려 다니는 사람에게 그것을 알아주길 바랐던 내가 잘못이었다. 나는 나에 대한 그의 비열한 왕국을 찬양해 마지않았는데도 그는 나의 이 영웅적인 자기비하를 경멸할 줄 밖에 몰랐으니…….

그러나 남자들은 거칠고 여자의 헌신이 어디서부터 시작해서 어디서 끝나는지조차 모르지. 여자들은 단념한 채로 주고, 주는 데 기쁨을 느끼는 데도 말이야. 그러다 그녀는 놀라 멈추게 되지. 강하고 힘센 자가 그런 희생을 보고 미안함의 감정도 느끼지 않는 것을 보고 그들을 경멸하게 되는 거야. 남자들은 어리석고 여자들은 기분에 좌우되지. 너무나 비슷하고 너무나 다른 이 두 존재는 사랑하는 데 있어서도 서로를 증오할 수밖에 없어.[11]

결혼에 대한 상드의 생각은 더욱 비관적이다.

남편에게 충실한 여성은 일찍 늙고 천한 대우를 받으며 자식들로부터

도 존경받지 못합니다. 여성은 학대라는 형벌을 받은 죄수인 것입니다.[12]

이렇게 상드는 일찍부터 많은 여성들의 마음을 대변했으며 그들의 생각들을 속 시원히 글로 풀어주었으니 페미니즘의 시조라고 할 수 있을지 모른다. 하지만 그렇다 해도 그녀는 여성이 가지고 있는 헌신, 인내, 자비와 같은 속성을 존중하는 페미니스트였다. 다음 글에서 그녀는 "자비로운 그리스도교적 정신을 구해내는 것"은 동물적인 남성보다 영적인 여성일 거라고 단언한다. 그녀에게 그것은 세계를 구해내는 임무이기도 하다. 한마디로 세계를 행복하게 만들 수 있는 여성성의 중요함을 그녀는 결코 간과하지 않았다.

여성의 교육도 남성의 교육과 같아지게 될 것입니다. 그러나 여성의 심정은 여전히 애정과 헌신과 인내와 자비의 피난처일 것입니다. 외설적인 정욕 가운데서 자비로운 그리스도교적 정신을 구해내는 것은 여성일 것입니다. 여성이 이런 역할을 하지 못하게 되는 세계는 정말 불행한 세계일 것입니다.[13]

또 젊은 시절에는 여성에게 불공평한 사회에 대해 과격했고, 본능에 따라 자유롭게 연애했던 상드가 말년에 가서는 180도 다른 생각을 하게 된다. 세월을 통해 어떤 혜안을 얻게 된 것이리라. 그녀는 결혼을 앞둔 아들 모리스에게 다음과 같은 충고를 한다.

너는 언제까지나 사랑할 수만은 없고, 결혼하더라도 정절에 대한 책임을 질 수 없다는 말을 했다지. 그런 생각을 가지고 결혼해서는 안 된다. 그렇게 되면 너는 분명 아내로부터 배반당할 것이고 그것은 당연한 결말이다. 아니면 너는 바보가 된 희생자, 아니면 질투에 사로잡힌 악녀, 아니면 네가 가장 경멸하는 속물을 아내로 갖게 될 것이다. 사랑할 때는 정절이 요구된다. 물론 아닌 경우도 있지만 그것을 믿어야 한다. 마음속으로부터 맹세해야 한다. 그렇게 하면 오랫동안 행복해질 수 있는 것이란다.[14]

상드는 결혼 생활에서 배우자에 대한 정절을 강조한다. 이것은 남자뿐 아니라 여성에게도 마찬가지다. 그녀의 글에서는 결혼이 점점 더 존중되고 있었다. 말년의 그녀는 "연애는 이성이 선택에 개입되는 경우 동물적인 본능과 구별되어야 하는 것"이라고 말한다. 또 "육욕이라는 노골적인 악마를 죽여버릴 것, 다른 남자를 찾기보다는 이미 맺어져 있는 남자를 좀더 잘 이해할 것, 이것이 결혼을 행복하게 만드는 비결"이라고 말한다. 결혼을 통한 남녀의 영적 결합을 본능적인 감정의 결합과 구별하게 된 것이다. 이것은 분명 "사랑 같은 본능을 결혼 같은 것으로 제도화할 수 없다"던 보부아르(Simone de Beauvoir, 1908~86)의 페미니즘과는 전혀 다른 결론이다.

젊은 시절 부당한 처우에 대해 끓어오르는 분노로 남성에 대한 적개심을 표출했지만 상드의 관심사는 늘 인류 전체에 대한 사랑과 행복이었다. 그녀는 여성이 행복하길 바랐지만 남성 또한 함께 행복하기를 바랐다. 그러므로 그녀의 인생에서 더 많은 열정과 시간을 빼앗은 것은 연애가 아니라 유토피아를 향한 몽상이었다.

유토피아를 꿈꾼 몽상가

상드가 파리에 온 1830년대는 시민왕 루이 필리프가 정치를 하던 입헌군주제 시대였다. 대혁명을 주도했던 공화주의자들과 노동자 편에서 모든 것을 똑같이 나누자는 공산주의자들은 루이 필립의 반대편 진영에서 손을 잡았다. 상드는 이들 편이었다. 그녀는 민중이 주인인 세상을 꿈꾸는 공화주의자며 모든 재산을 공평하게 나누어야 한다는 생각에 동조하는 공산주의자였다. 당시 아직 실현되지 않았던 공산주의는 유토피아의 또 다른 이름이었고 상드는 사랑을 바탕으로 하는 기독교적 공산주의를 꿈꾸는 몽상가였다.

상드는 기독교 사상을 바탕으로 사회주의를 꿈꾸는 철학자 르루(Pierre Leroux, 1797~1871)의 충실한 제자였으며 문학적으로 그의 생각을 대변했다. 그녀의 소설은 단지 그녀의 사상을 전달하기 위한 수단이었으며 돈 많은 사교계 사람들을 위한 것이 아니었다.

사람들은 내가 발자크적인 소설을 썼으면 하고 원하는 것입니다. 하지만 그런 장르 속에서 쉬지 않고 일을 하며 사교계 사람들을 위해 고생하고 싶지는 않습니다. ……훌륭한 사상을 포함한 평범한 형태의 주제가 발견되기까지는 더 이상 쓰지 않으려 합니다.

그녀는 소설 속에서 공산주의를 선전하기 시작했으며 노동자들에게 기독교적 사회주의의 교의를 가르치기 시작했다. 상드는 새로운 주제의 소설로 프롤레타리아들의 일과 비참한 삶을 다루고 그들의 순박한 영혼을 귀족이나 부자들의 이기주의와 대비시켰다. 그녀는 민중이야말로 신성한 영감의 소유자들이며 루소가 말한 자연의 선함을 소유하고 있는 자들이라고 말했다.

소설『프랑스를 순례하는 친구』가운데서는 아름다운 재단사 위그낭이 목수인 예수와 똑같이 성스러운 소질을 가진 사람으로 등장한다. 『앙지보의 물방앗간』에서 상드는 가루 빻는 사나이 글랭루이를 강력하고 매력 있는 성인으로 묘사하고 있으며 자기 재산이 없어지는 것을 통쾌하게 여기는 귀족 마르셀 드 블랑시몽도 묘사하고 있다. 그녀는 공산주의를 추앙하는 작가들의 뮤즈가 된다. 수녀원에서 할머니로부터 영향을 받은 볼테르주의에서 벗어나 열광적인 가톨릭 신자가 되었던 상드의 신앙은 이제 기독교적 사회주의로 변질된 것이다.

사회주의나 공산주의라는 말 앞에 계속 '기독교적'이란 말을 붙이는 이유는 당시 사회주의나 공산주의에 또 다른 노선이 있었기 때문이다. 그것은 블랑키(Auguste Blanqui, 1805~81)나 바르베스(Armand Sigismond Auguste Barbès, 1809~70) 등을 주축으로 하는 과격한 공산주의였다. 그들은 폭력을 통해 단시간에 모든 것을 뒤집으려는 과격분자들이었다.

그러나 상드는 어떠한 경우에도 사랑이 없는 노선을 따르지 않았다. 그녀가 추구한 것은 초기 기독교 사회에 등장했던 사랑을 바탕으로 하는 신앙 공동체였다. 그녀는 배우 보카주에게 다음과 같은 편지를 쓴다.

> 서기 50년이라면 나는 기독교도였을 것이지만 지금 나는 코뮤니스트입니다. 코뮤니즘은 몇세기에 걸쳐 살아나갈 신앙이며, 나에게는 진보해 나가는 사회의 이념입니다.

단지 독재자를 타도하기 위한 공산주의란 상드에게 아무 의미도 갖지 못했다. 그녀가 바란 것은 참된 공의가 실현된 하나님의 유토피아였다.

그녀는 한 편지에서 이렇게 쓴다.

> 만일 코뮤니스트가 독재자를 타도하기 위해 일격을 가할 준비를 한 음모의 도당이라 생각한다면 우리는 코뮤니스트가 아닙니다……. 그러나 당신이 코뮤니스트를 다음과 같이 생각하신다면 물론 우리는 코뮤니스트이고, 또 그렇다고 감히 말할 것입니다. 즉 대중의 양심으로 인정한 모든 방법 덕분에 극단적인 부자와 빈자 사이에 격심한 불평등이 오늘부터 사라지고 참된 평등이 시작된다고 믿는 사람이 코뮤니스트라면 말입니다.[15]

그녀는 "폭력에 의해 사랑의 복음주의적 원칙을 파괴시키는 코뮤니즘"에는 적의를 품고 있었다. 그들은 이미 기독교인으로서의 자격을 상실한 것이기 때문이다.

1848년 드디어 루이 필리프의 입헌군주제가 무너지고 제2공화정이 탄생되었다. 파리의 광장에는 무려 40만 명의 인파가 모였다고 한다. 상드는 기조(François Guizot, 1787~1874)의 창문에서 라마르틴(Alphonse de Lamartine, 1790~1869)과 이야기하며 행렬을 지켜보고 있었다. 새로운 공화국의 대통령은 나폴레옹의 조카인 나폴레옹 3세였다.

상드는 그와도 각별한 사이였다. 1838년 파리의 어느 살롱에서 그를 만났는데 1844년 그가 감옥에 있는 동안 그에 관해 호의적인 기사를 발표한 후 둘은 친한 사이가 되었다. 이제 새로운 공화국에서 대통령으로 선출된 나폴레옹 3세는 그녀에게 언제 어디서나 정부 요인을 만날 수 있는 무기한 통행허가증을 주었으며 그녀에게 공화국 신문의 편집을 맡겼다. 공화국의 뮤즈가 된 것이다. 그녀는 잡혀간 동료들을 위한 탄원서를 들고 나폴레옹을 찾아갔으며 그는 대부분의 요청을 모두 들어주었다. 탄원서이기도 한 그녀의 편지는 보는 이의 마음을 움직이기에 충분했다.

여기서는(감옥) 병이 들어 사람들이 죽음에 직면하고 있습니다. 거기서 사람들은 지금 볏짚 위에 독으로 가득 찬 공기 속에 싸여 있고 또 추위에 떨고 있습니다. 국가의 의미 따위는 아무것도 모르는 어머니나 딸들의 불안, 평화스런 노동자나 농민의 놀람. 그 사람들은 이렇게 말하고 있는 것입니다. "어째서 살인자나 도둑이 아닌데도 감옥에 가두는 것일까? 우리들도 모두 가게 되는 것일까? 우리가 그에게 투표했을 때는 만족을 느꼈는데……."

상드는 몇 달 동안 이 장관에게서 저 장관에게로, 백작에게서 총독에게로 뛰어다니며 병든 죄수를 구출해내고 그 가족의 원조를 얻어냈으며 유형수의 대열을 멈추게 했다. 망명자에게 책과 돈을 보내고, 네 명의 젊은 병사를 총살 집행인의 손에서 건져내기도 했다. 이후 나폴레옹 3세가 제정을 시작하자 상드는 정계를 떠나 노앙에 칩거하게 된다. 하지만 역사의 도도한 물줄기는 프랑스의 역사 속에서 공화정을 다시 부활시켰다. 나폴레옹 3세의 제2제정(帝政)이 시작된 후 20년 뒤인 1870년, 프랑스는 보불전쟁에서 패했고 수도 파리는 공산주의자들에 의해 장악되었다. 이것은 러시아 혁명이 일어나기 전 인류 최초로 실현된 공산주의였다. 비록 몇 달밖에 지속되지 못하고 정부군에 의해 무자비하게 진압되었지만 상드가 꿈꾸었던 공산주의가 잠시 현실로 나타난 것이었다. 그러나 그것은 폭력에 의한 무신론적 공산주의였다. 이 사건에 대해 1872년 상드는 플로베르에게 다음과 같은 편지를 쓴다.

프랑스는 미쳤다. 인류는 어리석다. 우리는 병든 동물이다, 라고 말하지 않으면 안 됩니다. 그렇더라도 서로 사랑해야 합니다. 자기를 사랑하고 인간을 사랑하며 특히 친구를 더 사랑하지 않으면 안 됩니다.

파리코뮌을 주동하는 세력은 폭력과 적개심을 앞세운 블랑키스트(Blanquistes)들이었다. 흥미로운 것은 마르크스(Karl Marx, 1818~83)가 1840년대 파리 체류 시절 블랑키스트들에게 큰 영향을 받아 1848년 런던에서 『공산당 선언』을 발표한 것이다. 이는 러시아 혁명의 이론적 근거가 된다. 그러나 러시아 혁명의 배후에는 마르크스만이 아니라 도스토옙스키나 투르게네프(Ivan Sergeevich Turgenev, 1818~83) 같은 문인들도 있었다. 이 둘은 상드의 열렬한 신봉자였다. 앞서 말한 것처럼 도스토옙스키는 상드의 작품을 통해 상드의 정신을 이어받았으며, 투르게네프는 노앙의 단골 방문객으로 늘 상드 곁에 머물던 사람이었다.

러시아 혁명이 일어나기 전 러시아의 지배층은 유럽으로부터 사상서들이 수입되는 것을 철저하게 검열했는데 상드의 소설만은 예외였다고 한다. 그들이 보기에 그것은 남녀의 사랑이야기에 불과했기 때문이다. 하지만 그 소설들은 사상서보다 더 많은 것을 일깨워주었고, 이것은 러시아 문인에게, 나아가 혁명에 지대한 영향을 미치게 된다. 그러나 역사는 공산주의 사회가 상드가 꿈꾸던 유토피아가 아니었음을 증명해주고 있다.

고요의 나라를 건너 신에게 돌아가다

아나톨 프랑스(Anatole France, 1844~1924)는 위대한 인간 속에 깃든 그녀의 관대한 정열과 폭넓은 정열에 찬사를 보내고 텐(Hippolyte

말년의 조르주 상드.
그녀는 기독교적 사랑에
밑바탕을 둔 사회주의 공동체를
꿈꾼 이상주의자였다.

Taine, 1828~93)은 "우리는 지나친 리얼리스트였다. 인간의 동물적인 면과 사회의 부패상을 지나치게 강조해왔다"고 말한다. 플로베르, 발자크의 사실주의와 졸라(Émile Zola, 1840~1902)의 자연주의를 빗대어 한 말이리라. 그는 1872년 3월 30일 상드에게 다음과 같은 편지를 보냈다.

당신의 마음과 머리에 있는 것을 꺼내어, 우리가 희망하는 것 이상으로 민중적이고 공감이 가는 작품을 써주십시오. 그것은 상처받고 고민하는 인간에게는 교훈이 될 것이고 훈계가 될 것입니다. 그것은 또 프랑스인이 바라고 있는 호소와 용기가 될 것입니다.

말년의 노앙에는 많은 친구들이 찾아왔다. 그러나 집안의 규칙은 수도원처럼 늘 한결같았다. 상드는 점심을 먹고 앵드르 강으로 산책을 나간다. 오후에는 잼 만들기 같은 집안일과 밭일을 한다. 하인도 6, 7명이나 되었다. 저녁에는 모두 둘러앉아 도미노 게임을 하거나 커다란 원형 테이블을 가운데 놓고 독서를 한다. 상드는 새로 쓴 소설을 읽어주거나 수를 놓거나 바느질로 인형 옷을 만든다. 밤 열두 시가 되면 상드의 충실한 비서였던 망소가 준비한 석유 램프와 담배와 설탕물을 들고 서재로 들어가 아침 여섯시까지 글을 쓴다. 매일 같은 일상의 반복이다. 그녀의 말년은 고요했다.

나는 지금 고요의 나라를 통과하고 있습니다. 여기 온 것도 신의 뜻입니다. 그러나 어떻게 해서 이렇게 되었는지는 나도 모릅니다.

모루아는 상드를 스탈 부인(Madame de Staël, 1766~1817)과 함께 19세기의 프랑스 역사에 큰 역할을 한 많지 않은 여성의 한 사람이라 칭한다. 그녀는 장폐색 발작으로 1876년 6월 8일 영면에 들어간다.

오늘날 상드는 어떤 의미로 다가오는가. 지금도 상드 시대처럼 여성의 인권 문제는 여전히 미결의 문제로 남아 있다. 특히 우리나라에서 남녀평등의 문제는 종잡을 수가 없다. 사회 변화가 너무 빠르게 진행되어 자유분방한 삶을 향유하는 여성들과 아직도 19세기의 인습 속에서 인권을 유린당하는 여성들이 공존하고 있다.

상드 이후 여권 운동은 투쟁적인 노선으로 발전되었다. 남자들을 적으로 몰아붙인 보부아르의 생각이 여성들의 적개심에 불을 붙인 것이다.

사회정의의 문제도 여전히 미결인 채 남아 있다. 특히 우리나라에서 상드가 살았던 시대의 사회정의, 곧 부의 재분배 문제는 바로 현재의 당면 과제이기도 하다.

여권운동과 마찬가지로 상드 이후 공산주의는 투쟁적인 노선이 승리를 거두었다. 상드가 꿈꾸었던 기독교적 사회주의가 아닌 마르크스의 투쟁적 공산주의가 역사의 물줄기를 바꾼 것이다. 그리고 역사는 우리에게 그것이 완전한 실패라는 것을 보여주었다. 그러므로 이 시대에 우리는 실현되지 못했던 상드의 온건한 페미니즘과 마찬가지로 실현되지 못한 온건한 사회주의를 다시 돌아보게 된다.

그 둘의 공통점은 여성과 민중의 해방을 목적으로 하되 어떤 경우라도 폭력을 허용하지 않으며 인간에 대한 사랑을 전제로 한다는 것이다. 한때 민중의 가슴에 불을 질렀던 "폭력 없는 정의가 어디 있느냐"는 말도 결국 인간에게 재앙만을 가져왔던 것을 시간은 증명해주었다. 그러니 마지막으로 상드가 꿈꾸었던 유토피아에 한번 희망을 걸어보면 어떨까. 만약 "서로 사랑하기"를 제도화해서 사랑하지 않는 것을 살인이나 강도질처럼 중죄로 단죄하고 용서하지 못하는 것을 최대의 사회 파괴적인 악으로 간주하는 그런 사회를 만들 수만 있다면, 우리는 상드가 꿈꾸었던 유토피아를 볼 수 있을지도 모를 일이다.

조르주 상드를 알기 위해 더 읽어 볼 책들

『조르즈 상드: 달과 나막신』| 위게트 부샤르도 지음, 바다저작권 번역실 옮김, 동화출판공사, 1991

정치가이며 환경부 장관을 지내기도 했던 부샤르도가 쓴 상드에 관한 전기다. 상드의 삶에서 결정적인 순간을 몇 장면 포착해 일반인들도 읽기 쉽게 썼다.

『쇼팽과 상드: 낭만적인 사랑과 예술』| 실비 드레그 므왱 지음, 이재희 옮김, 도서출판 백록, 1991

상드의 고향에서 교사를 하는 실비 드레그 무앵의 상드 전기. 쇼팽과 상드가 노앙에서 함께 지낸 시절을 묘사하고 있다. 쇼팽의 음악에 관련된 많은 일화들이 나온다.

『렐리아』| 조르주 상드 지음, 이재희 옮김, 서원, 2002

상드의 작품 중 "여자의 성욕을 다룬 최초의 소설"이라 일컬어지는 문제작이다. 그러나 이 책에는 이외에도 신에 대한 종교적 회의, 인간과 죽음에 대한 상념 등 다양한 낭만주의적 주제들이 넘쳐난다.

『상드 서간집 1, 2』| 조르주 상드 지음, 이재희 옮김, 성지사, 1999

총 27권에 달하는 방대한 서간집 중 중요한 부분을 발췌하여 번역한 책이다. 19세기의 문필가들이 총망라되어 있다는 상드의 서간집은 19세기 서구사회를 연구하는 데 없어서는 안 될 자료다.

『사랑의 편지: 연상의 여류 소설가 상드와 천재시인 뮈세의 사랑』| 상드 & 뮈세 지음, 프랑스와즈 사강 엮음, 배기열 옮김, 풍생문화사, 1986

상드와 낭만주의 최고의 시인 뮈세가 주고받은 주옥같은 편지들을 사랑의 심리 묘사의 대가인 프랑수아즈 사강이 편집한 책이다. 문장의 아름다움과 간결하나 가슴을 때리는 문장들은 가히 연애편지의 백미라 할 것이다.

조르주 상드 연보

1804	명문귀족인 모리스 뒤팽과 새장수의 딸인 소피 사이에서 태어남.
1808	아버지 모리스 뒤팽이 집으로 돌아오던 중 낙마하여 사망.
1809	어머니, 딸의 후견 포기하고 파리로 떠남. 이후 두 모녀는 파리-노앙을 왕래하며 지냄.
1818	성아우구스티누스 수도회의 수녀원 부속 여자 기숙학교에 입학. 2년 동안 다님.
1822	카시미르 뒤드방과 결혼.
1823	장남 모리스 뒤드방 태어남.
1828	딸 솔랑주 출생.
1831	쥘 상도(Jules Sandeau)와 함께 J. Sand와 같은 여러 이름으로 『백장미』(Rose et Blanche) 등 여러 편의 소설 출판.
1832	쥘 상도의 이름을 따 조르주 상드(George Sand)라고 필명 정함. 『앵디아나』 출판. 『발렌틴』(Valentine), 『후작부인』(La Marquise) 발표.
1833	쥘 상도와 관계 끝남. 알프레드 드 뮈세를 만남. 『렐리아』 『메텔라』(Méttela), 『친밀한 비서』(Le Secrétaire intime) 등 발표.
1835	3월 뮈세와 결별 후 공화주의자 부르주와 사랑에 빠짐. 노앙에서 남편과 이혼재판 신청.
1836	뮈세 『세기아의 고백』 발표. 상드 이혼 소송 승소.
1838	6월 쇼팽 만남. 10월 아들 모리스, 딸 솔랑주와 함께 마조르카 섬에서 지냄.
1847	쇼팽과 결별. 『프랑수아 르 샹피』(François le Champi) 출판.
1849	10월 쇼팽 사망. 『프랑수아 르 샹피』 오데옹 극장에서 첫 공연
1854	「내 생애 이야기」(Histoire de ma vie)가 『라 프레스』(La Press)에 연재.
1873	플로베르, 노앙에 체류. 투르게네프 합류(마니가 월요모임 일원).
1876	6월 8일 장폐색으로 사망. 나폴레옹 백작, 플로베르, 르낭, 뒤마피스, 랑베르 등이 파리에서 와 장례식 참석. 빅토르 위고가 「조사」(弔詞)를 보냄.

4 조지 엘리엇 George Eliot

시대의 올무를 끊다

김문숙 | 명지대학교 객원교수 • 영어영문학

"배는 다시 떠올랐다. 그러나 오누이는 절대
떼어놓을 수 없는 포옹을 한 채 가라앉았다.
그들은 죽음을 각오한 그 마지막 순간에
사랑하는 마음으로 그들의 작은 손을 꼭 잡고
데이지 꽃이 핀 들판을 함께 배회하던 시절을
다시 경험하고 있었다."

조지 엘리엇(George Eliot, 1819~80)

빅토리아 시대의 여성 작가 조지 엘리엇

19세기의 영국은 산업혁명과 자본주의의 발전으로 번영을 누렸지만 가부장제와 청교도 윤리도 함께 강화된 시기였다. 브론테 자매(Charlotte Bronte, 1816~55, Emily Bronte, 1818~48, Anne Bronte, 1820~49), 브라우닝(Elizabeth Browning, 1806~61), 로세티(Christina Rossetti, 1830~94) 등의 문인들을 필두로 여성들이 각계각층에서 제 목소리를 당당하게 내기 시작했지만 이들 여성을 바라보는 사회의 곱지 않은 시선이 동반되기도 했다. 이처럼 상반된 기운이 대립각을 세우던 19세기 초, 역시 상반된 삶을 펼치게 될 두 여성이 같은 해에 태어난다.

조지 엘리엇(George Eliot, 1819~80)은 빅토리아 여왕과 같은 해인 1819년에 태어났다. 이른바 빅토리아 시대(1837~1901)가 그녀의 삶과 문학의 배경이었던 셈이다. 그 시대를 살았던 여성들에게 '모범적인' 규율을 제시하고 이를 따르도록 선도한 이가 빅토리아 여왕이었다면, 엘리엇은 '모범적인' 규율이라는 이름으로 여성을 억압하는 불합리한 올무를 끊고 스스로의 삶을 개척해나간 여성이었다.

시대가 규정한 틀에 들어가기를 거부한다는 것, 다시 말해 여성에게 부여된 인습과 불협화음을 낸다는 것은 그만큼의 대가가 따르게 된다. 그녀는 그 대가로 치른 소외와 고통을 통해 서로의 상처를 보듬지 못하는 인간사회의 모순과 아픔을 들여다보았고, 이 경험이 바로 그녀의 문학을 구성하는 원류로 자리 잡는다. 이렇게 엘리엇은 사회가 규정한 테두리 밖을 서성이는 아웃사이더의 시선으로 자신의 소설을 인간 사회와 인간 심리를 탐색하는 수단으로 승화시킨다.

엘리엇의 본명은 메리 앤 에반스(Mary Ann Evans)다. 당대를 대표했던 여성 작가가 남성 필명으로 글을 썼다는 이 사실도 실은 빅토리아 시대의 시대상이 묻어나는 대목이라고 할 수 있다. 그때는 남성이 여성보다 지적(知的)으로 우수하다는 인식이 팽배한 시기였다. 이에 따라 거의 모든 공적 영역은 응당 남성의 몫이고 여성은 결혼해서 남편과 자식에게 내조해야 자연스럽다고 생각했다.

여성에 대한 차별은 딱히 시대와 장소를 구분할 수 없을 정도로 끊임없이 이어져왔지만, 19세기 영국은 산업 자본주의 도입이 맞물리면서 그 정도가 심화된다. 이윤의 극대화를 모토로 내세운 산업자본주의는 능률 추구를 최우선 순위에 두었고, 따라서 이성적이고 계산적이며 수직적인, 이른바 '생산적인' 남성적 가치를 추구하기에 이른다. 결국 엘리엇이 그녀의 작품을 통해 강조하고자 했던 '부드러움' '다정다감함' '모성애' 등과 같은 여성적 가치들은 감정적이며 '비생산적인' 것으로 규정되어 뒤로 밀려난 것이다.

문학에 투영된 어린 시절—『플로스 강의 물방앗간』

엘리엇은 영국 워릭셔(Warwickshire) 지방의 토지 중개인으로 일했던 로버트 에반스(Robert Evans)의 딸로 태어났다. 어려서부터 책읽기를 좋아했던 엘리엇은 어머니 크리스티나 에반스(Christina Evans)를 일찍 여읜 후 집안 살림을 도맡아 했다. 그러면서도 프랑스어 · 독일어 · 라틴어 · 그리스어뿐만 아니라 수학 · 천문학 · 지질학, 심지어 뼈를 보고 사람의 성격을 파악할 수 있다는 골상학에도 관심을 가질 정도로 다방면의 지식을 두루 섭렵했다. 이후 그녀는 독일의 슈드라우스(David Friedrich Strauss, 1808~74)가 신성을 잃어버린 예수의 이야기를 소설로 형상화한 『예수의 생애』(Das Leben Jesu)와 포이어바흐(Ludwig Feuerbach, 1804~72)의 『기독교의 본질』(Das Wesen des Christentums)을 영어로

엘리엇의 생가. 아버지, 어머니, 오빠 등과 함께한
어린 시절의 추억은 그녀의 작품 세계의 기반이 된다.

번역했다. 이 책들의 분량은 실로 엄청났기에 이를 번역한다는 것은 여러 학문 분야에 정통해야만 가능한 대단한 작업이었다. 그녀는 1857년 세 편의 단편을 모은 『성직 생활의 단면들』(Scenes of Clerical Life, 1858)을 조지 엘리엇이라는 필명으로 출판한 뒤 20여 년에 걸쳐 여덟 편의 소설과 시집 『스페인 집시』(The Spanish Gypsy, 1868)를 출판하게 된다.

그녀의 모든 작품에는 19세기 초반 워릭셔에서의 인생경험이 중요한 모티프로 등장한다. 그중에서도 특히 『플로스 강의 물방앗간』(The Mill on the Floss, 1860)은 어린 시절에 겪은 엘리엇의 사회적·심리적 갈등이 오롯이 투영된 작품이다. 소설의 무대인 세인트 오그스(St. Ogg's)는 가부장 질서를 중시하는 전통 사회에서 산업자본주의 사회로 변모하고 있는 오래된 소읍이다. 세인트 오그스라는 마을 이름은 불쌍한 여인의 간청을 외면하지 않은 뱃사공 오그(Ogg)가 성모 마리아의 축복을 받아 수호성인이 되었다는 전설에서 유래했다. 이 전설이 말해주듯 그 옛날 이 마을은 훈훈한 인정이 살아 숨 쉬던 곳이었지만, 산업자본주의의 물결에 밀려 점차 각박해지고 있었다.

주인공의 아버지 털리버 씨(Mr. Tulliver)는 과거의 미덕이 쇠퇴하고 있던 이 마을의 플로스 강가에서 돌코트 물방앗간(Dorlcote Mill)을 운영한다. 그는 슬하에 남성 위주의 인습에 젖어 있는 아들 톰(Tom)과 내면에서 우러나오는 감정에 솔직하고 지적 호기심이 풍부한 딸인 매기(Maggie)를 두고 있다. 급한 성격에다가 경제 흐름에도 어두웠던 털리버 씨는 법적 소송에 휘말려 방앗간을 잃게 되자 앓아눕는다. 그러자 지극히 현실적이며 자기중심적인 아들 톰이 집안을 일으키고자 결심한다.

현실감각이 뛰어난 그는 그 모든 것이 현재의 절제와 극기를 통해서만 가능하다는 사실을 알고 있었다……. 그는 일관되게 자신이 원하는 바를 행하고, 이에 반하는 모든 충동을 제어했으며, 확실한 영역 외에는 인정하지 않는 인물이었다. 게다가 이러한 부정에 의해 그는 점점 더 강해졌다.[1]

반면 엘리엇의 어릴 적 분신으로 따뜻한 감성과 지적 욕구를 지닌 딸 매기는 "여자 애가 똑똑하면 화가 된다"는 털리버 씨의 발언이 말해주듯, 그저 순종적인 여성이 되어야 한다는 주변 인물들의 강요에 짓눌려 교육의 기회도 제대로 얻지 못한다. 털리버 씨는 아들 "톰보다 두 배는 영리" 하고 "늘 책을 읽으며 사람 말을 저 애(매기)처럼 잘 알아듣는 아이는 없지만, 여자란 그렇게 똑똑할 필요가 없으며, 똑똑하면 문제가 생긴다"[2]고 철석같이 믿고 있는 인물이다. 지인인 라일리 씨(Mr. Riley)에게 부인을 선택한 기준을 설명하고 있는 그의 말에서도 이런 사고의 단면을 확인할 수 있다.

예쁜데다 살림 잘하는 집안 딸이긴 하지만, 지나치게 똑똑하지 않아서 저 애 엄마를 택한 것 말이오. 자매 중에 좀 아둔해서 일부러 아내를 택했지요. 집에서까지 권리 운운하는 소리를 듣고 싶지 않았거든요.[3]

매기는 이렇게 채워지지 않는 지적 욕구와 감성이 메마른 현실 때문에 불행한 나날을 보내게 된다. 그러던 차에 아버지의 파산과 관련된 웨이컴 씨(Mr. Wakem)의 아들이자 곱사등이라는 신체적 장애를 지닌 필립(Philip)과 가까워지게 된다. 그리고 그녀는 그에게 연민 어린 사랑의 감정을 느낀다. 필립은 매기를 처음 보았던 어린 시절부터 그녀의 까만 눈동자를 보면서 "충족되지 못한 지식과 채워지지 않은 사랑을 바라는 갈망이 그녀의 눈에 가득하다"[4]는 사실을 간파하고 유일하게 매기를 이해하는 인물이었다.

그를 사랑할 수 있는 여인이 이 세상에 존재한다면 그건 바로 매기일 것이다. 그녀는 그럴 만큼 사랑이 풍부했고, 어느 누구도 그 사랑을 독차지할 수는 없을 것이다. 그런데 애석하게도 그녀 같은 심성이 그 젊은 나이에 자라지도 못하고 시들어버리다니! 제대로 자랄 공간과 빛이 없어서 시드는 숲 속의 나무처럼 말이다. 그걸 막을 수는 없을까? 고행의 세계에서 빠져나오라고 설득할 수는 없을까?[5]

그러나 "필립의 불구에 대해 예전의 혐오감을 그대로 간직하고 있는"[6]

톰은 매기가 처한 상황이나 동생의 감정은 아랑곳없이 그녀가 "아버지의 감정과 오빠의 명령을 무시하고" 집안의 명예를 실추시켰다고 호되게 비난하면서 이 둘을 강제로 헤어지게 만든다. 그렇게 남매 사이에 패인 감정의 골은 깊어만 간다.

나는 오빠가 옳다고 생각 안 해. 오빠 뜻에 굴복했다고도 생각하지 마. 오빠가 필립에게 얘기하면서 보인 감정을 경멸해. 그 사람이 불구인 걸 그렇게 모욕적으로 빗댄 건 남자답지 못해. 오빠는 이제까지 남들을 비난해왔어. 항상 자기가 옳다고 생각하고. 하지만 그건 오빠에게 자기 행동이나 자기의 편협한 목표 이상의 것을 볼 만한 도량이 없기 때문이야.[7]

뒤이어 사촌 루시(Lucy)의 약혼자로서 부와 성적 매력을 두루 갖춘 스티븐(Stephen)이 매기에게 사랑의 감정을 토로하자 매기의 감정이 잠시 흔들린다. 이 일을 빌미로 톰은 매기를 부도덕한 여자로 매도하고 남매 사이에 쌓인 감정의 앙금은 두께를 더해간다. 그러다가 어쩔 수 없는 상황 때문에 본의 아니게 스티븐과 함께 있다 돌아온 매기를 톰이 집 밖으로 내치면서 남매의 갈등은 정점에 이른다.

그러던 어느 날, 플로스 강에 홍수가 밀어닥치고 위기에 빠진 오빠 톰을 구하기 위해 매기는 모성애적인 본능이 시키는 대로 물이 불어난 강으로 뛰어든다. 어린 시절 그들 남매를 보면서 "저 애들은 언젠가 물에 빠져 죽어 들어올 기야. 강이 좀더 멀었으면 좋겠이"[8]라고 했던 딜리버 부인의 넋두리가 현실로 나타난 것이다. 그리고 남매는 매기의 기억에 첫 번째로 간직된 "오빠 손을 잡고 플로스 강가에 서 있던" 장면처럼 죽음의 순간에 이르러서야 "손을 꼭 잡고" 극적인 화해를 이룬다.

『플로스 강의 물방아간』의 모델이 되었을 아버리(Arbury)의 오래된 물방앗간.

배는 다시 떠올랐다. 그러나 오누이는 절대 떼어놓을 수 없는 포옹을 한 채 가라앉았다. 그들은 죽음을 각오한 그 마지막 순간에 사랑하는 마음으로 그들의 작은 손을 꼭 잡고 데이지 꽃이 핀 들판을 함께 배회하던 시절을 다시 경험하고 있었다.[9]

이 작품에는 오빠 아이작(Issac Evans)과 함께한 엘리엇의 어린 시절이 그대로 녹아 있는데, 여기서 매기는 작가 엘리엇의 페르소나다. 매기의 오빠인 톰은 당대의 남성 중심의 질서를 체화한 인물로서 "누이동생을 너무나 사랑했고 언제나 그녀를 보호할 생각이었으나, 그녀가 집안일에만 관심 갖기를 원했고 그녀가 잘못을 저지른다면 혼내줄 거라고 생각하고 있었다."[10] 아버지 털리버 씨도 딸 매기의 능력은 인정하면서도, "똑똑한 녀석이 되기에는 머리가 너무 형편없는" 아들 톰에게만 정규 학교 교육을 시킨다. 그는 "늘 책만 붙들고 있어서 큰일"인 매기의 지적 호기심을 못마땅하게 생각했고, 어머니 역시 "왈가닥"에 "말썽꾸러기"인 딸 매기보다 "한번 의자에 앉혀놓으면 오랫동안 움직일 줄 모르는" 조카 루시에 대한 사랑을 노골적으로 표현한다. 이처럼 매기를 둘러싼 주변 인물들은 그녀가 사회에서 규정해놓은 '이상적인 여성상'과 거리가 멀다는 이유로 공공연하게 그녀를 소외시키려 든다.

공감의 문학

"지방 생활의 연구"라는 부제가 붙은 『미들마치』(Middlemarch, 1871~72)는 미들마치 지방을 중심으로 제1차 선거법 개정안이 통과되기 직전인 1830년대 변화의 와중에 있던 사람들의 모습을 유기적으로 다루고 있는데, 특히 여성이 자신이 몸담고 있는 사회에서 어떤 역할을 할 수 있는지에 초점을 맞춘다.

엘리엇은 이 소설의 서문에서 주인공 도로시아(Dorothea)의 포부를 순교와 봉사의 위대한 삶을 펼쳐보이고자 노력했던 테레사 수녀(Saint Theresa, 1515~82)의 이상과 비교한다. 그리고 자신의 이상을 실현했던 테레사 수녀와는 달리 지금의 '테레사들'은 그들의 꿈을 이룰 수 없는 현실적 조건에 놓여 있음을 애석해한다.

수많은 테레사들이 태어나고 있지만 그들은 영향력이 큰 행동을 전개해 나갈 수 있는 그런 영웅적인 삶을 영위하지 못했다……. 이 세상 여기 저기에서 또 다른 테레사 수녀가 태어난다. 그러나 그녀는 아무것도 창조해내지 못하고, 이룩하지 못한 선(善) 때문에 사랑이 넘치는 그녀의 가슴은 고통과 흐느낌으로 전율하며, 오래 기억될 행위로 간직되어야 할

것들이 장애물에 가려 흩어져버리고 만다.[11]

현대판 테레사라 할 수 있는 도로시아는 매기와 일맥상통한다. 얄팍한 프랑스어 구사와 피아노 연주, 또는 화장술로 허울뿐인 매너를 갖춘 『미들마치』의 아름다운 로사몬드(Rosamond)는 『플로스 강의 물방앗간』의 루시처럼 결혼에 '어울리는' 당대의 이상적인 여성상이다. 그러나 매기처럼 '어울리지 않게' 지적 열망이 강한 도로시아는 자신을 이끌어줄 정신적 스승의 역할을 기대하며 27세나 연상인 캐소본(Casaubon)과 결혼한다.

그녀는 시대가 받쳐주지 못한 자신의 학구적 이상을 학자인 남성과의 결혼으로 펼쳐보고자 했던 것이다. 그리고 결국 제대로 된 여성교육의 부재로 환상과 실체를 구분하지 못했던 도로시아의 꿈은 수포로 돌아가게 된다. 하지만 여기서 주목할 것은 엘리엇이 당시의 성 이데올로기를 그대로 구현한 루시나 로사몬드가 아니라 다분히 감정적이고 이상적이어서 실수도 후회도 잦은 매기와 도로시아를 소설의 주인공으로 설정했다는 사실이다.

이렇듯 세인트 오그스 마을 사람들의 여성에 대한 경직된 사고방식은 매기를 둘러싼 주변 인물들의 행동을 통해서 분명해진다. 그들에게 여성의 지성이나 능력은 본인 자신에게 치명적 단점일 뿐만 아니라 사회적으로도 기존질서를 어지럽히는 위협적인 요소다.

엘리엇은 자신의 어린 시절을 돌이켜보며 여성으로서의 정체성을 다져가는 과정에서 소녀 '에반스'가 겪었던 심리적 아픔을 작중 분신인 매기를 통해 그려낸다. 사회가 규정한 여성의 덕목을 갖추지 못한 매기는 그로 인해 겪는 좌절과 고통을 상상의 세계로 도피하거나 여러 가지 충동적인 행위로 표현하기도 하는데, 어머니가 머리를 빗겨주시며 머리카락이 말을 듣지 않는다고 불평하셨던 자신의 긴 머리카락을 가위로 뭉텅 잘라버리기도 하고, 그녀와 닮았다고들 하는 집시를 찾아 정처 없이 길을 떠나기도 한다.

하지만 타인에 대한 매기의 공감 능력은 항시 그녀로 하여금 다른 사람의 입장과 처지를 마치 자신이 겪는 것처럼 경험하게 만든다. 엘리엇은 작가로서의 자신의 예술관을 "예술이 사람들의 공감을 확대하지 못한다면, 그 예술은 도덕적인 측면에서 아무런 소용이 없을 것이다……. 내 작품을 통해 간절히 얻기를 원하는 유일한 효과가 있다면 그것은 내 작품을 읽는 독자들이 죄를 범한 인간이니까 고통을 받는다는 엄연한 사실 말고도 자신과는 닮은 데가 없는 타인들이 겪는 고통과 기쁨을 더 잘 상상하고 느낄 수 있었으면 하는 것"[12]이라고 밝힌 바 있다.

엘리엇에게 많은 영향을 미친 스피노자(Baruch Spinoza, 1632~77)는 인간의 감정을 자기모순이 될 수 있는 '혼동된 관념'으로 설명한다. 예를 들어서 내가 증오하는 어떤 사람이 곤경에 처했다고 가정할 때, 나는 그를 미워하니까 쾌감을 느끼는 것은 지극히 당연한 일이다. 하지만 내가 증오하는 그 사람 역시 나와 동일한 인간이기에 상상으로나마 그에게 공감할 수 있고 연민도 느낄 수 있다는 것이다. 이렇듯 '공감', 즉 인간과 인간 사이에 흐르는 따뜻한 유대감은 그녀의 문학을 관통하는 핵심 주제다.

『아담 비드』(Adam Bede, 1859)는 소설가로서 첫 발을 내디딘 엘리엇이 단편 모음집 『성직 생활의 단면들』로 역량을 인정받은 뒤 1857년에 쓰기 시작해서 1859년에 출판한 그녀의 첫 번째 장편소설이다. 그녀는 이 소설에서도 에피그라프로 워즈워스(William Wordsworth, 1770~

1850)의 장편시 「소요」(The Excursion) 중 한 구절을 인용해 인간이기에 완벽할 수 없는 존재들끼리 서로를 사랑으로 품어주어야 한다는 '공감'의 주제를 분명하게 밝힌다.

「소요」

당신들은
그늘 속에서 아무런 욕심 없이 나무가 자라고
꽃이 피어나는 자연의 순수한 모습을 본다면
무척 반길 것이다. 그러나 내가
수많은 사람들 가운데 실수하거나
쓰러진 한 사람의 이야기를 들려주면,
사람들은 그 사람의 험담만 하고 잘못만 탓할 뿐
애정 어린 용서나 그 이상의 어떤 것에도
마음을 쓰려 하지 않는다.

'공감'은 『플로스 강의 물방앗간』에서도 중요한 주제다. 주변 사람들의 생각과 느낌을 자신의 관점으로만 해석하려는 톰과 공감 능력이 뛰어난 매기로 대변되는 두 가지 사고방식은 장애를 가진 필립을 대하는 이 둘의 각기 다른 태도에서도 분명하게 드러난다.
 "톰은 필립이 '악당'의 아들이기 때문에 그의 적이라는 생각을 결코 잊은 적이 없었고, 필립의 불구에 대한 혐오감도 결코 극복할 수 없었다. 그는 일단 받은 인상들에 완고하게 집착하는 남자아이였다."[13]
 반면 매기는 톰이 싫어하는 바로 그 "신체적 결함 때문에 더욱 필립에게 마음이 쓰이고 보살피고자 하는 생각"[14]이 든다며 오빠의 무례하고 무심한 태도를 비판한다. 함께 떠날 것을 종용하는 스티븐에게 매기는 그들 때문에 상처받았을 루시와 필립을 생각하며 "이제 그들의 고통을 알겠어요. 아니 느껴요. 마치 내 마음속에 그들의 고통이 새겨진 것 같아요"[15]라며 그의 요구를 거절한다.

매기는 이렇게 타인의 내면에 고여 있는 슬픔과 욕구에 귀를 기울이는 인물로 제시된다. 이 소설의 화자는 톰으로 대변되는 경구(maxim), 즉 사회의 추상적인 규범들에 갇혀 시나브로 이 미덕을 상실해가고 있는 세인트 오그스 마을 사람들을 이렇게 비판한다.

> 폭넓고 굳건한 분별력을 가진 모든 사람들은 본능적으로 경구에 따라 사는 사람들에게 거부감을 가지고 있다. 그런 사람들은 우리의 삶은 신비할 정도로 복잡한 것이어서 경구로 쉽게 파악될 수 있는 것도 아니려니와, 우리 스스로를 그러한 공식에 옭아매면 성숙한 통찰과 공감에서 우러나오는 모든 신성한 두근거림과 영감들이 억압된다는 것을 알고 있기 때문이다.[16]

빅토리아 시대 최고의 문학가를 탄생시킨 만남

1849년 아버지를 여읜 엘리엇은 자신의 번역서를 출판했고『웨스트민스터 리뷰』(Westminster Review)의 편집장이기도 했던 채프먼(John Chapman)에게서 매케이(Robert William Mackay, 1003-82)가 지술한『지성의 진보』(The Progress of the Intellect)의 서평을 써달라는 부탁을 받는다. 그녀는 이 서평을 통해 냉철한 비평안과 탁월한 지성을 지닌 지식인으로 평가받게 되고 이를 계기로 런던으로 건너오게 된다. 급진주의적 성격을 띤 『웨스트민스터 리뷰』의 부편집장으로서 재정난에 허덕이던 이 잡지의 명성을 회복하는 데 비평적 재능을 발휘한 이도 다름 아닌 그녀였다.

엘리엇은 3년여의 시간 동안 편집을 맡아보면서 당시의 대표적인 지식인이었던 스펜서(Herbert Spencer, 1820~1903), 밀(John Stuart Mill, 1806~73), 마티노(Harriet Martineau, 1802~76), 헉슬리(Thomas Henry Huxley, 1825~95) 그리고 그녀의 삶에 사랑과 문학의 결실을 맺게 해준 루이스(George Henry Lewes, 1817~78)와 조우하게 된다.

엘리엇의 문학은 그녀의 사랑과 함께 시작된다. 급진주의적 자유사상가였던 루이스는 당시 『웨스트민스터 리뷰』의 기고가이면서 영국, 독일, 프랑스, 에스파냐 문학에 이르기까지 여러 나라의 문학을 비평하고 역사에 관한 저서까지 출판한 상당히 저명한 인물이었다. 그는 빼어난 미모를 지녔던 귀족 계급 출신의 아내 아그네스(Agnes Jervis)가 자신의 친구(Thornton Hunt)와 동거하면서 아이까지 낳았으나 당시의 이혼금지법 때문에 이혼할 수도, 그렇다고 합법적으로 재혼할 수도 없는 어정쩡한 상황에 놓여 있었다.

엘리엇이 그를 만났을 당시 이미 그는 아내와 별거 중이었지만 법적으론 엄연히 유부남의 신분이었다. 사랑에 빠진 그녀는 당시의 엄격한 도덕률과 주변 사람들의 곱지 않은 시선에도 불구하고 유부남인 루이스와 동거하면서 빅토리아 사회에 커다란 파문을 일으켰다.

루이스와 함께 살기로 작정한 순간부터 엘리엇은 가족과 사회 모두에게서 소외당하는 처지가 된다. 오빠 아이작은 동생과 결별을 선언했고, 이 상태는 루이스가 죽고 그녀가 1880년에 크로스(John Cross)와 결혼할 때까지 지속된다. 이것은 『플로스 강의 물방앗간』에서 매기가 스티븐

조지 헨리 루이스.
엘리엇은 유부남인 루이스와의 동거로 빅토리아 사회에 파문을 일으킨다. 주변의 곱지 않은 시선에도 둘은 서로에게 버팀목이 되어주는 완벽한 '결혼' 생활을 영위했다.

과 함께 있다가 돌아왔을 때 "넌 이제 한 지붕 아래서 나랑 살지 못한다"[17]며 매기를 매몰차게 집 밖으로 쫓아냈던 톰의 태도에 그대로 재현된다.

자신을 루이스 부인(Mrs. Lewes)으로 자칭하기 시작한 엘리엇은 사회의 냉대는 물론이려니와 가족, 오랜 친구들과의 관계도 끊기게 된다. 당시 영국을 방문 중이던 미국의 학자 노턴(Charles Eliot Norton, 1827~1908)은 "세상 사람들이 자기에 대해 뭐라고 하든 상관하지 않을 만큼 사회의 관습으로부터 해방된"[18] 여성들만이 감히 그녀를 방문하거나 받아들일 수 있었다고 그때의 상황을 들려준다.

하지만 그들은 함께 살기 시작한 1854년부터 루이스가 암으로 사망한 1878년에 이르기까지 서로에게 버팀목이 되어주는 완벽한 '결혼' 생활을 영위했다. 그녀는 법적으로 묶인 형식적인 결혼보다 서로의 사랑과 신뢰에 근거한 그들의 결합이야말로 진정한 결혼이라고 확신했고, 그러한 소신은 끝까지 흔들리지 않았다.

그녀는 루이스와 사는 동안 그의 아내 아그네스와 그녀의 자녀들에게도 많은 도움을 주었다. 엘리엇 역시 루이스의 권유로 뒤늦게 쓰기 시작한 소설에서 자신의 새로운 재능을 발견했고, 루이스의 세례명인 '조지'(George)가 들어간 '조지 엘리엇'이라는 필명으로 인생의 새로운 전환점을 맞이한다. 소설을 인간과 인간 사회의 본질에 대한 심오한 탐구로 강화시킨 빅토리아 시대의 가장 훌륭한 예술가 중의 한 명은 이렇게 탄생했다.

『플로스 강의 물방앗간』에서 홍수가 범람하는 위기의 순간 톰을 구하려고 성난 강에서 노를 젓는 매기의 용기는 모성애적인 본능의 발로다. 무모하리만치 용감한 그녀의 행위는 타인의 아픔과 슬픔에 따뜻한 모성애로 반응하는 여성성이 극대화되어 분출된 것이다. 매기를 통해 작가가 구현하고자 했던 가치는 산업사회에서 점점 밀려나고 있던 이 소중한 여성성의 가치다. 작품 속 매기는 여성성의 가치를 스스로 실천함으로써 마을의 전설 속 인물인 성자 오그와 동일시된다.

'베올의 아들 오그'는 마을의 평범한 사공이었다. 바람이 거세게 불던 어느 날, 남루한 차림의 여인이 아이를 안고 배로 강을 건너게 해달라며 애원했다. 마을 사람들 모두 여인에게 아침이 올 때까지 기다리라고 충고하지만 여인의 간청은 끊이지 않았다. 이때 '베올의 아들 오그'가 나서서 "내가 건네게 해드리리다. 당신의 마음이 그것을 원하니 그것으로 충분합니다"[19]라며 그녀의 청을 들어주었다. 이후 성모 마리아의 축복을 받은 '베올의 아들 오그'는 죽어 성자 오그(St. Ogg)가 되었는데, 타인과 공감한다는 점에서 매기는 성자 오그와 동일시된다.

　이렇듯『플로스 강의 물방앗간』은 엘리엇의 어릴 적 분신인 매기를 통해 산업자본주의 사회가 밀어내는 가치들의 소중함을 일깨운다. 이성과 감성, 객관과 주관, 그리고 남성성과 여성성 등의 가치들은 서로 대립관계에 있거나 우열의 순위가 정해져 있는 것이 아니다. 합리주의에 입각한 당시 사회의 사고체계는 주로 전자들의 가치에 무게중심을 두었고, 그로 인해 인간을 묶어주는 유대의 끈은 날로 가늘어지고 사람들은 저마다 '외로운 섬'이 되어갔다.

　엘리엇이 그녀의 작품을 통해 구현하고자 하는 사회는 '베올의 아들 오그'와 매기처럼 타인의 마음에 귀를 기울이고 아픔을 어루만져주면서 모자란 부분을 서로 채워주는 사회일 것이다. 마치 엘리엇과 루이스의 관계처럼 말이다.

인간성의 종교가 구원이다 —『사일러스 마너』

　기독교의 뿌리가 깊은 영국에서는 태어나면서 세례를 받아 교인이 되고 주일이면 습관처럼 교회에 나간다. 엘리엇은 편협하고 물질 지향적이며 타성에 젖어 본연의 정신을 망각한 당대의 종교관과 정면으로 맞선다. 뿌리 깊은 신앙심까지 버린 것은 아니었지만, 엘리엇은 어린 시절에 주입된 형식적인 종교를 과감하게 내치고 교회에 나가기를 거부했다.

　그녀는 자신의 이런 행위로 인간성에 대한 믿음이 더욱 강해졌다고 확신했고, 루이스와의 교감을 빛처준 도대 역시 신이 아니라 인간이 지닌 진정성에 대한 믿음이었다. 순수하고 자연스러운 인간관계가 인간을 구원한다는 이른바 '인간성의 종교'(Religion of Humanity)는 그녀의 많은 작품을 관통하는 핵심 주제다.

『사일러스 마너』(*Silas Marner*, 1861)는 '순수하고 자연스러운 인간 관계가 갖는 치유적인 영향', 즉 "인간성의 종교"를 가장 선명하게 보여주는 작품이다. 엘리엇은『플로스 강의 물방앗간』의 최종 교정본을 출판업자 블랙우드(Blackwood)에게 보내고 역사소설『로몰라』(*Romola*, 1863)를 구상하던 중에 "갑작스런 영감에 의해서" 이 소설을 쓰기 시작했다. 그런 블랙우드에게 보낸 편지에서 "어린 시절에 본 적이 있는 등에 보따리를 짊어진 한 직조공의 기억으로부터 전설 같은 이야기로 불현듯 떠오른"[20] 것을 보다 사실적인 방법으로 다루었다고 설명하고 있다.

『사일러스 마너』는 파노라마식의 전개과정을 구사했던 다른 작품들에 비해 길이는 짧지만 구성과 내용 면에서 유기적인 통일성을 보여준다. 이 작품은 가난한 농민의 삶과 시골 사회를 실감나게 그린 술집 레인보(Rainbow) 장면이나, 건강한 노동자 계급을 대변하는 돌리 윈스롭 부인(Mrs. Dolly Winthrop)의 생생한 인물묘사, 그리고 16년이란 시간적 차이를 이용해서 플롯과 상징을 압축시키는 등 예술적 완성도가 높은 작품으로 평가받는다.

이 작품은 사일러스 마너와 가드프리 캐스(Godfrey Cass)의 두 개의 플롯으로 구성되어 있고, 상류 지배층과 하층 민중, 산업도시와 시골 마을, 그리고 개인과 사회 등 대조적인 두 개의 세계를 짜임새 있게 연결시켜 보여준다. 넉 달이라는 비교적 짧은 기간에 "갑작스런 영감"에 의해 쓰게 되었다는 엘리엇의 말에서 짐작되듯이, 이 소설은 워즈워스와의 연관성에서도 그 특징을 찾아볼 수 있다. 표제의 "어린아이는 쇠락해가는 사람에게,/세상이 줄 수 있는 모든 선물보다 더 많은 것,/즉 희망과 미래지향적인 생각을 가져다준다"는 에피그라프는 워즈워스의 시 「마이클」에서 따온 것이다.

주인공 마너는 친구 데인(William Dane)의 배반으로 교회의 돈을 훔쳤다는 누명을 쓰고 랜턴야드(Lantern Yard)라는 도시에서 쫓겨난다. 데인은 종교에 빠져 있던 마너의 순진한 마음과 가끔씩 발작을 일으키는 그의 간질병 증세를 악용해서 그에게 억울한 도둑 누명을 씌우고 애인마저 가로챘다.

마너는 피붙이처럼 여겨왔던 교인들마저 제비뽑기라는 납득할 수 없는 방법을 통해 자신의 유죄를 인정하자 인간과 신, 그리고 세상에 대한 모든 믿음을 상실하게 된다. 영국 중부의 한 작은 마을 래블로(Raveloe)로 들어온 마너는 마치 "따로 떨어져서는 아무 의미도 없는 베틀의 손잡이"[21]처럼 온종일 베틀과 한몸이 되어 리넨을 짜면서 15년이라는 긴 세월을 보낸다.

인간과 종교에 대한 믿음을 모두 상실한 그에게 유일한 위안이 있다면, 그것은 매일 밤 리넨을 짜서 번 금화를 혼자 세어보며 그 차가운 감촉을 느껴보는 일이다.

돈은 늘어날 뿐만 아니라 언제나 그와 함께했다. 그는 자기 베틀이 그러하듯이 돈도 자기를 알아본다고 생각하기 시작했다. 그래서 그는 자기에게는 친구나 다름없는 그 동전들을 그가 잘 모르는 다른 동전들과 절대로 바꾸려 하지 않았다. 그는 동전들의 모양과 색깔이 갈증을 해소시켜 준다고 느껴질 때까지 그것들을 만져보기도 하고 헤아려보기도 했다.[22]

그러던 어느 날, 마너는 그의 유일한 위안거리였던 금화를 몽땅 도난당하고 다시 한 번 절망의 나락으로 떨어진다. 그리고 금화를 잃고 상심한 그의 집에 에피(Eppie)가 들어온다. 엄마가 길에서 얼어 죽자 마너의 집에서 흘러나온 불빛을 따라 눈길을 기어온 것이다. 간질병 발작으로 잠시 마비되었던 마녀는 화롯가에 잠들어 있던 두 살 배기 아이의 금발 머리를 얼핏 도난당한 금화가 돌아온 것으로 착각하기도 한다. 그는 아이를 양녀로 삼았고, 이 아이를 통해서 그간 소원(疏遠)했던 래블로 마을 사람들과 접촉하며 공동체 의식을 가지게 된다.

> 희미한 그의 눈에는 벽난로 앞 마룻바닥에 금이 놓여 있는 것처럼 보였다. 금화다! ……금화더미는 혼란스러워하는 그의 시선 아래서 번쩍거리며 점점 커져가는 것 같았다. 드디어 그는 앞으로 몸을 숙이며 손을 내밀었다. 그러나 그의 손가락에 닿은 것은 저항하는 듯 친숙한 외곽선을 지녔던 딱딱한 금화가 아니라 부드럽고 따뜻한 곱슬머리였다.[23]

스스로 잘라낸 세상과의 끈을 다시 이어준 것은 목숨처럼 아끼던 금화가 아니라 양녀인 에피를 맡은 일이다. 그를 "연민과 공포와 의심"의 시선으로 바라보던 마을 사람들은 금화를 도난당한 "원한과 분노로 탈진한 늙은 구두쇠 리넨 직조공"을 불쌍히 여기게 되고, 그를 향해 닫혀 있던 마음의 문들을 조금씩 열어놓게 된다. 마녀 역시 난생처음 아이를 맡아 기르면서 마을 사람들의 도움을 필요로 하게 되고 세상과 자신 사이의 마음의 벽을 하나하나 허물어나간다.

'행려병자의 아이'를 떠맡겠다는 사일러스 마녀의 결심은 마을에서 도난사건에 못지않게 놀라운 일이었고 지칠 줄 모르고 회자되는 이야깃거리였다. 그가 불행을 당한 이후 그에 대한 감정이 누그러지고, 그에 대한 의혹이나 혐오는 약간 정신이 나간 외로운 노인을 바라보는 조금은 경멸

어린 동정으로 변했다. 그러다가 이제는 더욱 적극적인 공감을 띠게 되었는데 여자들 사이에서 특히 그러했다.[24]

친구의 배신으로 잃어버린 인간에 대한 믿음, 이기적인 종교에 대한 환멸이 낳은 고립된 생활은 어린아이와의 만남을 통해 세상과의 소통을 조심스럽게 만들어간다. 고립을 부추겼던 '차갑고 딱딱한' 금화 대신 그에게 선물처럼 보내진 '따뜻하고 부드러운' 에피는 마녀에게 인간에 대한 사랑과 신뢰를 회복하고 사회와 교감을 나누는 새로운 삶을 찾아준다.

아이를 무릎에 앉힌 마녀는 스스로에게도 신비한 감정으로 무언가 미지의 것이 자기 삶에 다가오고 있다는 사실에 몸을 떨었다. 내면에서 일어나는 그의 생각과 감정이 온통 혼란스러웠기 때문에 그가 자기 기분을 표현하려고 하면 고작해야 금화 대신에 아이가 왔노라고, 금화가 아이로 바뀌었다고밖에는 말할 수 없었을 것이다.[25]

한 아이의 아버지가 된 그는 모든 것을 "에피와 관련된 것만 생각"했고, 정작 본인은 종교적 신앙을 잃어버렸지만 이웃 돌리의 권유대로 기꺼이 에피에게 세례를 받게 한다. 이런 행동은 "아이를 내 몸처럼 사랑하게 되었을 때부터 나는 충분히 믿어도 되는 빛을 갖게 되었다"[26]는 그의 말처럼 종교적이라기보다는 인간적인 의미를 지닌다. 에피는 이렇듯 "기쁨을 가지고 있었기에 그를 기쁨으로 따뜻하게"[27] 만들어주었으며, 이것이 바로 엘리엇이 이 소설을 통해 말하고 싶은 '순수하고 자연스런 인간관계가 갖는 치유의 영향'인 것이다.

아주 오랜 옛날에 파괴의 도시에 와서 사람들의 손을 잡아 그들을 인도해주었던 천사들이 있었다. 그러나 지금 우리는 하얀 날개를 단 천사를 볼 수는 없다. 하지만 아직까지 사람들은 위협적인 파괴로부터 벗어날 수 있도록 인도를 받는다. 어떤 손이 살며시 그들의 손을 잡고 고요한 광명의 빛이 있는 세상으로 인도해 더 이상 뒤를 돌아보지 못하게 한다. 그 손이 바로 어린아이의 손일지도 모른다.[28]

이 소설의 또 다른 플롯을 구성하고 있는 "순진한 얼굴의 착하고 멋진 젊은이"인 가드프리는 저택 레드하우스(Red House)를 물려받게 될 대지주 캐스(Squire Cass)의 맏아들로서 우유부단할 뿐 아니라 도덕적으로 비겁하고 유약한 인물이다. 그는 4년간 흠모해오던 상류층 여성 낸시(Nancy Lammeter)가 있으면서도 술집 여자 몰리(Molly Farren)와 술김에 충동적으로 결혼을 하고 딸 에피까지 낳는다.

설상가상으로 이 사실을 알아낸 말썽쟁이 동생 던스턴(Dunstan)이 이를 아버지께 폭로하겠다고 협박하면서 아버지 몰래 소작료까지 유용한 그를 사면초가에 빠뜨린다. 그러던 와중에 자신의 숨통을 조여오던 동생이 홀연 행방불명되고, 딸아이를 안고 그들의 결혼 사실을 알리러 레드하우스로 오던 몰리마저 길에서 얼어 죽는다. 그러자 그는 모든 굴레를 벗어던진 홀가분한 마음으로 낸시와 결혼한다.

하지만 그들 부부에겐 기다리던 아이가 생기지 않는다. 그래서 그는 친딸임을 밝힐 수 없는 에피가 마너의 손에서 예쁘게 성장하는 모습을 안타깝게 지켜보기만 한다. 어언 16년의 시간이 흐르고 던스턴의 유해가 마너가 도난당했던 금화와 함께 발견되면서 금화를 훔쳐간 범인이 바로 던스턴이었다는 사실이 밝혀진다. 가드프리는 이 사건을 자신이 과거에 지은 죄에 대한 벌로 받아들이고 잘못을 깨닫는다. 그리고 그가 에피의 친부라는 사실을 낸시에게 고백하고 친권을 내세워 마너에게서 에피를 데려오려고 한다.

　서로 무관하게 진행되던 마너와 가드프리의 운명은 에피를 사이에 두고 서로 명암이 엇갈린다. 인간성의 상실과 회복이라는 마너의 이야기와 결혼 사실을 숨기고 딸까지 외면한 가드프리의 이야기는 별개로 진행되다 에피가 친부와 양부 중에 한 사람을 선택해야 하는 시점에서 서로 맞물린 것이다.

　에피의 선택은 그 둘의 행복과 불행을 결정짓는 중요한 사안이면서 동시에 작가 엘리엇의 가치판단을 엿볼 수 있는 중요한 대목이다.

　　제게 다른 아버지가 있다고는 생각할 수 없어요……. 전 항상 아버지가 저 구석에 앉아계시고 제가 아버질 위해 모든 걸 해드리고 보살펴드리는 작은 집만을 생각해왔어요. 다른 집은 생각할 수가 없어요. 저는 숙녀로 길러지지도 않았고 그럴 마음도 없어요. 저는 노동하는 사람들, 그들이 먹는 음식, 그들의 생활방식을 좋아해요. 그리고 전 그런 노동하는 사람과 결혼하기로 약속했어요. 그 사람은 아버지와 함께 살면서 제가 아버지를 돌보도록 도와줄거예요.[29)]

　엘리엇은 어린 시절 뉴니턴(Nuneaton)에 있는 학교에서 복음주의자 마리아 루이스(Maria Lewis)로부터 종교적인 영향을 받았고 기독교 복음주의(Evangelicalism)에 심취하게 된다. 어머니가 돌아가시면서 가사를 떠맡게 되자 그녀의 정규 교육은 끝나버렸지만 그녀의 독서열은 깊고 풍부했다. 지적 욕구로 충만했던 엘리엇은 급진주의자이며 박애주의자

엘리엇의 고향 뉴니턴에 세워진 그녀의 동상. 이밖에도 뉴니턴에는 그녀를 기리기 위한 기념물들이 몇 가지 있다.

였던 찰스 브레이(Charles Bray, 1811~84) 등과 지적 교류를 나누게 되었고, 이 영향으로 기독교에 대한 그녀의 신앙이 조금씩 흔들리기 시작한다.

급기야 스물두 살이 되던 1842년, 그녀는 교회에 나가기를 거부함으로써 아버지를 비롯한 주변 사람들에게 엄청난 충격을 안겨주게 된다. 스물두 살 밖에 되지 않은 여성이 더 이상 교회에 나가지 않겠다고 선언한다는 것은 당시로선 감히 상상도 할 수 없는 일이었다. 그녀의 아버지는 자신의 믿음에 정면으로 도전한 딸의 행위를 죽을 때까지 용서하지 않았다.

당시 한 친구에게 보낸 편지에서 엘리엇은 자신의 영혼이 "머리를 짜내어 억지 해설을 갖다 붙인 교리라는 무모한 거인의 침대로부터 해방되었다"[30]고 했다. 그녀는 『미들마치』의 도로시아가 편협한 종교적 환경에서 고통스럽'게 빠져나온 것처럼 종교에 대한 자신의 부정이 "본인의 힘든 경험"에서 나온 것임을 또 다른 편지에서 밝히고 있다. 하지만 엘리엇은 기독교에 대한 신앙을 잃어버린 것이 그보다 중요한 인간성에 대한 신념을 확고하게 했다는 확신을 가지고 있었다.

엘리엇의 인간성에 대한 신념, 이른바 "인간성의 종교"는 에피의 선택에 고스란히 반영된다. 에피는 친부인 가드프리의 재산과 지위에 조금도 흔들리지 않고 자신을 사랑으로 키워준 마너를 진정한 아버지로 받아들인다. 부와 지위가 보장된 신분 상승을 거부한 에피는 아버지 마너처럼 정직하고 건강한 노동자 계급의 아론(Aaron)을 남편으로 맞이해서 마너와 함께 살겠다는 소신을 분명하게 밝힌다.

에피는 "인간성의 종교"에 따라 자신을 조건 없는 사랑으로 길러준 마너를 선택한 것이며, 이것은 또한 그녀가 앞으로 살아갈 삶의 지침이기도 하다. 여기에는 상류층인 가드프리의 삶보다 하층 민중인 마너의 삶에 무게를 얹는 작가 엘리엇의 가치판단이 들어가 있다.

그녀는 딸의 선택을 받지 못한 가드프리를 통해 인간에 대한 진정한 사랑과 책임을 망각한 채 지위와 혈통이라는 고정관념에 편승해서 기득권만 챙기려는 상류층의 도덕적인 비겁함과 나태함을 강하게 비판한다.

나는 옳은 것에만 굴복한다

작가 조지 엘리엇은 평생 여러 개의 이름이 있었다. 어렸을 때의 이름인 매리 앤 에반스(Mary Anne Evans), 『웨스트민스터 리뷰』의 부편집장 시점 본인이 선택했던 이름인 매리언 에반스(Marian Evans), 그리고 루이스와 살면서 매리언 루이스(Marian Evans Lewes)가 되었고, 루이스의 권유로 서른일곱 살이라는 비교적 늦은 나이에 작품 활동을 시작하면서 조지 엘리엇이라는 필명을 사용했다. 그리고 그녀의 나이 예순이 되던 해에는 20세 연하인 크로스와 결혼하면서 잠시 매리 앤 크로스(Mary Anne Cross)라는 이름을 갖기도 했다. 이 가운데 가장 대표적인 두 이름인 자연인 매리 앤 에반스와 작가 조지 엘리엇은 그녀의 상반된 삶의 모습을 부각시켜 보여준다.

빅토리아 시대의 여성 '매리 앤 에반스'는 부유한 집안 출신도 아닐뿐더러 그녀의 못생긴 용모는 뭇사람들의 입방아에 오르내릴 정도였다. 시대가 요구했던 여성상과는 달리 '지나치게' 지적 욕구가 강했지만 학교 교육은 오빠에게 밀려 중도 포기할 수밖에 없었다. 어머니가 돌아가셨을 때는 모든 집안일을, 아버지가 병석에 있을 때는 모든 병 수발을 혼자 다 했지만 유산은 어김없이 아버지의 유언대로 오빠에게 넘어갔다.

일하는 여성을 경원시하던 시대에 그녀는 번역가로서, 출판사의 부편집장으로서, 작가로서 경제적인 독립을 이루어냈다. 제때 결혼하지 못한 여성을 이상한 눈으로 바라보던 그 시절에 서른이 훌쩍 넘도록 결혼을 하지 않더니 결국 그녀가 서른다섯에 택한 남자는 처자식이 딸린 유부남이었다.

루이스가 세상을 뜬 이후 그 충격에서 헤어 나오지 못했던 그녀는 이듬해에 가서야 그들 부부가 예전부터 알고 있던 크로스의 방문을 허락했다. 루이스를 잃은 그녀와 비슷한 시기에 어머니를 여읜 크로스는 함께 단테를 읽으며 문학을 토론하곤 했다. 그리고 그녀는 크로스의 열렬한 구애를 받아들여 세간의 따가운 눈총에도 불구하고 예순의 나이에 20세 연하의 그와 재혼한다.

자연인 매리 앤 에반스는 당대의 통념을 넘어선 연이은 대담한 행동으로 빅토리아 시대의 보수적인 인습과 충돌했다. 요컨대 그녀와 같은 해에 태어난 빅토리아 여왕이 그 시대를 살았던 모든 여성의 '모범'이 되었다면, 매리 앤 에반스는 그 '모범'의 테두리를 벗어난 사회 부적응자였던 것이다.

반면 작가 '조지 엘리엇'은 20여 년의 짧은 창작 기간 동안 여덟 편의 대작을 남긴 대작가였다. 생전에 엘리엇은 『미들마치』를 비롯한 여러 작품의 성공으로 상당한 부를 소유했고 그녀의 응접실에는 늘 그녀와 대화를 나누고 싶어하는 당대의 지식인들로 북적거렸다. 그녀는 당대에 여왕을 알현할 수 있는 가장 적합한 인물로 인정받으면서 명실공히 존경 받는 성공한 여성의 대표주자로 우뚝 섰다.

엘리엇은 당대의 가장 뛰어난 여성 지식인으로서 인간 내면의 갈등을 세밀하게 형상화한 심리적 리얼리즘의 선구자였고, 산업사회로 진입하는 농촌의 삶을 진솔하게 그린 영국 사실주의 소설의 원조로 꼽히는 작가다.

로런스(David Lawrence, 1885~1930)는 "근대 문학의 모든 것이 그녀에게서 시작되었다"했고, 울프(Virginia Woolf, 1882~1941)는 엘리엇을 "자연에 대한 사랑, 열렬한 상상력, 열광적인 시상, 빛나는 기지와 명상적 지혜를 지녔던" 작가로 평가하면서 『미들마치』를 "성인 독자를 위해 쓰인 몇 개 되지 않는 영국 소설 중 하나"라고 했다. 마찬가지로 문학비평가 리비스(Frank Leavis, 1895~1978)는 자신의 저서 『위대한 전통』(*The Great Tradition*, 1948)에서 영국 소설의 위대한 전통이 오스틴(Jane Austen, 1775~1817)→조지 엘리엇→하디(Thomas Hardy, 1840~1928)→로런스로 이어진다고 보았다. 이처럼 작가 조지 엘리엇은 성공적인 삶을 영위한 여성의 '모범'이었다.

『플로스 강의 물방앗간』의 매기는 수많은 심리적 고통과 좌절을 겪고 난 후에야 비로소 "나는 내가 옳다고 인정하고 느끼는 것에만 굴복할 거야"[31]라며 자기 삶의 주체는 바로 본인 자신이라는 자각에 이른다. 엘리

조지 엘리엇의 묘비.
그녀의 묘비에는 필명인 조지 엘리엇과
매리 앤 크로스의 이름이 새겨져 있다.
루이스가 죽은 후 엘리엇은 또다시
인습을 깨고 20세 연하의 존 크로스와
결혼하고 사망 후에는
루이스의 곁으로 돌아갔다.

엇 역시 주체적 의식을 지닌 깨어 있는 여성으로서 인간관계를 옥죄는 결혼 제도, 성차별, 타성에 젖은 종교 등의 사회적 통념과 부딪치게 된다. 그리고 그녀는 이 고통스러운 통념의 터널을 거치면서 결코 '이러한 인습을 옳다고 인정할 수 없다'는 깨달음에 이른다. 엘리엇의 인생은 삶의 주체로서 이들 인습에 대한 본인의 자각을 실천에 옮기고 스스로의 운명을 만들어나간 용기 있는 여성의 여정이었다.

엘리엇은 소설가로서 자신의 목적을 "인간을 함께 묶어주고 인간의 존재에 좀더 높은 가치를 부여해주는 중요한 요소들에 대해 독자들이 보다 명확한 개념을 얻을 수 있고, 그것을 열렬히 찬미하도록 도와주는 것"[32]이라고 밝힌 바 있다.

엘리엇은 또 다른 글에서 우리가 예술가들에게서 받는 가장 큰 혜택은

"공감을 확대시켜주는 것"이라고 규정하고 있다. 공감은 "개인의 한정된 운명의 테두리를 넘어서서 다른 인간들과의 관계를 넓힐 수 있는 하나의 방식"이며, 그래서 "예술가가 삶을 묘사하는 작업에 착수할 때 그러한 예술가의 작업은 더욱 신성하다"[33]는 것이다. 그러니까 예술가 조지 엘리엇에게 있어서 화두는 단연 '인간에 대한 사랑'이었다.

엘리엇의 작품 활동은 1878년 루이스의 죽음으로 끝난다. 서로에게 지적·정서적 영감을 불어넣어 주었던 인생의 동반자를 떠나보낸 엘리엇은 루이스의 마지막 작품인『인생과 정신의 문제들』(*Problems of Life and Mind*)을 완성하는 작업에 착수하게 된다.

이후 1880년 5월 크로스와 결혼하면서 30년간의 공백을 깨고 오빠 아이작과 화해하지만 그녀의 결혼 생활은 오래가지 못했다. 그해 12월 엘리엇은 목의 통증이 악화되어 세상을 떠났고, 런던 교외의 하이게이트(Highgate) 묘지에 루이스와 나란히 묻혔다.

크로스는 엘리엇을 웨스트민스터 사원에 안장하기를 희망했지만, 기독교 신앙을 거부하고 사회의 '모범'에 어긋났던 그녀를 받아들일 리는 만무했다. 이렇게 인간을 위한 인간의 문학을 추구했던 진보적인 작가 조지 엘리엇은 죽어서도 사회의 통념을 어긴 대가를 치르며 그녀의 굴곡진 '위대한' 생을 마감했다.

조지 엘리엇을 알기 위해 더 읽어볼 책

우리말로 번역 출판된 조지 엘리엇의 저작

『아담 비드』 | 이미애 옮김, 나남, 2009

작가의 첫 번째 장편소설로 출판 당시 상당한 인기를 모은 이 소설은, 영국 중서부의 평화로운 시골 마을을 배경으로 당대의 인간의 삶을 사회와의 관계에서 생생하게 그려낸 사회적 리얼리즘의 선구적인 고전이다.

『플로스 강의 물방앗간』 | 한애경, 이봉지 옮김, 민음사, 2007

작가의 자전적 소설이자 페미니즘 문학의 고전으로 지적 욕구와 사랑이 충만한 한 여자 아이가 순종적인 여성만을 중시하는 가부장적 현실에 부딪히면서 스스로의 정체성을 다져가는 과정을 그린 소설이다.

『사일러스 마너』 | 한애경 옮김, 지식을만드는지식, 2008

신과 인간에 대한 모든 믿음을 상실하고 오랜 세월을 외부와 단절된 상태로 살아오던 주인공이 어린아이와의 만남을 통해 다시 세상과 연결되는 과정을 사실적이면서도 동화적인 우화로 형상화한 아름다운 작품이다.

『미들마치』 | 한애경 옮김, 지식을만드는지식, 2009

'지방 생활의 연구'라는 부제가 붙어 있는 이 작품은 미들마치라는 작은 도시를 중심으로 다양하게 살아가는 인간 군상의 모습을 사실적으로 그려낸 수작으로, 당시 영국의 풍속화를 감상하는 듯한 느낌을 전달해준다.

조지 엘리엇에 대한 평전

『조지 엘리어트와 여성문제』 | 한애경 지음, 도서출판 동인, 1998

엘리엇의 전 작품인 8편의 소설을 페미니즘의 관점에서 분석한 저자의 논문들을 모은 것으로, 당시 여성들의 삶을 들여다볼 수 있는 기회를 제공해준다.

조지 엘리엇 연보

1819 11월 22일 영국 워릭셔 주의 아베리에 있는 사우스팜에서 출생.

1836 어머니 사망.

1837 언니의 결혼으로 이후 10여 년간 주부 역할을 떠맡음. 그동안에도 여러 교사들의 가르침과 독학으로 공부를 계속함.

1842 교회에 나가기를 거부해 아버지와 사이가 멀어짐.

1851~53 3년 동안 런던에 있는 채프먼의 집에 거주. 채프먼이 『웨스트민스터 리뷰』(Westminster Review)를 인수하자 엘리엇은 부편집장이 되어 많은 에세이를 발표. 스펜서, 루이스 등 당대 영국의 진보적인 핵심 지식인들과 교류함.

1854 포이어바흐의 『기독교의 본질』을 출판. 유부남인 루이스와 동거.

1857 첫 소설 『아모스 바턴』(Amos Barton) 발표. 『길필 씨의 사랑 이야기』(Mr. Gilfil's Love-Story), 『자넷의 참회』(Janet's Repentance) 연재. 이때부터 조지 엘리엇이라는 필명 사용. 첫 장편 『아담 비드』를 쓰기 시작함.

1859 『아담 비드』 출판. 자신이 조지 엘리엇임을 밝힘.

1860 『플로스 강의 물방앗간』 출판.

1861 『사일러스 마너』 출판. 『콘힐 매거진』(Cornhill Magazine)에서 연재 형식으로 「로몰라」를 발표.

1866 『급진주의자 펠릭스 홀트』(Felix Holt, the Radical) 출판.

1868 시집 『스페인 집시』 출판.

1871 『미들 마치』의 출판이 시작되어 다음해 12월에 모두 간행.

1876 『다니엘 데론다』(Daniel Deronda) 출판.

1878 11월, 루이스가 암으로 사망.

1880 5월 6일, 61세의 나이로 40세의 존 크로스와 결혼. 이탈리아로 신혼여행을 떠났다가 돌아온 뒤 12월 22일 사망. 하이게이트 공동묘지에 매장됨.

5 버지니아 울프 Virginia Woolf

인간의 실존적 비극을 탐색한 휴머니스트

김채남 | 서울과학기술대 외래교수 • 영어영문학

"뱀은 입속에 두꺼비를 한 마리 넣고
질식 상태에 있었다. 뱀은 그 두꺼비를
삼킬 수가 없었고; 따라서
죽을 수가 없었던 것이다. 경련하는
두꺼비의 옆구리가 오그라들면서;
피가 흥건히 새어나오고 있었다.
그것은 잘못된 방식의 탄생—
소름끼치는 역순의 탄생이었다."

버지니아 울프(Virginia Woolf, 1882~1941)

버지니아 울프의 서러운 이야기

"한 잔의 술을 마시고
우리는 버지니아 울프의 생애와
목마를 타고 떠난 숙녀의 옷자락을 이야기한다.
……
모든 것이 떠나든 죽든
그저 가슴에 남은 희미한 의식을 붙잡고
우리는 버지니아 울프의 서러운 이야기를 들어야 한다."

박인환 시인의 시 「목마와 숙녀」에 등장하는 버지니아 울프(Virginia Woolf, 1882~1941)를 모르는 사람이 있을까. 1950년대 전후의 궁핍과 절망 속에서 술잔을 기울이며 시대의 슬픔을 탄식할 때, '버지니아 울프의 서러운 이야기'는 시인의 깊은 상처를 어루만져주었을 것이다.

울프의 생애는 고뇌와 슬픔의 상징으로 우리의 마음속에 아로새겨져 있다. 울프하면 떠오르는 몇 가지 상념들이 있다. 19세기 말의 영국, 여성의 감옥이라 불린 빅토리아 시대, 성차별과의 싸움, 어머니와 아버지, 이복언니와 오빠의 죽음(육친의 죽음이 민감한 의식에 드리우는 그림자!), 이복오빠의 성추행, 정신분열증, 동성애 그리고 자살, 고통으로 얼룩지고 곳곳에 덫이 놓인 삶. 하지만 그녀는 그 덫에 걸려 넘어지지 않았다. 시대의 억압과 개인의 상처를 극복하고 자신의 성배를 찾았다. 그래서 울프의 이야기는 더 이상 서러운 것이 아니다.

울프는 모더니스트와 페미니스트 등 여러 이름으로 불리는 신화적 인물이다. 지금 그녀의 이름은 그 경계를 넘어 포스트모더니스트로 공간을 넓히고 있다. 그러나 울프를 이런 틀에 가두기보다는 인간의 실존적 비극을 탐색한 휴머니스트로 보는 것이 맞을 것이다. 제국주의와 두 차례의 세계대전을 겪은 그녀가 삶의 참담함을 견딜 수 있었던 힘은 인간에 대한 연민, 인간애가 아니었을까. 대부분의 작가들이 그렇듯 울프도 인간조건을 비극적인 것으로 보았다. 삶은 심연과 같은 것이어서, 비틀거리지 않고 끝까지 갈 수 있을까 회의를 품었다. 그러나 결국 결연한 의지로 확고하게 그 길을 갔다.

울프의 글을 읽고 있으면 무엇이 진정한 삶인지를 끊임없이 생각하게 된다. 그녀의 삶과 예술이 지금도 오롯이 살아 숨 쉬는 이유는, 우리가 살아가야 할 어떤 삶을 너무나 인간적으로 묻고 있기 때문이다. 울프가 주목한 것은 존재의 불안을 앓고 있는 인간의 내면이었다. 그녀는 글쓰기로 이 음울한 불안을 넘어설 길을 찾는다.

우리의 의식은 매순간 환상적인 것, 허망한 것, 날카로운 것들을 받아들인다. 우리의 내면에는 이런 작은 알갱이 같은 의식들이 때로는 슬픔의 조각으로, 때로는 기쁨의 덩어리가 되어 흐른다. 그런데 포착하기 힘든 이 흐름의 순간과 찰나를 언어로 그려낼 수 있을까.

울프는 어렵지만 어떤 측면에서는 할 수 있다고 말한다. 모든 삶의 진실한 순간은 증발하듯 사라지고, 편린만이 남아 우리의 의식 속에 새겨지므로, 오직 언어만이 사라져가는 존재의 순간(the moment of being)을 붙잡을 수 있으며, 그것으로 구원에 다가갈 수 있다는 것이다. 울프에게 글을 쓴다는 것은, 비극적인 인간조건을 넘어서기 위해서 '내면의 삶'으로 가기 위한 유일한 통로였다.

내면의 목소리를 찾아가는 문학세계

울프의 글쓰기는 초기소설 『출항』(The Voyage Out)에서 유작 『막간』(Between the Acts)을 비롯하여 수많은 평론이 있으며, 페미니즘의 정수라 할 수 있는 『자기만의 방』(A Room of One's Own)과 『3기니』(Three Guineas)에 이르기까지 출구가 없는 세계에서 자기 존재를 찾는 탐색과 정이라 할 수 있다.

울프는 빅토리아 시대의 사실주의가 지나치게 현실의 표면만을 다루고 있다고 보았다. 공장과 풍경, 기차간의 실내와 쿠션만을 볼 뿐, 결코 창가에 앉은 '브라운 부인'의 삶과, 인간성을 보지 않기 때문에, 인생의 심오한 진실을 포착할 수 없다는 것이다. 울프나 프루스트(Marcel Proust, 1871~1922)의 의식의 흐름을 다룬 소설이 "찻잔 속의 폭풍우"(A storm in a teacup)에 지나지 않는다는 냉소나, 헤세(Hermann Hesse, 1877~1962)의 "유리알 유희"일 뿐이라는 비난은 지나치게 이분법적이다. 삶의 진실은 외적인 데에 있는 것이 아니라, 결국 우리의 내면에 존재하지 않는가.

우리는 일상의 어느 한 순간이 우리 삶 전체를 상징적으로 암시할 수 있다는 것, 삶이 일렬로 늘어서 있는 것이 아니라, 안개처럼 알 수 없는 신비와 의식의 두터운 지층으로 뒤덮여 있음을 안다. 따라서 우리는 시간의 그물망 속에 갇힌 인간의 고독과 슬픔을 유동적·여성적 언어로 재현해낸 울프를 이해할 수 있다. 그녀는 1920년의 일기에서 괴로운 심경을 드러낸다.

내 생각에 인생 그 자체가 우리세대에는 너무 비극적인 것 같다─신문 게시판에는 항상 누군가의 고통스런 울부짖음이 있다. 오늘 오후는 맥스

THE VOYAGE OUT 265

try to find out, but can you imagine anything more ludicrous than one person's opinion of another person? ~~One goes along thinking one knows; but one really doesn't know.~~"

As he said this he was leaning on his elbow arranging and rearranging in the grass the stones which had represented Rachel and her aunts at luncheon. He was speaking as much to himself as to Rachel. He was reasoning against the desire, which had returned with intensity, to take her in his arms; to have done with indirectness; to explain exactly what he felt. What he said was against his belief; all the things that were important about ~~her~~ he knew he felt them in the air around them; but he said nothing; he went on arranging the stones.

"~~I like you; d'you like me?~~" Rachel suddenly observed.

"I like you immensely," Hewet replied, speaking with the relief of a person who is unexpectedly given an opportunity of saying what he wants to say. He stopped moving the pebbles.

"Mightn't we call each other Rachel and Terence?" he asked.

"Terence," Rachel repeated. "Terence—that's like the cry of an owl."

She looked up with a sudden rush of delight, and in looking at Terence with eyes widened by pleasure she was struck by the change that had come over the sky behind them. The substantial blue day had faded to a paler and more ethereal blue; the clouds were pink, far away and closely packed together; and the peace of evening had replaced the heat of the southern afternoon, in which they had started on their walk.

"It must be late!" she exclaimed.

It was nearly eight o'clock.

"But eight o'clock doesn't count here, does it?"

At the same time he was extremely anxious to know what Rachel's opinion of him might be. Did she like him? As if she heard him ask the question she said "I like you —" she hesitated "D'you like me?" she asked.

버지니아가 교정을 본 『출항』(1915)의 제1차 교정지.
울프는 문학을 통해 자신의 시대를 돌파코자 했다.

위니와 아일랜드의 폭력. 아니면 파업에 관한 것이겠지. 불행은 도처에 있다. 바로 문 밖에. 아니면 어리석음이, 그것은 더 나쁜 것이지. 그래도 나는 쐐기풀 같은 나의 고통을 뽑지 않을 것이다.[1]

그녀의 일기는 역사와 사회 속에서 소용돌이치는 인간조건의 자각과 더불어 그것을 끝까지 견디는 견인주의자(堅忍主義者)의 모습을 보여준다. 불안과 갈등 속에서 헤어나지 못하는 우리 인간에게 잃어버린 낙원을 내면에 복원하는 것—이것이 울프의 치유방법이다. 이것이 가능할까. 울프는 그렇다고 말한다. 일상에서 진정한 존재의 순간을 갖는 것으로.

『등대로』(To the Lighthouse)에서 등대지기의 어린 아들에게 줄 양말을 뜨개질하는 램지 부인(Mrs. Ramsay)은 홀로 있을 때 항상 자신의 내면을 바라본다. 고요함, 삶의 흐름을 관조하는 것, 그것이 램지 부인이 자기 자신을 응시하는 방법이다. 이 내밀한 '존재의 순간'에 비로소 깊은 정적과 평화가 찾아온다.

이제 그녀는 누구에 관해서도 생각할 필요가 없었으니까. 그녀는 이렇게 혼자서 진정한 자신이 될 수 있었다. 그리고 바로 이것이 그녀가 이따금 절실하게 필요하다고 느낀 것이었다.—사색에 잠기는 것, 아니 심지어는 아무 생각도 하지 않는 상태에 있는 것.
말없이 혼자 있는 것. 모든 존재와 행위가 팽창하고, 반짝이고, 증발해서 우리의 존재가 엄숙하게 오그라들어 남들에게는 보이지 않는 어떤 것. 쐐기 모양의 어둠의 핵심. 다시 말해 진정한 자신이 되는 것이었다.[2]

진정한 자신이 되는 길은 『댈러웨이 부인』(Mrs. Dalloway)에서도 암시되고 있다. 52세의 클라리사 댈러웨이는 저녁에 있을 파티에 입을 초록빛 드레스를 꿰매며, 내면의 고요한 정적 속으로 빠져든다.

그렇게 어느 여름날 파도들이 몰려왔다가는 균형을 잃고 흩어져 떨어졌다. 모였다가는 흩어졌다. 그리고 온 세상이 "그게 전부야" 하고 점점 육중하게 말하는 것 같았다. 마침내 해변가 태양 아래 누워 있는 육체 안의 마음조차도 그게 전부야 라고 역시 말했다. 더 이상 두려워 말라고 마음은 말했다. 더 이상 두려워 말라고 마음은 말하며 자신의 짐을 어떤 바다에다 맡겼다. 그 바다는 모든 슬픔을 한데 모아 한숨을 내쉰 뒤, 새로워지고, 파도가 다시 일어나 끌어모았다가는 떨어져 내렸다. 그리고 육체만이 날아가는 벌 소리에, 부서지는 파도소리에 귀 기울였다. 개 짖는 소리, 멀리멀리 짖고, 또 짖는 소리에 귀 기울였다.[3]

이들은 모두 과거의 회상과 직관의 힘에 의해 자신에 도달함으로써 삶의 비애를 이겨내고 있다.

우리가 찾는 것은 위와 같은 위안, 구원을 향한 열망, 이 불행한 난쟁이 같은 존재 밖의 어떤 것, 이 연약하고, 추하고, 비겁한 남자 여자들 밖 너머에 무엇인가에 대한 열망 외에는 아무것도 없었다.[4]

우리의 정신이 이렇듯 우주를 품을 수 있을 때, 어떤 경계를 넘어선 세계가 우리 앞에 열리게 된다고 말한다. 이것은 사물과의 일체감을 찾으려는 신비주의적 탐색, 계시의 순간에만 가능하다. 우리에게 의미 있는 것은 의식에 부딪혀오는 사소한 사건들이 아니라 비전을 불러일으키는 인상인 것이다. 그렇게 누적된 인상으로부터 홀연히 계시적인 통찰이 얻어지며, 이것이 울프에게는 자기 자신에 이르는 통로—해탈로 가는 길이다.

어둠을 몰아내기 위한 몸부림

이미 성인이 된 후에도 이미 오래전 세상을 떠난 양친의 존재는 유령처럼 그녀 곁을 떠돈다. 아버지 레슬리 스티븐(Leslie Stephen)은 방대한 『대영 전기사전』 출판의 책임편집장으로 빅토리아 시대를 대표하는 지식인이며 청교도적이어서, 자신뿐 아니라 자식들에게도 엄격했다. 어머니 줄리아 덕워스(Julia Duckworth)는 대리석조각처럼 아름다웠고, 현명했으며, 8명의 아이를 돌보고, 전제군주 같은 남편에게 온기를 주는 '집안의 천사'였다. 어머니는 유명인사의 아내로 대저택의 안주인 역할을 충실히 해내면서도 가난한 사람들을 찾았고, 병들고 죽어가는 사람들 곁을 지켰다. 아버지는 그런 자신의 아내를 성스러운 무엇을 바라보듯 보았으며 어린아이처럼 의지했다.

아버지는 찬란한 지성을 지녔지만, 아내의 죽음 이후 속절없이 울부짖으며, 딸들을 한풀이 대상으로 삼았다. 자식들은 그런 이기적인 아버지가 암으로 사망한 후에야 안도의 숨을 내쉬었다. 특히 유난히 민감했던 울프에게 하이드파크게이트에서 보냈던 유년시절은 대체로 암울하게 채색되어 있다. 집안을 무겁게 가라앉히는 흑갈색 벽지, 관을 연상시키는 검은빛 목재가구들이 뿜어내는 어두움, 어머니와 이복언니 스텔라의 죽음은 울프에게 검은 기억의 공간으로 남는다.

울프는 노이로제처럼 얽매어 있는 부모의 환영에서 벗어나기 위해 『등대로』를 쓸 수밖에 없었다. 부모를 글 속에 다시 불러내고 나서야 비로소 그들에게서 벗어날 수 있었던 것이다. 그녀는 일기에서 삶과 죽음, 어머니, '우리는 모두 외롭게 죽어간다'라고 혼잣말을 하곤 했던 아버지를 쓰겠다고 했다. 『등대로』는 부모님을 그린 슬픈 노래인 것이다.

어두웠던 과거는 사라진 것들에 대한 그리움과 애상이 되며, 44세의 무명여성화가 릴리 브리스코(Lily Briscoe)를 통해 자신의 예술과 인생에 대한 무섭도록 아름다운 통찰을 보여준다. 울프는 『댈러웨이 부인』과 『등대로』에서 자신이 살아온 인생에 의미를 부여하고, 예술관을 정립한다.

『등대로』는 3부작으로 제1차 세계대전이 발발하기 몇 년 전 9월의 어느 날, 철학자 램지 부부와 그들의 아이들, 그리고 몇 명의 손님들이 휴가차 헤브리디즈 섬에 있는 별장을 찾는 데서 시작한다. 제2부에서는 아무도 찾지 않는 무심한 시간 속에 쇠락해가는 빈 별장이 묘사된다. 10여 년이 흐르는 기간 동안 램지 부인이 죽고, 큰아들 앤드류가 전사하고, 딸 프루는 아이를 낳다 세상을 떠난다. 제3부에서 남은 가족들이 예전의 손님들과 함께 이 섬에 다시 찾아온다. 그리고 무명화가 릴리는 이곳을 처음 방문했을 때 시작했던 그림, 「모자상」을 마침내 완성한다.

릴리가 그림을 완성한 순간, 이제는 성장한 아들 제임스와 딸 캠을 데리고 램지 교수도 10년 전 비 때문에 가지 못했던 등대에 마침내 도착한다. 『등대로』 속의 램지 교수는 불과 스물다섯 살 때 집필한 작은 저서 한 권으로 철학에 매료된 기어를 한 엘리트다. 하지만 칼날처럼 매그고, 편협한 그가 비꼬듯 웃고 서 있는 그의 모습은 자식들의 마음속에 격렬한 비웃음을 불러일으킬 뿐이다. 그가 소중히 여기는 것은 '주체와 객체 그리고 사물의 본성'이라는 저서 제목처럼, '사실' '이성' '견고한 진리'의

아버지와 함께(1903년경). 지식인이었던 아버지 레슬리는
어머니 줄리아가 죽고 난 후 가족들에게 폭군으로 돌변했다.

세계로, 릴리에 따르면 빛깔도 없고, 모서리와 각이 있는 주방식탁처럼 냉정하고 엄정하다.

이런 남편 옆에 앉아 뜨개질을 하고 있는 램지 부인은 활활 타오르는 생기로 남편의 치명적인 불모성에 생명의 물기둥을 쏟아붓는다.

> 자기는 낙오자라고 말했다. ……램지 씨는 그녀의 얼굴에서 시선을 떼지 않은 채 자기는 낙오자라고 되풀이해서 말했다. 그는 동정을 원했고, 그의 천재성에 대한 확신을 원했으며, 삶의 한가운데로 인도되어 온기를 느끼고 위안받기를 원했으며, 감각을 되찾아 그의 불모성이 비옥해지고, 집안의 모든 방이 삶의 훈기로 꽉 차기를 바랐다.⁵⁾

이 집의 손님인 독신화가 릴리는 10년 후 이 집을 다시 찾았을 때 죽은 램지 부인을 회상한다. 기억 속의 부인은 일상의 삶, 비존재의 삶 속에서도 반짝이는 직관을 가진 사람이다. 주변사람들을 배려하고 그러면서도 내면에 고요한 정적을 지닌 등대 같은 존재다. 진리를 탐구하지만, 메마른 삶을 살아가는 남편보다 더 깊이 진실에 다가선, 인간조건의 초월을 보여준 사람이다.

램지 부인의 삶은 예술가인 릴리의 비전을 통하여 현재에 다시 솟아올라 연속적인 흐름으로 이어진다. 릴리가 깨달은 통찰은 어떤 것인가. 그녀는 램지 부인 한 사람만을 이해하는 데도 50쌍의 눈이 필요하다는 것을 알았고, 자신의 그림이 완전해지려면 "강철 같은 구조"와 "나비 날개 같은 빛"이 동시에 필요하다는 것을 알았다. 그것은 삶의 진실을 파악하는 데 램지 부인뿐 아니라 램지 씨의 세계도 필요하다는 깨달음이다. 울프가 원한 것은 이처럼 예술과 삶의 화합이며, 그녀의 자기실현은 양성적 인간──모성적이면서, 동시에 부성적인 존재──를 지향하는 것이다.

분석심리학자인 융의 방식으로 말하면, 인간의 내면에 있는 대립 요소──감성적인 것, 직관적인 것, 따뜻한 것, 쾌락과 유희와 같은 여성원형인 아니마(anima)와 이성적인 것, 사실적인 것, 질서와 법 같은 남성원형인 아니무스(animus)──가 결합된 존재인 것이다.

울프의 삶은 끈질기게 들러붙은 정신병과의 치열한 싸움이기도 했다. 열세 살 때 어머니를 병으로 여의고부터, 정신병은 때로는 불면, 환싱, 환청, 초조와 불안, 두통을 동반한 극심한 조울증의 형태로 정신을 갉아먹었다. 울프를 괴롭힌 정신병의 특징은 그것이 주기성을 띤다는 점이다. 첫 작품 『출항』부터 새로운 소설을 발표할 때마다 우울증과 극심한 신경쇠약이 도졌다. 칭찬보다는 독자의 조소와 비난만을 떠올리며 극도의 공포감에 사로잡혔기 때문이다. 그때마다 자기혐오에 빠져 원고를 고치고 또 고쳤다. 이러한 태도는 아이러니하게도 현대문학사상 가장 뛰어난 광기묘사를 낳게 된다. 『댈러웨이 부인』의 실성한 셉티머스(Septimus)는 울프가 겪은 광기를 생생하게 재현하는 분신과 같은 존재다. 1925년 발행된 이 작품에서 울프는 삶과 죽음, 정상과 비정상, 사회체제를 강도 높게 비판하겠다고 밝혔다. 그녀의 말처럼, 이 작품은 당시 지배계급의 검은 욕망에 관한 이야기이며, 그 때문에 부서지고 마는 개인의 진실에 관한 이야기다.

　의식의 흐름을 묘사하는 흐르는 듯한 인상주의 문체로 작중인물들의 어두운 의식세계가 펼쳐진다. 그러면서 하층계급인 셉티머스를 죽음으로 몰고 간 정신과의사들의 사악함과 무관심, 비인간성이 드러난다. 그들의 무지는 셉티머스의 가슴에 뚫린 구멍을 메우지 못한다. 권위주의적 사회 억압 속에서 인간성을 잃지 않으려는 인물들도 보인다. 지배와 억압은 인간 위에 올라타 생명의 피를 빨아먹는 잔인한 폭군들이다. 셉티머스의 열에 들뜬 듯한 강렬한 감정의 분출은 지배계급의 냉담성을 은유적으로 비판한다.

　셉티머스는 가난 속에서는 어떤 미래도 없다는 것을 깨닫고 변두리 집을 떠나 런던으로 상경한다. 공공도서관에서 책을 빌려 독학한 것이 전부인 그는, 낮에는 일하고 밤에는 야학에서 셰익스피어를 듣는다. 그리고 다윈과 버나드 쇼를 틈틈이 탐독한다. 자진해서 참전한 전쟁에서는 강인함을 발휘한다. 그러나 휴전협정이 맺어지고 현실로 복귀했을 때, 느닷없이 청천벽력 같은 공포가 찾아온다. 그는 아무것도 느낄 수 없었던 것이다. 셉티머스가 슬픔을 느끼지 못하는 증세는 1895년 어머니의 죽음과 1904년 아버지의 죽음을 맞았을 때 울프 자신이 겪은 증세를 반영하고 있다.

그러나 고갈상태에 있던 그의 감정은, 삶의 깊은 원천을 억누르며 살아가야 하는 사회의 억압행위에 복수라도 하듯, 정반대의 모습으로 표출된다. 죄의식, 황홀감, 분노, 강한 혐오감 등 헤아릴 수 없는 감정이 그의 내부에서 들끓고 흘러넘친다. 그리하여 혼잣말로 떠들어대고 참새가 그리스어로 노래한다고 생각하며, 유령들을 보고 개가 인간으로 변한다고 몸서리친다. 그의 의식은 존재에 어떤 근거를 부여해야 할지 모르는 부유하는 혼돈의 덩어리로 남게 된다. 그러나 그에게도 행복한 순간은 있다. 나무와 벌레, 새들과 하나가 되는 순간이다.

    잎사귀들은 살아 있었다. 나무들이 살아 있었다. 그리고 그 잎사귀들은 수백만의 섬유질에 의해서 거기 의자에 앉아 있는 자신의 육체와 연결되어 있었다. …… 잎사귀 하나가 갑자기 불어 닥치는 바람에 파르르 떠는 것을 지켜보는 것은 절묘한 기쁨이었다. 하늘 높이에는 제비들이 급강하하다가는 옆으로 벗어나며 안쪽으로 바깥쪽으로 빙그르르 마구 날아다녔다. 파리들도 날아올랐다가는 내려왔다. 태양은 비웃듯이 이제는 나뭇잎 여기저기를 얼룩덜룩하게 비추다가, 기분이 좋아서 부드러운 금빛으로 나뭇잎을 눈부시게 했다. ……이제는 진리였다. 아름다움. 그것은 이제는 진리였다. 아름다움은 산재해 있었다![6]

셉티머스의 의식은 인간이 자연과 하나의 흐름이 될 때 행복할 수 있다는 것을 보여주는 것 아닐까. 의지할 친구도, 마음속을 털어놓을 사람도 없는 그에게 이 순간의 도취는 죽음의 공포마저 극복하게 만든다.

우리의 외양, 즉 밖으로 드러나 보이는 부분은 다른 것, 널리 퍼져나가는, 보이지 않는 부분과 비교하면 너무나도 덧없는 것이며, 그 보이지 않는 부분은 아마도 계속 살아남아서 죽음 뒤에도 이 사람 혹은 저 사람에게 달라붙어 있든지, 혹은 심지어 어떤 장소들에 서려 있든지 해서 어쨌든 다시 살아날 것이다. ……아마도-아마도.[7)]

클라리사 댈러웨이는 보수당 국회의원 리처드의 부인이다. 은그릇과 도자기로 가득 찬 화려한 저택에서 사는 상류층여성이지만, 그것은 사회적 가면에 불과할 뿐이다. 마음은 주체적 삶을 열망해서 시간이 날 때마다 홀로 다락방을 찾는다. 다락방은 삶의 중심이 텅 비어 있다고 느끼는 그녀에게 참자아를 대면하게 해주는 은밀한 생성의 장소, '영혼의 독립성'을 보장해주는 장소다.

인생에 별다른 굴곡이 없는 주인공을 우리가 마음으로 받아들일 수 있는 이유는, 자신이 주최한 파티에서 셉티머스의 자살소식을 전해 들었을 때 보이는 반응 때문이다. 단 한번도 만난 적이 없는 이 청년의 죽음을 생각하며, 그녀는 육신이 불에 타는 것 같은 고통을 느낀다. 도대체 그 청년은 무엇을 위해 자신의 고귀한 젊음과 삶을 희생했단 말인가? 청년은 진실을, 소통을 위해 창밖으로 자신의 삶을 던졌지만, 사람들은 시시한 잡담과 부패와 거짓말속에서 하루하루 살아갈 뿐이다.

그녀가 느끼는 고통과 연민, 부끄러움은 그녀가 인간과 인간의 내적인 접촉, 진정한 소통과 교감이 가능한 사람 아닐까 생각하게 만든다. 영혼이 살아 있는 사람. 타인과 '인간'으로 만날 수 있는 사람. 그러면서 홀로 빈방에서 고독을 응시할 수 있는 사람.

연인 색빌-웨스트와 남편 레너드

울프는 평생 이성 간의 육체적 접촉을 추하고 더러운 것으로 여겼다. 이복오빠 제럴드와 조지는 자신들이 보호자임을 내세워 울프가 어릴 때부터 상당히 오랜 기간 동생을 상대로 성추행을 계속했다. 오빠들의 은밀한 행위는 처음에는 극심한 수치심을, 나중에는 남녀의 성에 대해 환멸을 갖게 만들었다. 급기야 정신과 의사는 울프 부부에게 성적인 접촉을 영원히 금지하기에 이른다. 남편과의 성접촉 자체가 울프의 정신분열증을 재발시키는 원인을 제공할 수 있다고 판단했기 때문이다.

울프의 작품에 유독 남녀 간의 육체적 접촉이 묘사되지 않은 것도 이런 이유에서다. 이성에게서 매력을 느끼는 대신 울프는 동성에 매료되었고, 동성애가 작품에도 등장한다. 『댈러웨이 부인』의 셉티머스는 상관 에반스(Evans)와 육체적으로 사랑을 나눈 것으로 암시된다. 더 나아가 전기와 소설의 혼합형식인 『올란도』(Orlando)에서는 성(性)을 초월한 모습이 제시된다.

주인공 올란도는 16세기에서 20세기에 걸친 긴 시대를 성을 바꾸며 살아간다. 처음에는 귀족남자로 태어났고 다시 여성으로 태어나 남자와 결혼을 하고, 아이의 엄마이자 사교계의 여왕이 된다. 그러나 400여 년의 세월을 살면서 올란도가 일관되게 추구하는 것은 결국 자기실현이다. 올란도에게 자기완성은 한 인간 속에 양성적 요소가 융합되어 살아 숨 쉬는 이상적인 인격을 향해 나아가는 것이다. 올란도에게 이것은 구체적으로 시를 쓰는 일, 억압에 굴복하지 않는 영혼을 지닌 예술가가 되는 것이다. 울프가 평생을 탐색했던 일을 올란도는 작품 속에서 완성하고 있다.

올란도는 실제 울프가 반했던 비타 색빌-웨스트(Vita Sackville-West,

비타 색빌-웨스트(1925년). 어린 시절의 상처로 인해 울프는 동성(同性)에게 관심을 가진다. 성(性)을 초월한 자기완성적 존재인 올란도의 모델은 울프를 매혹시킨 색빌-웨스트였다.

1892~1962)를 형상화한 인물이다. 울프는 비타가 명문 귀족 출신인 점, 대담하고 남성적인 점, 주위의 시선을 아랑곳하지 않는 그녀의 자유분방한 기질에 매혹되었다. 색빌-웨스트 역시 울프의 작품에 경외감을 품었으며, 이후 두 사람은 문학적인 동반자이자 연인으로 오랜 친분관계를 맺었다. 울프는 색빌-웨스트를 통해 정신적 위안을 얻었을까. 콘크리트처럼 요지부동인 인습 속에서 가면을 훌훌 벗어버리고, 영혼의 목소리에 충실한 삶을 산 것. 그것이 그녀의 마음을 다독여주었을 것이다.

울프가 신경쇠약증으로 고생할 때마다 그녀를 구한 사람은 헌신적인 남편 레너드 울프와 언니 바네사였다. 식민지 실론(지금의 스리랑카)의 지방행정관으로 앞날이 창창했던 청년 레너드는 울프의 친오빠 토비의 케임브리지 대학교 동창생으로, 토비가 주축이 되었던 블룸스버리클럽의 회원이었다. 레너드는 목요일마다 블룸스버리클럽에서 친구들과 지적 논쟁을 펼친다. 그러면서 동석한 하얀 드레스 차림의 아름다운 두 자매에게 연정을 품는다. 그중 동생 버지니아에게 구혼을 해서 마침내 결혼을 하게 된다.

레너드에게서 아무런 성적 매력을 느낄 수 없었던 버지니아 스티븐은 고심하고 주저하다 결혼을 수락한다. 레너드는 실론의 안정된 직장마저 버리고 버지니아에게 온몸을 던진다. 하지만 결혼생활이—부부관계조차 할 수 없을 뿐만 아니라, 자식 하나도 없이 신경쇠약증과 우울증을 호소하는 아내를 돌봐야 하는—평생 고행이 될지는 꿈에도 상상하지 못했다.

레너드는 빅토리아 시대의 가부장사회에서 남성으로서의 권위를 버린다. 그리고 자신도 작가이지만 천재적 아내를 위해 헌신하는 지적인 동반자로 울프의 삶에 없어서는 안 될 버팀목이 된다. 흥분상태와, 인사불성으로 빈발하는 자살시도를 막는가 하면, 정신과 의사인 새비지 박사(Dr. Savage)를 만나 진통제와 진정제를 먹이고, 휴식요법을 지키게 하면서 레너드는 아내가 집필활동을 할 수 있게 도왔다.

부부의 생활은 글을 쓰고, 산책하거나, 책을 읽는 정신적인 것으로 채워졌다. 레너드는 사회주의자로 정치활동과 미술평론을 병행했다. 가정을 꾸린 그들에게 가장 시급한 일은 생활비를 벌어야 하는 것이었다. 레너드는 형제 많은 유대인 집안 출신이었기에 가진 돈이 없었고, 울프는 유산을 얼마간 받았지만, 소설이 성공할 때까지 일정한 수입이 없었기 때문에 그 돈은 곧 수중에서 사라졌다. 고심 끝에 그들은 글쓰기로 생계를 유지하기로 한다. 그리고는 자그마한 인쇄기를 사들여 '호가스 출판사'를 차린 뒤 자신들이 쓴 글을 직접 출판한다.

결혼 직전의 레너드와 버지니아(1912년).
이 만남은 레너드에게는 평생 동안 이어진 고행이 되었다.
하지만 레너드의 헌신적인 보살핌이 울프에게는 구원이었다.

호가스 출판사에서 나온
최초의 책(1921년).
버지니아 울프의
단편소설 8편을 모아 출판했다.

이들의 노동은 생계유지 외에도 저명한 작가를 발굴하거나 소개한 데서 빛을 발한다. T.S. 엘리엇(Tomas Stearns Eliot, 1888~1965), 릴케(Rainer Maria Rilke, 1875~1926), 그리고 프로이트(Sigmund Freud, 1856~1939), 거투르드 스타인(Gertrude Stein, 1874~1946), 레베카 웨스트(Dame Rebecca West, 1892~1983) 등이 울프 부부가 발굴해낸 작가들의 이름이다.

여성을 위한 방 만들기

울프의 삶이 경이로운 이유는 정신병에 시달리면서도 잠시도 쉬지 않고 여러 면에서 불굴의 투지를 보였다는 점이다. 평론, 소설, 에세이 등 수많은 글을 쓰는 와중에도 맨스필드(Katherine Mansfield, 1888~

1923), 하디(Thomas Hardy, 1840~1928), T.S. 엘리엇 등을 만나며, 문학적인 영감을 주고받았다.

울프는 사회활동에도 적극적으로 참여한다. 제국주의와 사회주의, 계급과 여성문제, 파시즘이 주요 이슈가 된 현실 속에서 울프는 세계주의와 평화주의, 여성 평등과 반전을 주장했다. 진실을 억압하는 사회악과 적극적으로 맞서 싸운 것이다.

그녀의 행보를 보면 울프가 항간의 오해처럼 추상적 관념주의자가 아니라 행동주의자라는 것을 알게 된다. 여성 근로자를 대상으로 한 역사 강의, 여성참정권운동, 여성협동회의, 국제연맹조성회의, 역사가 피셔와 아일랜드 문제 논의, 남편 레너드의 노동당의원 후보 출마선거운동, 반파시스트 전람회를 위한 모금활동, 에스파냐 내란 구조모금활동과 BBC 방송 연설 등 울프는 이루 헤아릴 수 없이 많은 사회활동을 했다.

울프는 22세 때부터 여성의 권리와 삶에 관심을 갖게 된다. 캠브리지 대학교에서 수학한 오빠와 달리, 여성인 자신은 학교에서 교육을 받을 기회가 없었고, 여성들에게만 전가되는 과중한 짐을 집안에서 겪었기 때문이다. 아버지의 서재에서 닥치는 대로 읽은 책과 부모로부터 받은 간헐적인 가르침이 울프가 받은 교육의 전부였다.

1929년에 출판된 『자기만의 방』은 행동으로 말했던 울프의 목소리가 집약된 페미니즘의 고전이다. 여성의 영역을 모성에만 국한시키려 했던 빅토리아 시대의 남성중심주의를 정면으로 비판하고, 여성이 자신만의 방을 갖고 경제적으로 독립할 수 있을 때, 진정한 평등이 이루어진다는 주장은 많은 여성들의 공감을 얻어냈다. 울프의 싸움은 결국 한곳을 향하고 있다. 파시즘의 승리와 전 국민을 제국주의전쟁으로 몰아가는 데 대한 절망과 분노. 에세이 「공습 중 평화에 대한 생각」에서는 인간의 싸움본능을 잠재적 히틀러주의라고 말하고 있다.

침략하려는 욕망, 지배하고 타인을 노예로 삼으려는 욕망, 이러한 욕망이 구현된 존재인 히틀러를 없애는 것, 우리의 무의식에 잠재되어 있는 '히틀러'를 뿌리 뽑는 것. 그것만이 우리를 감옥에서 구해낼 수 있다는 것이다. 그러나 진정한 인간성의 회복을 외친 그녀 앞에 펼쳐진 것은 끝을 알 수 없는 잿빛뿐이었다.

황량한 현대에서 억압 없는 유토피아를 꿈꾸다

울프는 59세 생일을 맞은 직후에 집근처의 우즈 강으로 걸어들어가 스스로 목숨을 끊었다. 남편에게 남긴 유서 내용처럼 전쟁과 고질병인 정신병이 또 도지지 않을까 하는 데 대한 두려움 때문이었을까. 그뿐이었을까.

울프 부부는 히틀러의 군대가 영국을 침공하면 자살하려고 차고에 휘발유를 보관해두었고, 울프의 남동생인 의사 애드리언에게서 치사량의 모르핀을 얻어놓고 있었다. 1941년 당시 영국이 패전을 거듭했기 때문에 런던에 있는 울프의 집은 폭격으로 무너졌다. 피신한 시골집 몽크스 하우스(Monk's House)에서는 전쟁이 모든 것을 파괴하는 것을 두 눈으로 본다. 전쟁으로 인한 정신적 육체적 고통과, 책을 완성할 무렵이면 언제나 그녀를 사로잡는 극도의 긴장감과 절망감은 『막간』(Between the Acts)을 완성할 무렵에는 자신이 미쳐가고 있다는 두려움으로 발전한다.

『막간』은 제2차 세계대전이 한창 중이던 1941년 2월에 완성이 되었다. 그리고 한 달 후인 3월에 울프는 우즈 강에 몸을 던져 자살한다. 이 작품에는 당시 독일이 영국을 침공한 절박한 위기상황이 불길한 색조로 곳곳에 스며 있을 뿐 아니라, 자살로 마감한 당시의 심리상태를 가장 잘 반영한다. 하지만 억압, 공포, 분노의 감정 외에도 삶의 모든 대립적 요소를 포용하여 좀더 큰 진실을 조망하는 일관된 주제를 담고 있기도 하다. 이 작품에서 울프의 가장 큰 관심은 "나"가 아닌 "우리" "공동체"에 집약되고 있다. 공동체, 즉 집단에 대한 관심은 타인과의 일체감을 통해 통합된 인격의 이상을 실현하려는 울프 미학의 중심문제가 되어왔지만, 이 작품에서는 제국주의와 파시즘의 독선 속에서 파멸을 향해 치닫는 공동체, 즉 당시 문명사회에 대한 비판과 원죄의식을 촉구하고 있다.

1939년 6월 한 여름밤에 마을의 하수 설치문제를 의논하기 위해, 포인츠홀(Points Hall)에서 마을회의가 열린다. 이어 포인츠홀에 거주하는 가족의 신변잡사가 단편적으로 소개되고, 다음날 야외극이 공연되며, 포인츠홀에 다시 모인 가족들이 밤을 맞는 것이 줄거리의 전부다. 이 집에는 집주인인 바트 올리버(Bart Oliver)와 잠시 방문해 있는 미망인 여동생 루시(Lucy), 바트의 아들과 며느리 자일스(Giles)와 아이자(Isa) 부부, 그들의 자녀인 어린 조지(George)와 캐로(Caro)가 살고 있다.

울프가 추적하는 것은 이들 가족관계에 숨어 있는 원리인데 그것은 바트와 루시, 자일스와 아이자의 관계를 중심으로 전개된다. 이들 작중인물의 의식은 서로 부딪쳐 은연중에 갈등을 빚으면서, 각자가 지닌 욕망의 본모습을 서서히 드러낸다. 그러나 이들이 보여주는 심리 반응의 미시적 관찰 속에는 인간의 실존과 역사, 문명, 예술에 대한 울프의 통찰이 숨겨져 있다.

자기만이 옳다는 남성적 독선을 지닌 바트와, 직관에 의한 유연한 사고를 하는 여동생 루시의 대립은 문명의 양대 지주인 이성-감성의 원칙이 화해의 차원으로 승화되지 못하고 있는 현대문명을 풍자한다. 행동주의자 자일스와 시적인 아이자 부부의 대립은 행동과 육체-명상과 예술의 분리를 표상하고 있다.

울프는 이러한 분열상을 몸통 하나에 머리가 두 개인 괴물로 보았다. 이들의 갈등은 동시대인을 실존적 불안을 앓고 있는 "부스러기와 조각과 파편"으로 이해한 예술가 라 트로브 양(Miss La Trobe)의 야외극의 테마와도 긴밀하게 연관된다. 파괴적 공생관계로 치닫고 있는 문명인의 실상을 적나라하게 보여주고 있기 때문이다.

행동주의자 자일스가 마음을 위로하는 방식은 어린아이처럼 돌을 차거나, 수풀 속에 똬리를 틀고 두꺼비를 삼키려 하는 뱀을 짓눌러 죽이는 일이다.

> 뱀은 입속에 두꺼비를 한 마리 넣고 질식 상태에 있었다. 뱀은 그 두꺼비를 삼킬 수가 없었고; 따라서 두꺼비는 죽을 수가 없었던 것이다. 경련하는 두꺼비의 옆구리가 오그라들면서; 피가 흥건히 새어나오고 있었다. 그것은 잘못된 방식의 탄생—소름끼치는 역순의 탄생이었다. 그래서 그는 발을 들어 그것들을 짓뭉개버렸다. 살점이 찢어지고 꿈틀 미끄러졌다. 하얀 테니스화의 천이 피로 물들어 끈적끈적하게 되었다. 그러나 그것은 행동이었다. 행동은 그의 마음을 누그러뜨려주었다.[8]

죽어가는 뱀이나 두꺼비의 섬뜩한 이미지는 세계대전의 암울한 종말을 예고한 것일까. 그것만은 아닐 것이다. 어쩌면 이 끔찍한 장면은 인간이 인간에 대해 늑대로 변할 때 궁극적으로 초래할 수 있는 어두운 세계의 이미지를 그린 것이다. 21세기 첨단과학기술의 세계인 지금도 자폐증 환자처럼 사람과 사람 사이에 건널 수 없는 심연은 깊어가고 있지 않

버지니아가 레너드에게 쓴 마지막 편지. 전쟁의 광기와 두려움은
그녀를 막다른 곳으로 몰고 갔다.
울프는 극단적인 선택으로 고통에서 벗어나려 했다.

가. "우리가 단결할 수 있을까"를 반문하는 야외극의 마지막 장면은 분열하고 있는 현재를 탄식하고 있다.

이 작품에서 울프가 유동하는 인상주의적 문체를 사려 깊게 피하며 메마른 헤밍웨이식 문체에 다가서고 있는 것은, 어두운 시대상의 반영이면서 로저 프라이, 리턴 스트래치, 도라 캐링턴, 조카 줄리언 벨 등 절친했던 친지와 혈육의 죽음이 던져준 충격 때문이기도 하다. 결과적으로 히틀러의 광기와 파시즘의 망령이 미친 듯이 사방에 총성으로 울려 퍼지고, 시시각각 자신을 옥죄어오는 정신병 재발의 두려움이 울프를 막다른 벼랑으로 몰았다. 『막간』을 읽을 독자들의 반응도 늘 작품 발표 직전에 그랬듯이 두려웠다. 환청이 들렸다. 울프는 죽음을 택한다.

유서에는 남편에 대한 고마운 마음과 참담한 심정이 잘 드러나 있다.

내가 다시 미쳐가고 있다는 것을 느낍니다. 우리가 또다시 그런 지독한 시간을 극복할 수는 없다고 생각해요. 이번에는 다시 건강해지지 못할 거예요. 소리가 들려요. 집중할 수가 없어요. 이 상황에서는 이것이 내가 할 수 있는 최선의 일이라 여겨집니다.[9]

울프는 시대의 어두움을 글쓰기로 극복하려 했다. 인간에 대한 배려와 사랑, '존재의 순간'을 통한 자기실현, 그리하여 궁극적으로 억압 없는 유토피아를 지상에 꽃피우는 것, 그것이 꿈이었다. 그것으로 존재의 불안을 넘어서려 했다. 그러나 그것은 신기루 같은 벅찬 꿈에 불과했을까. 1941년 죽기 직전의 일기에는 "우리는 미래가 없는 세계에 살고 있다"고 괴로워한다. 그렇다면 그녀에게 해결방법은 죽음 밖에 없었을까.

울프의 자살이 자신의 분신이었던 셉티머스의 자살과 겹쳐지는 것은 지나친 비약일까. 자신을 지배하려 했던 정신과 의사 홈즈를 피해 투신자살한 셉티머스의 죽음과 울프의 죽음이 오버랩된다.

> 나무들이 살아 있다는 것을, 다음으로 범죄가 없다는 것을, 그다음으로는 사랑, 우주적 사랑을, 헐떡이고, 떨며, 고통스럽게 이 심오한 진리를 끌어내면서 그는 중얼거렸다. ……죽음은 도전이었다. 죽음은 의사를 소통하려는 시도였다. ……친밀했던 관계는 멀어져가고, 황홀함은 시들고, 사람은 혼자였다. 하지만 죽음에는 포옹하는 힘이 있었다.[10]

그의 투신을 죽음이라는 극단의 수단을 통해 병든 사회에 경고장을 던지는, 행복한 자유를 얻기 위한, 억압 없는 삶을 향한 뛰어내림이라고 믿고 싶다. 그렇더라도 울프의 자살이 황량한 현대를 걸어가는 우리 모두에게 떨쳐버릴 수 없는 슬픈 여운으로 남는 것은 어쩔 수 없는 일이다.

버지니아 울프를 알기 위해 더 읽어볼 책

『세월』 | 버지니아 울프 지음, 김수정 옮김, 대응, 1996
3대에 걸친 파지터 가의 역사를 전통적인 수법으로 쓴 소설. '1880년'에서 '현재'에 이르기까지 폭군인 아버지와 동생들을 보살피는 여주인공 엘리너의 삶을 조명하면서 실존주의, 양성의 조화문제, 삶의 비전 추구 등 울프적인 주제를 다루고 있다.

『파도』 | 버지니아 울프 지음, 박희진 옮김, 솔, 2004
버나드, 네빌, 루이스, 수잔, 지니, 로다 등 여섯 인물의 삶을 시적으로 그린 소설. 이들이 정신적으로 이기적 자아에서 어떻게 이타적으로 성숙해가는지를 실험적 기법으로 쓰고 있다. 조이스의 『피네건의 경야』에 비견할 난해한 작품.

『끔찍하게 민감한 마음』 | 버지니아 울프 지음, 정덕애 편역, 솔, 1996
버지니아 울프의 문학, 예술, 평론을 모은 책.

『그래도 나는 쐐기풀 같은 고통을 뽑지 않을 것이다: 버지니아 울프의 일기』 | 버지니아 울프 지음, 정덕애 편역, 솔, 1996
1915년부터 1941년까지 울프의 일기를 발췌해 수록한 책.

『버지니아 울프: 나방, 별 그리고 파도』 | 나영균 지음, 정우사, 1995
울프의 탄생부터 죽음에 이르기까지의 생애를 이야기하듯 해설한 책. 각 장마다 작품소개를 따로 하고 있어서 울프의 생애와 작품을 이해하는 데 도움이 된다.

『버지니아 울프 연구』 | 박희진 지음, 솔, 1994
울프의 초기작 『출항』에서부터 마지막 소설 『막간』에 이르기까지 9편의 소설을 분석한 책. 울프의 소설에 대한 전반적인 연구와 정신사적인 흐름을 일목요연하게 볼 수 있다. 『자기만의 방』 『3기니』 해설도 수록.

버지니아 울프 연보

1882   1월, 버지니아 스티븐이 작가인 레슬리 스티븐 경과 줄리아 덕워스의 네 아이 중 셋째로 출생.
1882~94   세인트 아이브스의 여름별장 탈렌트하우스에서 여름을 보냄.
1895   5월, 인플루엔자로 어머니 사망으로 13세 때 최초로 정신병 발작.
1897   이복언니 스텔라가 결혼 후 복막염으로 사망. 일기 쓰기 시작.
1904   2월, 아버지 레슬리 스티븐 경 사망. 두 번째 정신병 발작.
1905   1월, 몰리 칼리지에서 강의.
1906   두 살 위 오빠 토비가 그리스 여행 중 장티푸스로 사망.
1909   리튼 스트레치가 버지니아에게 청혼했다가 취소.
1912   버지니아, 레너드 울프와 결혼. 에스파냐와 이탈리아로 신혼 여행을 떠남.
1915   『출항』 출판.
1916   리치먼드의 여성협동조합에서 강연.
1918   『타임스』 문화란에 비평기고.
1919   『밤과 낮』 출판.
1922   호가스 출판사에서 『제이콥의 방』 출판.
1925   『댈러웨이 부인』 출판.
1927   『등대로』 출판. 자동차를 구입. 라디오 방송 출연.
1928   색빌-웨스트와 프랑스 여행. 『올란도』의 모델인 색빌-웨스트에게 작품을 바침.
1937   『세월』(The Years) 출판.
1939   울프 부부, 프로이트를 방문. 리버풀 대학교에서 제의한 명예박사학위를 거절. 영국은 독일에 선전포고.
1940   런던에 공중 폭격 개시.
1941   환청이 들리는 등 건강상태가 급속도로 악화됨. 결국 우즈 강에 투신. 이틀 후 시신이 발견됨. 7월, 유고집 『막간』 출판.

6 히구치 이치요 樋口一葉

일본 최초의 여성 직업 작가

이정희 | 위덕대학교 일본언어문화학과 교수 • 일어일문학

"내 몸은 일자무식인데다가 집에는 재산도 없고,
세상에는 연고자라 할 만한 이도 없다.
불쌍한 여자의 한 몸을 바쳐, 생각한 일들을
세상에 펼치려 해도 마음에 한계가 있고
지혜에도 한계가 있음을 알 뿐이다."

히구치 이치요(樋口一葉, 1872~96)

일본의 여성 작가들

일본문학사상 여성 작가가 최초로 등장한 것은 헤이안 시대(平安時代, 794~1192)로, 대표적인 작가는 『겐지 이야기』(源氏物語)의 저자 무라사키 시키부(紫式部, 978~1016)와 『마쿠라노소시』(枕草子)의 저자 세이쇼나곤(淸少納言, 생몰 미상)을 들 수 있다. 이 두 사람은 소설과 수필의 거장으로 당시 궁정을 중심으로 여성 문학의 전성기를 만들어냈다.

이들 여성 작가들이 남성들을 능가하는 창조의 날개를 활짝 편 원인은 당시 남성들의 문장 표기가 한자, 한문에 한정된 데에 비해, 여성들의 문자라고 일컬어진 히라가나(平仮名)를 부끄러워하지 않고 자유롭고 당당하게 사용했기 때문이라고 본다. 여성들이 히라가나를 통해 문학적 상상력을 마음껏 발휘한 것이 일본 여성 문학의 발전을 가능하게 했으며, 문학은 여성의 전유물이며 특권이라고 하는 의식까지 낳게 되었다.

그러나 헤이안 시대가 막을 내리고 뒤이어 무가사회[1]가 시작된 중세 가마쿠라 시대(鎌倉時代, 1192~1333)에 여성 문학은 암흑기를 맞이하게 되었고, 여성들은 사회적으로나 가정에서나 남성에게 종속된 존재로 여겨졌다. 이러한 경향은 근세인 에도 시대(江戸時代, 1603~1868)에도 지속되었다. 이 시대에는 남존여비사상이 지배적이었다. 여성이 학문이나 문필에 종사하는 것은 바람직하지 않다는 사회 분위기 속에서 여성 작가의 배출은 극히 희박했다.

여성이 문학에 다시 등장한 것은 메이지유신(明治維新)으로, 근대화가 진행되면서부터였다. 의무교육으로 여성들에게도 교육의 기회가 주어져 여성 지식인, 여성 운동가, 여성 작가 등이 탄생하게 된 것이다.

메이지시대에 가장 대표적인 여성 작가를 꼽으라 한다면 단연 히구치 이치요(樋口一葉, 1872~96)와 요사노 아키코(与謝野晶子, 1878~

1942)일 것이다. 이치요는 불우한 환경 속에서도 창작활동을 계속하여 일본 최초 직업 여성 작가가 되었으며, 24세의 짧은 생애 동안 문학사상에 남길 만한 작품을 발표해 많은 독자들로부터 사랑을 받았다.

요사노 아키코는 시인으로 이름을 알렸다. 그녀는 당시 낭만주의운동의 모태가 된 잡지 『명성』(明星)을 남편 요사노 히로시(与謝野寬)와 함께 꾸려나가 일본 근대시의 발전과 더불어 대표적인 근대 시인인 이시카와 다쿠보쿠(石川啄木, 1886~1912), 기타하라 하쿠슈(北原白秋, 1885~1942) 등을 배출했다.

이밖에도 사회주의운동을 이끈 일본 프롤레타리아 문학의 대모 미야모토 유리코(宮本百合子, 1899~1951)를 비롯하여, 일본 근대문학의 아버지라 불리는 나쓰메 소세키(夏目漱石, 1867~1916)의 문하생으로 창작활동을 한 노가미 야에코(野上弥生子, 1885~1985), 『24개의 눈동자』의 저자 쓰보이 사카에(壺井栄, 1899~1967), 전후에 활약한 크리스천 작가로 한국에서도 유명한 『빙점』(氷点)의 저자 미우라 아야코(三浦綾子, 1922~99) 등 셀 수 없이 많은 여성 작가들이 왕성한 활동을 펼쳤다.

지금 일본 현대문학의 대표적인 여성 작가 한 사람을 꼽으라 한다면 아마 요시모토 바나나(吉本バナナ)일 것이다. 한국에서도 '바나나 붐'이 일어날 정도로 사랑받는 그녀의 문학은 현대 젊은이들이 공감할 만한 문화가 담겨 있기 때문이다.

이같이 쟁쟁한 여성 문인들 사이에서도 일본인들에게 가장 사랑받는 여성 작가는 이치요일 것이다. 여성이 인격적인 대우를 받지 못한 시대에, 게다가 생활고에 시달리면서 새로운 시대를 열려 했던 이치요의 작가정신은 오늘날 경외와 주목의 대상이 되어 일본의 대표적인 여성 작가로 자리매김하게 되었다.

히구치 이치요에 대한 재조명

이치요가 태어난 1872년은 메이지유신 이후 근대화가 급속도로 진행된 시기다. 700여 년간 지속된 막부(幕府)를 중심으로 한 무가사회가 무너지면서 천황 중심의 강력한 중앙집권체제가 정비되었고, 메이지정권 아래서 부국강병책과 문명개화정책이 펼쳐졌다. 문명개화정책의 일환으로 서구사회가 모델이 되어 단발령이 내려졌고, 위생관념이 강조되었고, 인간은 태어나면서부터 자유와 평등을 바탕으로 행복을 추구할 권리가 있다고 하는 인권사상이 퍼져나가게 되었다.

그러나 여성들에 대해서는 여전히 차별적이고 엄격했다. 예를 들어, 여성은 나이가 들면 반드시 결혼을 해야 했다. 또한 혼기를 놓쳐 결혼을 하지 못한 딸이 있는 부모는 처벌을 받았다.

이러한 시대에 이치요는 굴곡진 삶을 살았다. 한 번 약혼했으나 성사되지 못하고, 열여덟 나이에 부친을 잃고 호주상속을 받아 일가를 부양해야 하는 처지에 놓인 그녀의 삶이 순탄하지 않았던 것은 여성을 차별하던 메이지시대의 필연적인 결과였다 해도 좋을 것이다. 독신 여성 호주로서, 더욱이 최초의 직업 여류 작가로서 살아가야 했던 이치요의 처절한 자신과의 싸움을 미루어 짐작할 수 있다.

그동안 이치요의 문학은 일부 문학애호가들이나 몇몇 연구자들을 제외하고는 일반인들에게 큰 인기를 얻지 못했다. 이치요의 학력이 초등학교 중퇴라는 이유도 한몫했으며, 스물네 살의 젊은 나이에 고통 속에서 치열하게 살다가 폐결핵으로 요절했다는 것도 큰 관심거리가 되지 못했다. 게다가 문학적 소양이 얕다는 지적과 함께 작품의 완성도 측면에서도 연구자들의 평은 냉혹했다.

그러나 1970년대 이후부터는 이치요 문학에 대한 평가가 새로운 국면을 맞이하게 되었다. 메이지시대 초기에 대두된 자유민권운동의 영향으로 여권확장론이 퍼지게 되면서 페미니즘의 종자도 일본 풍토에 뿌리를 내리기 시작했다. 그런데 그 선구적인 역할을 수행한 것이 다름 아닌 히구치 이치요라는 새로운 평가가 대두되기 시작한 것이다.

'일본 최초'의 여성, 히구치 이치요

한편, 히구치 이치요만큼 일본에서 '최초'라는 수식어가 많이 붙는 작가도 드물 것이다. '일본 최초의 여성 직업 작가' '일본 화폐사상 최초의 여성 초상화 인물' '일본 최초의 우표 여성 인물' 등이다.

히구치 이치요의 초상은 2004년 11월 1일부터 일본 화폐 5,000엔 지폐에 새로운 인물로 선정되었다. 지폐 인물로 여성이 채용된 것은 1881년 1엔 지폐에 신공황후(神功皇后)의 창작 초상이 그려진 이후 두 번째다. 아니, 2000년도에 발행한 2,000엔 지폐 뒷면에 무라사키 시키부의 초상화가 있는데, 이 초상화 역시 창작 초상화이므로, 실물 사진에 의한 여성의 초상이 일본 지폐에 선정된 것은 히구치 이치요가 처음이라 할 수 있다.

일본에서도 한국과 마찬가지로 지폐 인물 선정에 신중을 기한다. 특히 2004년도에 새로 5,000엔 지폐와 1,000엔 지폐에 선정된 인물은 공통점이 있다. 1,000엔 지폐의 인물은 세계적으로도 유명한 세균학자 노구치 히데요(野口英世)로, 두 사람 모두 가난한 환경 속에서 희망을 버리지 않고 노력하여 세상에 널리 이름을 남긴 점이 공통점이라 할 수 있다.[7]

화폐뿐만 아니라 이치요는 일본 우표 역사상 일본 최초의 우표 여성인물로 선정되어 주목을 받기도 했다. 1949년 일본에서는 '문화우표'라고 해서 18명의 명사를 선정했다. 그 기준은 메이지시대 전후부터 태평양전

2004년에 발행된 5,000엔 지폐에 등장한 히구치 이치요.
일본에서 여성의 실물 사진이 지폐에 등장한 것은 이치요가 최초다.

쟁 종전까지 각 분야에서 공적이 큰 대표적 인물이었다. 여기에 이치요는 여성으로는 유일하게 뽑혔다. 이치요의 우표는 같은 해 4월 10일 '여성의 날'을 기념해서 발행되었다.

이치요의 가족과 생애

이치요는 1872년 도쿄에서 태어났다. 이치요의 본명은 히구치 나쓰(奈津)다. 그러나 일기 등의 표지에는 なつ(나쓰), 夏(나쓰), 夏子(나쓰코) 등으로 썼고 본명인 奈津(나쓰)보다 夏子(나쓰코)를 더 많이 사용했다.

이치요의 부모는 지금의 야마나시 현(山梨縣)의 농민 출신으로 양가 부모가 결혼을 반대하는 바람에 한밤중에 몰래 집을 뛰쳐나와 에도(지금의 도쿄東京)로 와서 살았다. 그들은 부지런히 일을 해서 모은 돈으로 말단 관리직을 얻었고, 그 후 사족(士族)으로 신분이 상승되어 자부심이 대단했다.

그러나 반년도 안 되어 에도 막부가 무너지고 메이지 정부가 들어서자

일본 우표 최초의 여성인물로
선정된 히구치 이치요.
그녀의 초상을 담고 있는 이 우표는
1981년에 발행되었다.

신정부 아래서 세력이 약해진 관리직은 농공업이나 상업으로 전업하거나 몰락한 경우가 많았다. 이때 이치요의 부친은 사족 신분을 발판 삼아 신정부의 관리가 되어 금융업도 겸하며 안정된 생활을 했다. 이때가 이치요 일가족이 가장 풍요로운 생활을 한 시기로, 이치요가 4세 때부터 9세 때까지 도쿄 혼고(本鄕)에 살던 때다.

이치요는 2남 3녀 중 차녀로, 언니 후지(藤)는 17세에 결혼했으나 1년 만에 이혼하고 친정집에 들어와 살다가 후에 재혼했다. 여동생은 이치요외는 15세 차이로 부모가 도쿄에 와서 살던 때 출생했다.³⁾

이치요의 두 오빠들은 도쿄에서 태어났다. 큰오빠 센타로(泉太郎)는 어려서부터 공부를 잘해 부모의 기대를 한몸에 받고 자랐지만 몸이 약했다. 센타로는 1888년에 부친이 경시청(警視庁)을 그만두면서 대장성(大

藏省)에 취직되었지만 얼마 가지 못해 각혈을 하는 바람에 휴직했으나 해를 넘기지 못하고 24세의 젊은 나이에 세상을 뜨고 말았다. 이치요의 둘째 오빠는 공부에는 관심이 없었으며, 품행도 방정치 못하여 부친과 의견이 맞지 않아 15세 때에 호적에서 떨어져나갔다. 그는 당시 유명한 도공의 제자가 되어 직인의 길을 걷게 된다.

장남의 죽음으로 인해 호주 상속은 차남으로 이어져야 했지만, 차남이 호적에서 떨어져나갔기 때문에 16세의 이치요가 호주상속을 받게 된다. 엎친 데 덮친 격으로 그다음 해에 아버지가 사망해서 이치요는 어머니와 어린 동생들의 부양을 책임지지 않으면 안 되는 입장이 되고 말았다.

그런데 히구치 집안은 이사 귀신이 붙었다고 할 정도로 이사를 많이 했다.[4] 그녀는 24년이라는 짧은 생애 동안 10번도 넘는 이사를 하며 불운한 삶을 보내야 했다. 어린 시절 이미 여러 차례 이사한데다 아버지가 돌아가신 후 집안이 어려워지자 이치요는 어머니와 동생들을 데리고 둘째 오빠의 셋집에서 함께 살기도 했기 때문이다.

18세에 오빠 셋집에서 나와 현재의 분쿄(文京) 구로 이사를 갔고, 얼마 지나지 않아 또다시 그 근처로 이사를 했다. 21세 때는 잡화 상점을 열기 위해 현재 다이토(台東) 구의 류센지초(龍泉寺町)로 이사를 했는데, 워낙 장사수완이 없었던 터라 가게는 생각만큼 수입을 내지 못하고, 1년 뒤에 문을 닫고 말았다. 호구지책으로 낸 상점은 결국 실패로 끝났지만, 그때의 견문과 경험이 이치요의 대표작 『키재기』(たけくらべ)를 탄생시켰다고 해도 좋을 것이다. 가게를 접은 이치요는 다시 분쿄 구로 이사했는데 이곳이 이치요의 마지막 주거지가 되었다.

이치요의 학력은 초등학교 중퇴가 전부다. 1877년 3월 5세의 나이로

왼쪽부터 언니 구니코, 어머니, 이치요.
큰오빠가 죽고 이어서 아버지가 사망하자 집안에는 여성들만 남게 되었다.
이치요는 어머니와 동생들을 부양해야 했다.

공립 혼고(本鄕) 학교에 입학했지만, 너무 어려서 한 달 만에 학교를 그만두고, 6개월 뒤에 사립학교에 입학했다. 이후 6년간 교육을 받았고 12세가 되던 해에 진학을 포기하고 학교를 그만두게 된다. 부친은 똑똑한 이치요에게 기대를 걸고 계속 교육을 시키려고 했지만, 모친은 여자가 똑똑해도 안 되고 공부를 많이 시키는 것도 미래를 위해 좋지 않으며, 바느질이라도 배워 가사에 도움이 되게 해야 한다며 이치요의 학업을 중단시켜버렸다.[5]

어렸을 때부터 영리했던 이치요는 네댓 살 때에 근세시대의 어린이 그림책이라고 할 수 있는 『구사조시』(草双紙)[6]를 읽는가 하면, 부친에게 신문을 낭독해 들려주는 것이 하루의 일과이기도 했다. 이치요는 남자아이들에게 지는 것을 싫어했으며, 출세하고자 하는 의식이 강해 부친은 늘 자랑하고 다녔다. 모친의 강한 반대로 초등학교 고등과 제4급 졸업으로 학교를 마친 이치요를 가엽게 생각한 부친은 『만요슈』(万葉集), 『고킨슈』(古今集), 『신고킨슈』(新古今集) 등의 고전문학전집을 사주고, 와다 시게오(和田重雄)에게서 와카(和歌)를 배우게 했다. 그러나 와다가 고령이라서 통신교육[7]밖에 할 수 없었기 때문에 와카를 배우는 것은 오래 지속되지 못했다.

부친은 이치요의 왕성한 향학열을 만족시키기 위해 본격적으로 와카를 배우게 하려고 스승 물색에 전념했다. 결국 부친의 열성으로 이치요는 14세에 나카지마 우타코(中島歌子)의 교습학교인 하기노야(萩の舍)에 들어가게 된다. 당시 와카는 여성들에게 고급 교양이었기 때문에 모친도 반대를 하지는 않았다. 40대 중반의 여장부였던 나카지마는 와카의 대가인데다 제자도 많았기 때문에 이치요의 부친은 이치요에게 거는 기대가 컸다.

이치요가 하기노야에 들어갈 무렵 하기노야는 전성기였다. 많은 문하생을 거느린 나카지마 우타코는 경영에 있어서 제자 알선뿐만 아니라 동문 가인(歌人)들에게 금전적인 후원을 받기도 했다. 나카지마 우타코의 제자 중 이치요에게 가장 큰 영향을 미친 인물은 다나베 다쓰코(田辺龍子, 1868~1943)였다. 그녀와 이치요는 사이가 안 좋았지만, 점점 이치요를 가장 잘 이해하는 친구가 되어갔다. 다쓰코는 부친이 의원 출신으로 영어에 능통했으며, 당시로서는 드물게 대학까지 수학한 이른바 신여성이었다.

다나베 다쓰코는 이치요에게 선망의 대상이었다. 그녀가 다나베 카호(花圃)라는 필명으로 쓴 처녀작 『덤불 속의 휘파람새』(薮の鶯)가 호평을 얻어 원고료 33엔 20전을 받았다는 뉴스는 이치요로 하여금 소설을 쓰게 한 계기가 되었다.[8] 다나베 역시 소설이나 와카에서도 이치요를 선의의 경쟁자로 생각하여 창작에 열의를 올리게 된다. 이후 다나베는 당시 일류 잡지인 『도읍의 꽃』(都の花)에 이치요를 소개하여 작품을 게재하는 일을 도와주기도 하고 『문학계』(文学界) 동인들과 연결시켜 이치요가 작가로서 성장하는 데 큰 역할을 했다.

이치요의 남자들

이치요 주변의 남성들은 그녀의 작품세계에 큰 영향을 미쳤다. 그중에서 가장 많은 영향을 미친 사람은 시부야 사부로(渋谷三朗, 1867~1931), 나카라이 도스이(半井桃水, 1860·1926), 구사가 요시타카(久佐賀義尚, 1864~?)다.

먼저 시부야 사부로와의 만남을 살펴보자. 이치요의 부친은 장남이 폐결핵으로 사망하고 사업에도 실패하자 이치요가 가계를 이어갈 것을 대비하여 양자 겸 데릴사위로 시부야를 맞아들이기로 약속하고 약혼시켰다. 그러나 이치요가 17세 때 부친이 사망하자 결혼지참금 등으로 중매인과의 타산이 맞지 않아 시부야 쪽에서 일방적으로 혼담을 파기해버렸다.

당시 시부야는 도쿄전문학교(현 와세다 대학교의 전신) 법학과에 다니던 대학생으로 이치요보다 다섯 살 위였다. 그는 파혼 후 니가타의 검사가 되었고 독일 유학까지 다녀온 수재였다. 독일 유학 후 귀국해서는 법제국 참사관, 와세다 대학교 법학부장, 와세다 대학교 이사 등 광범위한 분야에서 활약했다. 그와의 파혼은 평생 지워지지 않는 아픔이 되어 경제적인 압박과 함께 이치요의 생애에 그늘을 드리우게 되었다.

두 번째 남자인 나카라이 도스이는 쓰시마 출신으로 의사였던 부친을 따라 부산에서 3년간 지낸 경험이 있다. 게다가 1881년에 오사카『아사히 신문』특파원으로 한국을 드나들면서 임오군란, 갑신정변 등으로 혼란한 한국사회를 취재하고 박영효, 김옥균 등과도 친분이 있는 인물이었다. 1883년 결혼을 했지만 1년 만에 사별한 뒤 독신으로 살았다. 1888년에 도쿄의 아사히 신문에 입사하여 기자생활을 하면서 소설을 써서 발표하기도 한다. 『춘향전』을 일본어로 번역하기도 하는 등 당시 조선 문학에도 조예가 깊었다. 또한 신파조의 대중소설을 그림과 함께 신문에 연재하고, 동학란을 취재하기도 했다.

이치요가 나카라이를 처음 만난 것은 19세 때로, 나카라이는 열두 살 연상이었다. 키가 크고 핸섬한 나카라이의 매력에 이치요는 사랑에 빠지고 말았다. 이때 이치요는 몰락한 일가의 부양을 위해 신문소설을 쓰기 시작한 직후였다. 아사히 신문의 소설기자로 활약하고 있었던 나카라이의 제자로 들어간 이치요는 나카라이에게 에도 시대의 문학인 게사쿠(戱作)의 문학기법을 배웠다. 그러나 당시로서는 게사쿠 문학은 구습의 잔

재처럼 여겨 신문학을 배울 것을 권장하던 때였다.

　이치요와 나카라이의 사이에 여러 가지 소문이 나돌자 다나베는 문단에 전망이 없는 나카라이와 헤어질 것을 조건으로 이치요의 작품을 『도읍의 꽃』에 실어주었다. 『도읍의 꽃』은 일본 최초의 상업 문예잡지로 1888년 창간하여 많은 작가들이 이 잡지를 통해 작품을 발표했다. 이치요가 작가로 성공하려면 다나베의 조언을 들을 수밖에 없었다. 게다가 나카라이 주변에 맴도는 많은 여성들에 대한 질투와 오해로 이치요는 나카라이와 헤어진다. 이치요가 작가로서 독립한 후 이름이 알려지자 약혼자였던 시부야나 문학 동료, 출판사 관계자들이 구애를 해왔지만 나카라이를 향한 마음은 그녀가 세상을 떠날 때까지 변함이 없었다. 나카라이와의 사랑의 아픔은 그녀의 작품 속에 고스란히 남아 있다.

　세 번째는 구사가 요시타카로 경제적으로 궁핍한 이치요가 경제적인 도움에 받기 위해 먼저 찾아간 남자다. 처음에는 기울어가는 가게의 운세를 점쳐볼 생각으로 방문했으나, 그가 한학에 조예가 깊고 인도와 미국 등지를 돌아본 경험도 있는 부유한 남자임을 알자 호감을 갖게 되었다. 구사가는 이치요와의 만남에서 이치요의 매력에 심취하여 물질적인 원조를 해주는 대가로 첩이 되어줄 것을 요구했다.

　당시 일본에서 남자가 첩을 거느리는 것은 능력 있는 남자임을 드러내는 출세의 지표였다. 일본 헌법에서 축첩제도가 사라진 것은 1898년이지만 근대 초만 해도 축첩이 허용되었다. 이치요는 경제적으로 궁핍해도 첩이 되는 것만은 자존심이 허락하지 않아 그의 제의를 거절한다. 그러나 구사가와의 만남은 그 후로도 1년 이상이나 지속되었다.

이치요라는 필명의 유래

그렇다면 히구치가 '이치요'(一葉)라는 필명을 생각한 것은 언제부터일까? 그 시기는 나카라이의 지도로 왕성하게 습작 활동을 했던 19세 때로 추정되고 있다. '이치요'라는 이름은 20세 때 창간 잡지 『무사시노』(武蔵野)에 발표한 「어둠 속의 벚꽃」(闇桜)에 '이치요 여사'라는 인물로 처음 등장한다. 같은 해에 가이신 신문(改進新聞)에 연재한 「늦서리」(別れ霜)에는 '아사카노 누마코'(淺香のぬま子)라는 필명을 사용했으며, 역시 같은 해에 고요신문(甲陽新聞)에 연재한 「경전 읽는 책상」(経つくえ)에는 '가스가노 시카코'(春日野しか子)라는 필명을 사용하기도 했다.

이치요라는 필명의 유래로 일반적으로 잘 알려진 것은 달마대사(達磨大師)가 갈대 한 잎(一葉)을 배로 삼아 양자강을 건너는 그림에서 힌트를 얻었다 하기도 하고, 달마대사가 소림사에서 9년 동안 면벽좌선을 하는 동안 다리가 없어졌다고 하는 '면벽구년'(面壁九年)이라는 고사에서 생각해냈다고도 한다. 일본어에서 '다리(발)가 없다'라는 표현을 '아시가 나이'(足がない)라고 하는데 이 말에는 '돈이 없다'는 뜻도 담겨져 있다. 경제적으로 곤궁한 자신의 모습을 빗대어 '이치요'(一葉)라는 필명을 생각했다는 것이다.

이와는 별도로, 이치요는 '하기노야'에 들어가기 전에 소동파(蘇東坡)의 「적벽부」(赤壁賦)를 암송했는데 그중에는 '일엽지편주'(一葉之扁舟)라는 일절이 있고, 또 그녀의 습작 원고지 여백에 '일엽주사'(一葉舟士)라는 낙서가 있다고 한다. 이치요는 집안이 몰락해서 이사를 전전했어야만 했던 자신의 인생을 갈 곳 없이 방황하는 '배'(舟)의 이미지에 중첩해서 나타내곤 했다. 이러한 '일엽편주'의 이미지가 이치요의 생애를 잘 나타내고 있는 만큼, 필명을 정하게 된 직접적인 이유가 된다고 생각된다.

이치요의 문학세계

작품 『키재기』는 1895년 1월부터 잡지 『문학계』에 발표하기 시작해서 다음해 1월까지 연재되었다가 그해 4월에 잡지 『문예클럽』(文芸倶楽部)에 일괄해서 발표하면서 완결지었다. 이 단편소설은 100년이 지나도록 꾸준히 읽히는 이치요의 대표작 중 하나다.

『키재기』는 도쿄 요시와라(吉原)라는 유곽 근처를 무대로 그곳에 사는 사춘기 소녀, 소년들의 성장과 사랑을 그린 소설이다.

다이온지(大音寺) 앞에서부터 뒤편으로 빙 돌아오면 유곽이 있고, 그 대문 앞에는 가지가 길게 들어선 버드나무가 서 있다. 이 버드나무는 사람들이 유곽에서 돌아갈 때마다 아쉬워서 뒤돌아보는 모습을 지켜보고 서 있다. 사람들은 까만 도랑물에서 비치는 등불의, 삼층 건물에서 나는 소란스런 말소리까지도 무슨 소리인지 손에 잡히듯이 다 알 수 있다.[9]

이 작품의 공간적 배경인 요시와라(吉原) 유곽 부근은 이치요가 한때를 보낸 곳이다. 요시와라라는 이름의 유래는 이렇다. 1617년 에도 막부는 에도 시내에 있는 유곽을 한데 모아 지금의 니혼바시(日本橋) 부근에 유곽촌을 만들었다. 그런데 그 부근에 요시(葦: 갈대)가 많아 요시와라(原: 들판)라는 이름이 붙여지게 되었고, 나중에 '요시'(갈대)와 발음이 같은 요시(吉: 좋음)로 바뀌어 지금의 요시와라(吉原)가 되었다고 한다. 흔히 여자의 마음을 갈대라 표현하기도 하는데, 갈대기 무성한 곳에 유곽을 조성했으니 지명이 지니고 있는 의미도 무시할 수 없는 것 같다.

이치요는 이 부근에서 과자가게를 하며 각종 축제와 가게를 찾는 손님들의 모습을 작품에 그렸다. 작품 속에서 요시와라 서쪽지역에 사는 소년, 소녀들은 두 그룹으로 나뉜다. 한쪽은 건설 막노동자의 우두머리인 아버지를 자랑스러워하는 쵸키치(長吉), 한쪽은 신뇨(信如)가 이끄는 요코쵸쿠미(橫町組)와 몰락한 집안으로 고리대금업을 하는 할머니의 손자 쇼타로(正太郎), 미도리(美登里)가 중심인 오모테마치쿠미(表町組)로 이 두 그룹은 곧잘 싸움을 한다.

어느 날 소년들의 여왕인 미도리가 소년들의 싸움을 말리다가 난폭한 쵸키치에게 진흙신으로 얻어맞고 언니 뒤를 이어 기생이 될 것이라며 모욕을 당한다. 그런데 미도리는 쵸키치의 배후에 신뇨가 있다고 오해를 해서 미도리와 신뇨는 사이가 멀어지게 된다.

> 미도리는 기생수업도 하고 수예도 배우고 학교에도 다닌다. 그 나머지 시간에는 자기 맘대로 반나절은 언니 방에서, 반나절은 동네에서 놀며 지낸다. 보고 듣는 것은 샤미센과 북소리, 주홍색과 보라색의 화려한 기모노를 입은 모습뿐이다.[10]

> 많은 아이 중에 류게지(龍華寺)의 신뇨라는 숱이 많고 검은 머리카락을 가진 아이가 있다. 그 머리카락을 앞으로 몇 년이나 간직할 수 있을까. 결국에는 스님이 될 것이기 때문이다.[11]

미도리는 기녀인 언니를 따라 기녀가 되겠다고 약속했고, 신뇨는 스님의 아들로 출가하게 될 운명이다.

미도리는 신뇨에게 마음을 빼앗기고, 무뚝뚝하지만 앞으로 미래에 존경받는 주지승이 될 신뇨에 비교(키재기) 의식이 자리잡는다. 미도리는 자기보다 연상으로 등하교 시간에 자주 부딪치는 신뇨와 어떻게든 친해

보려고 애를 쓴다. 하지만 신뇨는 그것을 알면서도 신분이 신분인 만큼 항간의 소문을 의식하여 오히려 미도리에게 냉정하게 대한다. 그러다가 미도리는 축제날 봉변을 당하여 학교를 그만두게 되고, 신뇨에 대한 마음도 포기한다.

겨울이 되고 어느 추운 날 아침, 신뇨는 미도리 집 앞에 수선화 한 송이를 꽂아놓고 간다. 그날은 바로 신뇨가 스님이 되기 위해 마을을 떠나는 날이다. 이렇게 미도리와 신뇨의 이별로 이야기는 끝이 나지만, 수선화가 언젠가는 다시 돌아온다는 의미이기 때문에 재회의 복선이 깔린 것이라고 보는 경우도 있다.

내용으로 볼 때 이 작품은 성장소설이다. 미도리와 신뇨, 쇼타로, 쵸키치 등 작품의 주요 등장인물이 성장기에 있는 십대 소년, 소녀들이다. 그리고 이들이 각자 자신들을 둘러싸고 있는 환경과 조건에 나름대로 고민하고 저항하면서 자아인식이 정립되어 가는 과정을 그렸다.

모리 오가이(森鷗外)나 고다 로한(幸田露伴)은 이 소설을 성장기 소년 소녀들의 정교한 마음을 잘 그린 심리소설로, 애수가 흐르는 불후의 명작이라고 높이 평가하고 있다. 이렇게 볼 때 『키재기』는 히구치 이치요의 잠재된 문학적 재능이 돋보이는 작품이라 할 수 있다.

> 내 몸은 일자무식인데다가 집에는 재산도 없고, 세상에는 연고자라 할 만한 이도 없다. 불쌍한 여자의 한 몸을 바쳐, 생각한 일들을 세상에 펼치러 해도 마음에 한계기 있고 지혜에도 한계가 있음을 일 뿐이나.[12]

위 문장은 이치요가 『키재기』를 집필하면서 기록한 일기의 일부분이다. 이치요가 어떠한 마음 자세로 작품 집필에 임했는지 그 심경을 잘 알 수 있는 대목이라 하겠다. 뿐만 아니라 『키재기』 속에 등장하는 여자 주인공들이 처해 있는 상황을 미루어 짐작할 수 있다.

『키재기』 다음으로 유명한 소설로는 1895년 9월에 발표한 단편소설 『흐린 강』(にごりえ)을 들 수 있다. 『흐린 강』은 술집 작부인 오리키(お力)와 그녀를 사랑한 유부남 겐시치(源七)와의 불행한 사랑이야기를 그린 것으로, 당시 이치요가 살던 동네의 주변 인물들이 등장한다.

술집 기쿠노이에서 나이는 제일 어리지만 가장 인기가 있는 오리키는 손님 끌어들이는 데에도 재주가 있어 가게는 날로 번창했다. 오리키는 손님 중에 유키 도모노스케(結城朝之助)를 좋아했는데, 그녀에게는 이전부터 사귀던 겐시치가 있다. 겐시치는 이불집 주인이었지만 오리키에게 빠지면서부터 재산을 탕진해 지금은 부인, 아들과 공동주택에 살면서 오리키에 대한 미련을 못 버리고 있다. 오리키는 몰락해서 돈이 없는 겐시치를 멀리한다.

어느 날 술집에 도모노스케가 찾아왔다. 오리키가 술에 취에 자신의 삼대째 내려오는 반역과 궁핍의 내력을 털어놓자, 도모노스케는 그녀에게 출세를 바라느냐고 묻는다. 이 물음에 오리키는 놀란다. 당시 술집 여성에게 출세란 부유한 실력자의 첩이 되는 것을 의미했다. 오리키는 자신의 처지에 순응하고 도모노스케를 따르게 된다.

한편, 일하지 않는 겐시치 대신 집안은 부인이 부업으로 꾸려가고 있었는데, 그 와중에 아들이 오리키한테 고급 과자를 선물 받은 것이 계기가 되어 부인과 싸움을 하게 된다. 가뜩이나 오리키에게 새로운 남자가 생겨 초조해진 겐시치는 오리키 때문에 질투하는 마음이 불거져 처자를 내쫓고 만다.

겐시치는 처자와 헤어진 후 오리키를 잊지 못해, 결국 오리키를 칼로 찌르고 자신도 그 칼로 할복자살하고 만다. 억지 동반자살인지 합의 동반자살인지에 대한 의견이 분분한 가운데 이야기는 막을 내린다. 이러한 결말은 당시 유행하던 비참소설이라고도 볼 수 있지만, 오리키의 통렬한 절망감에는 작가 이치요의 내면이 반영되어 있다고 볼 수 있다.

아버지는 세 살 때 툇마루에서 떨어져 한쪽 다리를 못 쓰게 되자, 남들 앞에 서는 것도 싫다며 집에서 장식물을 만들었는데, 자존심만 강하고 붙임성이 없어서 밀어주는 사람도 없었어요. (중략) 저는 가난한 집안의 딸로 광기는 부모에게 물려받아 가끔 그 증상이 나타나요.[13]

위와 같은 오리키의 고백은 이치요의 내면의 발로가 아닌가 싶다. 이치요가 『흐린 강』을 집필한 시기는 10번 이상이나 이사를 한 끝에 마지막으로 정착한 곳에서였다. 그곳은 술집이 즐비한 지역과 인접해 있으며, 그전에 살던 도쿄 대학교 학생들이 다니던 분위기와는 상반된 곳이었다. 이러한 주변 환경 속에서 이치요의 내부에는 큰 저택에 호사스럽게 살았던 과거와 전세방을 전전하면서 생활고에 시달리는 현재의 모습에 대한 정체성의 혼란이 야기되었을 것이다. 이치요는 오리키에게 자신의 모습을 투영하고, 오리키를 희생시키면서 일종의 삶의 억압으로부터 벗어나려고 하지 않았을까 추측해본다.

이밖에도 1892년에 발표한 처녀작 『어둠 속의 빛꽃』(闇桜), 『이별의 서리』(別れ霜), 1894년에 발표한 『섣달 그믐날』(大つごもり), 1895년에 발표한 『십삼야』(十三夜) 등이 그녀의 대표적인 작품이다.

이치요 기념관 입구에 있는 기념비. 1936년에 건립했다가 1949년 재건했다.
이 기념비에는 기쿠치 칸의 비문이 새겨져 있다.

일본인들의 이치요 사랑

이치요는 한국에서는 많이 알려지지 않았지만, 그녀가 일본 문학에서 차지하는 비중은 크다. 일본인들의 이치요에 대한 사랑과 이해는 도쿄 다이토 구에 있는 이치요 문학기념관을 보면 잘 알 수 있다.

기념관 설립 경위를 살펴보면, 이치요의 대표작 『키재기』의 무대가 되었던 현재의 류센지초(龍泉寺町) 사람들은 이치요의 업적을 길이 후세에 전해야만 한다는 뜻에서 '이치요 협찬회'(一葉協贊会)를 결성했다. 이에 1936년 작가 기쿠치 칸(菊地寬)이 적은 비문을 토대로 '이치요 기념비'를 세웠다. 비문에는 다음과 같은 글이 적혀 있다.

일본 도쿄 다이토 구에 있는 이치요 문학기념관. 2006년 11월 1일에 새롭게 개관한 건물은 지상 3층, 지하 1층 구조로 상설전시와 기획전시 등을 열고 있다.

여기는 메이지(明治) 문단의 천재 히구치 이치요가 살았던 자리다. 이치요는 여기서 살면서 『키재기』를 집필했다. 메이지 시대의 류센지초의 옛 발자취를 오랫동안 느낄 수 있다. 지금, 같은 지역민인 이치요를 애도하며 기념비를 세운다. 이치요의 영혼이 반드시 와서 머물 것이다……. [14]

기념비는 태평양전쟁 중에 훼손되어 1949년 재건되었다. 1951년에는 이치요 기념공원에 '이치요 『키재기』 기념비'를 세웠고, 1960년에는 이치요가 살던 곳에 '히구치 이치요 유적비'를 세웠다. 또한 '이지요 협찬회'는 남은 사업으로 문학 기념관 건립을 목표로 다이토 구에 부지를 기부하고 문학기념관 건립을 요청했다.

다이토 구는 이러한 주민들의 열의에 응해서 문학기념관 건립을 결정하고 1961년 5월 11일에 문을 열었다. 여성 작가의 단독 자료기념관도 일본에서는 처음이었다.[15] 이후 2004년 이치요가 5,000엔 지폐 인물로 선정된 것을 계기로 노후된 기념관을 리모델링해서 2006년 11월 1일에 새롭게 단장한 문학기념관을 개장했다.

24년이라는 짧은 인생을 살다간 이치요는 생의 마지막 2년 동안 생활고와 병마(폐결핵)와 싸우면서도 펜을 놓지 않고 창작에 몰두했다. 이 시기는 이치요에게 기적에 가까운 시간들이었다. 작품의 내용들을 보면 주로 서민들의 궁핍한 생활과 파란만장한 여성의 삶이 그려져 있다. 자신의 삶을 개척하고 누구보다 치열하게 창작활동을 한 이치요는 지금까지도 일본인들에게 애틋함과 함께 동경을 불러일으키는 작가다.

* 본문의 사진 중에 이치요의 초상, 이치요 기념우표, 가족사진, 기념비, 문학기념관 등 사진자료는 일본 도쿄에 있는 '다이토 구립 이치요 기념관'(台東区立一葉記念館)에서 제공한 자료입니다. 이 지면을 빌려 자료를 제공해주신 '다이토 구립 이치요 기념관' 관계자 여러분께 감사드립니다.

히구치 이치요를 알기 위해 더 읽어볼 책

『키재기』 | 히구치 이치요 지음, 이상경 옮김, 생각의나무, 2002
히구치 이치요의 대표작 『키재기』를 번역한 책으로 주석이 달려 있으며, 옮긴이의 작품해설과 함께 『키재기』의 문학사적 의의가 실려 있다.

『나 때문에』 | 히구치 이치요 지음, 박영선 옮김, 북스토리, 2005
『나 때문에』는 작가가 죽기 전 약 14개월 동안 쏟아낸 그녀의 대표작을 엮은 두 권의 책 중 한 권이다. 이 책에는 창부들의 삶과 의식을 사실적으로 그려낸 「흐린 강」, 반전의 묘미가 두드러지는 「섣달 그믐」, 여성의 심리를 섬세하게 그린 「나 때문에」 등 4편의 작품이 수록되어 있다.

『해질 무렵 무라사키』 | 히구치 이치요 지음, 박영선 옮김, 북스토리, 2005
『해질 무렵 무라사키』는 『나 때문에』와 함께 이치요가 죽기 전에 엮어낸 두 권의 책 중 한 권이다. 이 책에는 유곽을 배경으로 아이들의 사랑과 성장을 그린 「키재기」, 그녀의 미완성 작품 「해질 무렵 무라사키」 등 명작 5편이 수록되어 있다.

『히구치 이치요 작품 선집』 | 히구치 이치요 지음, 유은경 외 7인 옮김, 제이엔씨, 2005
이치요의 후기작품 「섣달 그믐」 「다케쿠라베」 「니고리에」 「주산야」 「우리 아이」 「갈림길」 「우라무라사키」 「와레카라」 등 총 8편이 실려 있다.

『나는 여자인 것을: 히구치 이치요 소설에서의 여주인공들의 의식 전환』 | 노미림 지음, 다찬, 2010
부산여자대학교 노미림 교수의 박사논문을 토대로 한 연구서로, 히구치 이치요 소설에 나타난 여자 주인공들의 의식의 전환에 초점을 맞춰 고찰했다.

히구치 이치요 연보

1872	3월 15일 도쿄 출생. 나쓰(奈津)로 출생 신고.
1877	혼고(本鄕) 요시카와(吉川) 학교에 입학.
1884	와다 시게오에게 와카 수업을 들음.
1886	하기노야에 입문하여 와카와 서예를 배움.
1888	큰오빠 센타로(泉太郞)가 폐결핵으로 사망, 이치요가 호주상속을 받음.
1889	시부야 사부로와 약혼. 7월에 아버지가 사망함. 시부야 사부로는 일방적으로 약혼을 파기함.
1890	어머니, 여동생과 함께 혼고 구로 이사.
1891	1월, 소설『마른 억새풀』(かれ尾花)을 집필하면서 소설가가 될 것을 결심.
1892	3월, 나카라이 도스이의 추천으로『어둠 속의 벚꽃』을 잡지『무사시노』제1편에 발표. 11월,『매목』(埋もれ木)을『도읍의 꽃』에 게재. 원고료 11엔 75전을 받음.
1893	2월,『새벽달』(曉月)을『도읍의 꽃』에 발표. 11월,『거문고 소리』(琴の音)를『문학계』에 발표.
1894	2월,『숨은 꽃』(花ごもり)을『문학계』에 발표.
1895	1월,『키재기』를『문학계』에 발표. 4월,『처마에 걸린 달』(軒もる月)을『마이니치신문』(每日新聞)에 발표. 5월,『흘러가는 구름』(ゆく雲)을『태양』(太陽)에 발표. 9월,『흐린 강』을『문예클럽』에 발표.
1896	1월,『갈림길』(わかれ道)을『국민의 벗』(国民之友)에 발표. 4월,『키재기』를『문예클럽』에 발표, 모리 오가이, 고다 로한 등이 극찬함. 7월, 중순부터 병상에 눕게 됨. 8월, 병이 절망적이라는 선고를 받음. 11월 23일, 폐결핵으로 사망.

7 나혜석 羅蕙錫

한국 여성의 길이 되다

김윤선 | 고려대학교 인문대학 교수 • 국어국문학

"아, 그는 나를 버리고 갔다. 그가 내게
모든 풍파를 안겨주고 멀리멀리 가버린 때가
이 봄밤이다. 내 몸은 사시나무 떨리듯 떨린다.
보름달은 구름에 가려 그 얼굴이 보일 듯
보일 듯일 뿐만 아니라 빛까지 가리어
어둠컴컴하다. 아아! 소월아? 소월아?"

나혜석(羅蕙錫, 1896~1948)

한국 여성의 재발견, 나혜석

나혜석(羅蕙錫, 1896~1948)은 1896년 4월 18에 태어났다. 그날은 한국 여성의 역사를 새로 쓰기 시작한 날로 기억될 만하다. 그러나 오랫동안 나혜석은 한국 사회에서 사라진 이름이었다. 생존 당시 칭송과 비난, 부러움과 저주를 모두 받았던 나혜석은 금기와 침묵으로 잊혀져갔다. 1990년대 이후 한국 여성의 역사가 복원·재구되면서 나혜석은 신여성의 대표적인 인물로, 한국 여성사에서 빛나는 여성으로 부활할 수 있었다. 어떤 연유로 우리는 다시 그녀를 기억하게 된 것일까.

이에 답하는 과정에서 우리는 한국 역사 안에서 여성이라는 존재를 다시 발견하게 될 것이다. 또한 앞으로 한국에서 불려야 할 여성이라는 이름의 정체성까지도 그녀를 통해 가늠하게 될 것이다. 때문에 나혜석은 과거의 한 인물이 아니라, 현재 우리와 함께 하는 인간이자 미래에 다시 태어나야 할 여성이다. 이제 그녀를 만나러 가는 길을 떠나보자. 그녀에게 덧씌워졌던 '풍문'을 따라가지 말고, 그녀에 대한 새로운 이야기를 해보자. 그녀가 추구했던 인간과 인간다움에 대한 이야기, 그녀의 영혼에 대한 이야기, 작가로서 예술가로서의 나혜석 문학에 대한 이야기들로 말이다.

배움과 예술의 길을 향해, 조선 최초의 여자 유학생이 되다

나혜석은 한국 여성 중 미술을 전공한 최초의 유학생이었다. 지금도 해외 유학을 가는 것이 쉽지 않은데, 나혜석은 1913년 일본 유학을 떠난다. 그녀가 유학생이 될 수 있었던 배경은 다양하게 찾을 수 있다. 일단 그녀 자신이 똑똑했다. 그녀는 1913년 진명여고보를 최우등으로 졸업한다. 또 그녀에게는 부유한 아버지와 이미 일본 유학 중이었으며 동생을 아끼고 동생의 유학길을 독려해준 오빠 나경석이 있었다. 이 모든 배경이 그녀의 유학을 가능하게 했다. 운도 좋았고, 본인의 노력과 열정도 있었던 것이다.

혹자는 말할 것이다. 그녀는 좋은 집안 덕분에 그 어려웠던 식민지 시기 특혜를 받은 '특별한' 여자였다고 말이다. 그러나 나혜석과 같은 조건을 갖춘 여성들이 모두 나혜석과 같은 삶을 살지는 않았다. 그녀는 특별했지만 그 특별함은 특권과 달랐다. 오히려 그녀는 자신의 생래적인 경제적 배경과 가정환경을 기반으로 거기에 안주하지 않고, 또 다른 세계에 도전한 여인이었다. 안락한 삶, 자신만을 위한 길이 있었음에도 그녀는 자신의 삶을 자신뿐 아니라 타인을 위해 가야 할 길을 놓기 위한 조건으로 삼았으며, 더 큰 가치를 추구하기 위해 이용했다.

이런 그녀의 모습은 지금도 지식인 여성이, 혹은 경제적 조건이 좋은 이른바 부유한 여성이 어떻게 살아야 하는가를 보여주는 하나의 예가 될 수 있다. 그녀는 자신이 누릴 수 있는 조건을 자신만의 것으로 간주하지 않았으며, 그것을 한국 여성의 삶을 위한 기반으로 삼았다. 그녀는 이를 발판으로 또 다른 세계로 나아간 것이다.

나혜석은 당시의 평범한 여성들과도 달랐지만, 몇 안 되는 유학생 사이에서도 달랐다. 우선 그녀가 선택한 전공을 보자. 그녀는 1913년 4월 15일 일본 도쿄에 있는 도쿄사립여자미술학교 서양화과 1학년에 입학한다. 한국의 여성으로 서양화를 공부한 것은 그녀가 처음이었다. 일본 유학생이 된다는 것도 당시 여염집 여인과 달랐던 나혜석의 삶이었지만 그녀가 선택한 전공 역시 남달랐던 셈이다.

당시 몇 안 되는 여성 유학생들이 전공하는 과정은 대부분 '가정과'였다. 그러나 그녀는 당당히 미술, 그것도 서양화를 자신의 전공으로 삼는

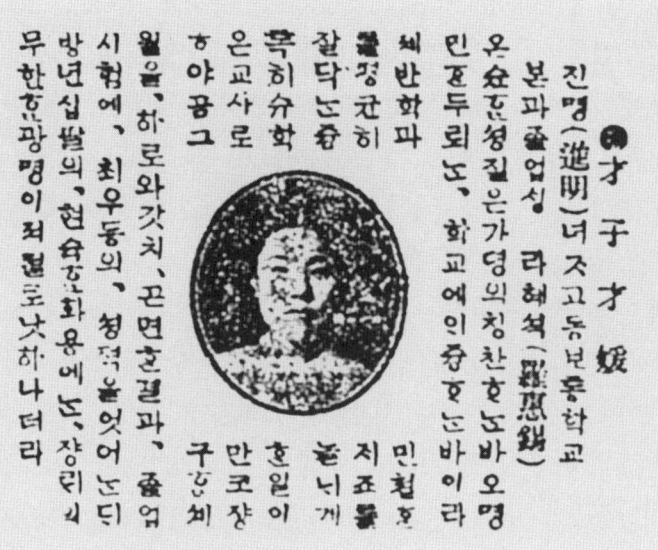

나혜석의 진명여고보 최우등 졸업을 보도한
『매일신보』 1913년 4월 1일자 기사.

다. 예술가적인 면모와 그녀의 확고한 의지를 가늠할 수 있는 부분이기도 하다. 이렇게 해서 그녀는 조선 최초의 여성 서양화가가 된다.

  예술에 대한 그녀의 열정은 그녀의 삶을 이해하기 위한 첫째 관문이기도 하다. 그녀는 예술가였다. 그림을 그리고자 했고, 그림을 통해 자신의 삶을 버텨나갔다. 또한 그녀는 문학가이기도 했다. 오히려 그림보다 더 오랫동안 함께 한 것이 그녀의 글쓰기다. 그림과 문학은 조선에서 그녀를 '최고'의 여성으로 불릴 수 있게 했지만, 동시에 그녀를 나락으로 빠뜨린 계기가 되기도 했다. 그럼에도 불구하고 예술은 그녀를 살게 했고, 그녀를 그녀답게 할 수 있었던 삶의 존재이유였다. 일본 유학행은 바로 이런 예술가가 되기 위한 나혜석의 첫걸음이었다.

일본 유학 기간 중 그녀는 여러 풍상을 경험하고 성숙해진다. 식민지 출신 유학생으로서의 경험으로 그녀는 한국의 독립과 여성해방을 위한 학문적인 토대를 마련했으며, 다른 유학생들과의 교류를 통해 '연대'를 고민하고 실행한다. 또한 그녀는 예술가로서 통과의례를 거친다. 그 첫 번째가 사랑이다. 최승구(崔承九, 1892~1916)는 나혜석의 첫사랑이자 그녀가 평생 잊지 못한 사랑이었다.

최승구는 일본에 유학온 항일 저항시인이었다. 최승구의 호는 소월(素月), 나혜석의 호는 정월(晶月)이다. 둘 다 밝은 달이다. 호가 붙여진 정확한 연유는 확인할 수 없지만, 밤하늘의 밝은 달이 되고자 했던 두 사람의 일치된 뜻을 짐작할 수 있다. 나혜석은 그와의 만남을 통해 사랑을, 그 사랑을 통해 민족의 현실을, 그리고 문학의 길을 열었다. 1915년 당시 유학생 잡지였던 『학지광』에 시 「벨지움의 용사」(1915)를 발표하면서 시인으로 활동한 최승구는 1년이라는 길지 않은 기간에 25편의 시와 수필, 평론 등을 쓴 문학가였다.

나혜석은 나경석의 소개로 그를 알게 되지만, 당시 신여성들의 자유연애가 그러했듯 이미 소월은 고향에 아내를 두고 온 유부남이었다. 나혜석은 최승구가 있는 한 결혼하지 않겠다며 독신을 주장한다. 두 사람은 유학생들을 모아놓고 약혼까지 했다. 가난한 문학청년이었던 최승구의 무엇이 나혜석의 마음을 끌었던 것일까. 그 이유를 분명하게 밝힐 수는 없지만, 나혜석에게 최승구가 어떤 존재였는지는 최승구가 죽은 이후 나혜석의 글과 삶을 통해 확인할 수 있다.

사회에서 공인받을 수 없는 유부남 최승구와의 연애는 최승구의 요절로 오래가지 못한 채 끝난다. 사실 최승구의 병은 경제난과 더불어 결혼 문제 때문이었다고 한다. 보성중학교 졸업 후 최승구는 집안의 강요로

요절한 최승구의 작품집.
최승구는 나혜석이 평생 잊지 못한
첫사랑이었다.

결혼하긴 했지만 부부생활을 오래 한 것은 아니었다. 또한 나혜석과의 사랑 때문에 이혼을 원했지만 집안에서는 나혜석을 소실로 들일지언정 본부인과의 이혼은 절대 불가하다고 했기 때문에 괴로워했다. 병은 악화되고 1915년 폐결핵으로 학업을 중단하고 귀국해서 요양하던 최승구는 1916년 26세로 생을 마감한다. 안타깝게도 나혜석이 일본에서 그를 찾아가 만난 다음날, 1916년 어느 봄밤이었다.

「원망스런 봄밤」

확실한 봄밤이었다. 청천(晴天)의 일광(日光)이 반짝하였다가는 홀연히 흐려지고 한풍(寒風)이 불어 들어오는 근일의 천기로다. 나는 무의식 중에, '그때도 이러한 때였다' 하고 내 과거를 회억(回憶)하지 않을 수 없다. 그리고 부지불각 중에 내 전신을 부르르 떤다.

'14일이니 의연히 소명(素明)한 월색(月色)이 보이련마는' 하고 창밖을 내어다보다가 흐린 구름에 가리운 것을 보고 무용한 기대인 것을 알 때, 내 몸은 빙설(氷雪)과 같이 차졌다.

……

슬퍼, 아아, 슬퍼, 해가 가고 날이 가는 슬픈가? 그 얼굴 그 몸이 재가 되고 물 되어 가는 것이 슬픈가? 그 세계와 내 세계의 거리가 멀리 갈수록 그는 점점 냉정해가고 나는 점점 열중해가는 것이 슬프다.

나는 다시 눈을 딱 감고 아랫배에 힘을 잔뜩 주고 앉았다. 때는 밤 한 시. 복받친 기운이 뚝 꺼지며 시름없이 한숨을 짓는다. 내 눈에는 벌써 안개가 지었다. 코에서는 신물이 나올 듯 나올 듯하다.

아, 그는 나를 버리고 갔다. 그가 내게 모든 풍파를 안겨주고 멀리멀리 가버린 때가 이 봄밤이다. 내 몸은 사시나무 떨리듯 떨린다. 아래윗니가 서로 딱딱 닿는다. 나는 할 수 있는 대로 생각지 않으려고 눈망울을 1자로 굴려 잠을 청한다. 보름달은 구름에 가려 그 얼굴이 보일 듯 보일 듯일 뿐 아니라 빛까지 가리어 어둠컴컴하다. 아이! 소월아? 소월아?

저것이 무슨 소리일까 쫄쫄쫄쫄
아침부터 저녁까지
밤부터 새벽까지
춥든지 더웁든지
싫든지 좋든지
언제든지 쉬지 않고
외롭게 혼자 흐르는 냇물이로다.

냇물 냇물
저렇게 흘러서
호(湖)되고 강(江)되고 해(海)되면[1]

윗글은 최승구가 죽은 지 17년이 지난 어느 봄날 그를 회상하며 쓴 나혜석의 글이다. '소명한 월색', 즉 '소월'(素月)을 보며 나혜석은 최승구를 그린다. 세월이 지나고 그에 대한 열정 때문에 '슬퍼, 아아 슬퍼'라고 탄식하는 나혜석. 사실 최승구가 요절하지 않았다면 나혜석의 삶은 어떠했을까. 모든 풍파를 그의 죽음 탓으로 돌리는 그녀의 원망이 오히려 애절하다. 최승구를 잊지 못하고 그리워한들, 사랑하는 연인인 그와의 이별의 거리는 가까워지지 않는다. 그가 그녀를 버린 것이 아님을 누구보다 잘 알았을 나혜석이지만, 그녀는 최승구의 죽음을 통해 버림받은 삶이 무엇인지 깨닫는다. 버림받은 인생으로 '외롭게 혼자 흐르는 냇물'이 바로 자신이라고 읊조리며 슬픈 인생의 흐름에 자신을 맡긴다.

나혜석은 '외롭게 혼자 흐르는' 냇물이라고 자신을 일컫는다. 그렇게 혼자 흘러간 냇물이 나혜석의 인생이라면, 그 흐름 속에 그녀가 만든 또 다른 세상, '호(湖)되고 강(江)되고 해(海)'가 된 세계가 바로 나혜석의 예술 세계라고 할 수 있지 않을까. 이제 예술가로서의 그녀를 이야기할 차례다.

고통을 통해 연대하는 여성, 예술을 통해 창조하는 여성

도쿄 유학 시절, 최승구와의 사랑과 이별, 그리고 그의 죽음뿐 아니라 아버지의 죽음 등 청년기로 접어든 나혜석에게 그 시작은 쉽지 않았다. 그녀는 식민지 종주국 일본에서 오히려 식민지 조선의 현실을 발견할 수 있었고, 서구 문명의 세례를 받은 도쿄에서 근대 문명의 변화와 근대적 자의식을 깨달을 수 있었다. 뿐만 아니라 당시 일본에 번역되어 소개된 엘렌 케이의 글과 입센의 『인형의 집』, 일본 신여성 잡지 『세이토』와 이를 창간한 라이초의 글들을 통해 여성해방사상, 자유연애, 자유결혼에 대해 고민한다.

그녀에게 이것들은 어쩌면 근대적이고 선진적인 이론이 아닌 삶의 문제로 다가왔을 것이다. 어릴 때 아버지의 '다른 여자' 때문에 괴로워했던 어머니를 보며 사춘기를 보냈고, 도쿄에서는 집안의 강권으로 조혼을 하고 이혼하지 못하고 있는 남자와 사랑에 빠져 있던 그녀에게 여성의 문제는 탁상공론으로서가 아니라 자신의 존재론적 문제이자 풀어야 할 과제였을 테니 말이다. 이런 모든 고민과 고뇌, 그리고 학습은 그녀가 예술가로서 거듭나기 위한 '세상 공부'였다.

또한 그녀는 이 시기에 가까운 이들의 죽음을 경험한다. 좋든 싫든 그녀에게 큰 버팀목이 되어주었던 아버지의 죽음, 사랑하는 남자 최승구의 죽음, 그리고 어머니의 죽음까지. 흔히들 식민지 시대를 '아버지 상실'의 시대로 비유하곤 한다. 나라가 죽었고, 아버지가 죽었고, 사랑하는 남자가 죽었고 어머니가 죽었다. 이것을 운명이라고 해야 할까. 그 운명 앞에 선 나혜석은 고독한 개인으로 이 세상을 살아가는 길을 찾는다. 인생의 끝에서 그녀를 들어 올린 힘, 그것은 무엇이었을까. 바로 글쓰기, 문학이요 예술이다.

작가로서 그녀의 글쓰기는 한 가지 장르에 국한되지 않는다. 그녀는 문학과 비문학의 경계를 확실히하고 어느 한쪽을 배제하면서 글을 쓰지 않았다. 나혜석은 시, 소설, 희곡, 평론, 수필, 일기, 여행기 등 다양한 형식의 글쓰기들을 시도했으며, 픽션과 논픽션의 경계를 횡단했다. 이러한 장르 선택의 문제, 글쓰기 형식의 문제는 기존 세계의 경계에 대한 사유에서 비롯되었다는 적극적인 해석을 유도할 수 있는 근거가 된다.

기존 세계, 특히 가부장제 사회에 대한 비판을 주요 골자로 했던 그녀의 사상은 글쓰기의 시도에서도 자신의 사상을 위해서라면 형식의 선택에서 자유로웠으며, 체제에 순응하기보다는 체제를 이용하는 전략을 구사했다. 그녀는 다양한 형식 속에서 일정한 주제, 즉 가부장제 비판과 여성적 경험에 바탕을 둔 여성주의 시각의 글을 쓰되, 기존 사회에 대한 해방적 전략을 내용뿐 아니라 형식에서도 그대로 적용해나간다.

특히 도쿄 유학 시절 나혜석은 여성주의에 대한 지식과 함께 기독교 세례를 받는다. 소학교부터 기독교 학교를 다니기는 했지만, 당시 많은 신여성들이 선교사나 기독교 단체의 도움으로 유학을 간 것과 달리 나혜석은 독자적으로 유학을 선택했다. 그런 그녀가, 게다가 자의식이 강했던 그녀가 기독교 세례를 받게 된 것은 아무래도 아버지와 특히 최승구의 죽음을 경험한 후 운명과 신에 대한 그녀 다름대로의 귀의가 아니었을까 한다.

세례를 받은 후 나혜석은 「경희」와 「회생한 손녀에게」를 통해 자신의 종교관을 예술을 통해 표현하기도 했으며, 1919년에는 박인덕, 김마리아 등과 함께 3·1운동에 여학생 참여를 논의했다. 이 때문에 8월에 일본경찰에게 체포되어 5개월간의 옥고를 치르고, 1920년 4월 정동 예배당에서 김우영과 결혼한다. 즉 그녀의 기독교 신앙은 예술로, 사회참여로, 그리고 새 가정, 새 삶의 주축으로 자리 잡았다. 믿음만을 위한 기독교도, 사회를 외면한 기독교도, 또 일상에서 벗어난 기독교도 아니었다.

나혜석은 자신의 종교를 예술을 통해, 사회운동을 통해, 그리고 일상생활을 통해 실천하는 길을 모색했다. 조선의 민족 현실을 외면한 혹은

신혼 초의 나혜석, 김우영 부부.
김우영과의 결혼이 파탄으로 끝나고
나혜석의 세상에 대한 투쟁이 시작된다.

무화시키기 위한 종교로서가 아닌 조선의 민족 현실과 인간 운명의 고통을 직시할 수 있는 내적 힘으로서의 기독교를 선택했다. 이는 그녀의 글쓰기를 지배하는 힘이기도 했다. 특히 세례 직후인 1918년 나혜석은 소설과 시에서 집중적으로 기독교의 '하나님'을 예술적 형상화를 통해 등장시키며 자신의 종교관을 글쓰기를 통해 형상화하기에 이른다.

> 경희도 사람이다. 그다음에는 여자다. 그러면 여자라는 것보다 먼저 사람이다. 또 조선 사회의 여자보다 먼저 우주 안, 전 인류의 여성이다. 이철원 김 부인의 딸보다 먼저 하나님의 딸이다. 여하튼 두말할 것 없이 사람의 형상이다.
> ……
> 하나님! 하나님의 딸이 여기 있습니다. 아버지! 내 생명은 많은 축복을

가졌습니다.

　보십쇼! 내 눈과 내 귀는 이렇게 활동하지 않습니까? 하나님! 내게 무한한 광영과 힘을 내려주십쇼. 내게 있는 힘을 다하여 일하오리다. 상을 주시던지 벌을 내리시던지 마음대로 부리시옵소서.[2]

　「경희」에서 나혜석 자신을 투영한 인물이라고도 할 수 있는 '경희'는 자신의 정체성을 우주 안, 전 인류의 여성으로 규정하는 동시에 하나님의 딸이라고 밝히면서 기도한다. 여자에 앞서 사람이며, 조선의 여성이기에 앞서 전 인류의 여성이며, 부모의 딸이기에 앞서 하나님의 딸이라는 경희의 깨달음은 나혜석이 자신의 글쓰기를 통해 지속적으로 추구해 온 여성주의 사상의 표출이다. 여성은 무엇보다도 차별과 억압에서 벗어나기 위해 보편성을 획득해야 한다는 것이다. 또한 이 작품에서 나혜석은 사람이 금수와 다른 점이 무엇보다도 인간은 "금수가 능치 못하는 생각을 하고 창조해내는 것"이라고 규정한다. 즉 '창조'야말로 바로 그녀가 예술을 통해 보여주고자 한 인간의 정체성이자 인간의 중요한 본성이라고 할 수 있다.

　'제 노력'으로 '제 밥'을 먹으며 창조적 역량과 사고활동을 통해 있는 힘을 다해 일하는 경희를 통해 나혜석은 여성주의와 기독교의 합일을 통한 새로운 여성 인물을 창조했다. 이러한 자기 인식은 문학과 미술을 통한 예술 활동으로 이어진 나혜석의 정체성을 드러내주는 신념이기도 하다. "사람은 개인적으로 사는 동시에 사회적으로 사는 것이 사는 맛이 있으니까. 좋은 창작을 발표해서 사회적으로 한 사람이 된다면 더 기쁜 것이 없는 것이야"[3]라는 고백에서 알 수 있듯, 나혜석이 여성적 글쓰기를 통해 주창했던 '사람으로 살고 싶다'는 것은 창조하는 인간, 창작하는 인간, 그리고 사회적 인간으로 구현된다. 나혜석에게 예술 활동은 인간으로 살고자 한 나혜석의 신념의 구체적 표현 방식이었다.

「회생한 손녀에게」는 나혜석의 작품 중에서 크게 주목을 받지 못한 작품이다. 그러나 할머니가 병에서 회생한 손녀에게 보내는 서간체 소설인 이 작품을 통해 우리는 나혜석이 어떤 존재가 되고 싶었는지를 발견할 수 있다. 뿐만 아니라 이 작품은 특히 기독교 문학의 입장에서도 그 성과가 우수한 작품으로 재평가되어야 한다. 이 작품에는 '할머니의 복음'이라는 표현이 등장한다. 이 표현은 나혜석이 자신의 여성적 글쓰기와 기독교를 소설을 통해 구현해 낸 문학적 상징이다.

이 작품에서 주인공인 할머니와 손녀는 친족관계로 얽인 가족은 아니다. 두 사람이 할머니와 손녀로 맺어질 수 있었던 것은 '혈연' 때문이 아니라 '고통' 때문이다. 고통을 통한 '연대'는 나혜석이 찾은 여성 연대의 토대가 되며, 이를 형상화한 작품이 바로 이 「회생한 손녀에게」다. 어머니 없이 할머니와도 떨어져 외로이 병에 신음하던 여자 '너'를 발견한 이 작품의 1인칭 화자 '나'는 1년 전 사랑하던 친구를 폐병으로 잃은 기억을 회상하며 눈물을 흘린다. 물론 그 친구는 최승구를 모델로 했다. 작품 속에서 친구는 폐병으로 죽었는데 최승구 역시 1916년 폐병으로 죽었다.

작품에서 친구가 죽은 후 철야로 간호하지 못하고, 그 친구에게 위안을 주지 못했던 것을 후회하며 '나'는 편지의 수신인인 '너'의 간호에 정성을 다한다. 자신의 후회와 원애(怨哀)를 풀기 위해서 자신 안에 있던 정성과 성심을 바치며 간호한 끝에 앓던 '너'는 마침내 병에서 완쾌한다. 완쾌한 '너'는 과거 열병에 걸려 죽어갈 때 울며 간호하던 자신의 할머니를 떠올리면서 '나'를 할머니라 부르면서 "할머니의 은혜가 태산 같소"[4]

하며 감사의 눈물을 흘린다. 이를 통해 '나'와 '너'는 할머니와 손녀의 관계가 될 수 있었던 것이다.

나를 이렇게 함이 결코 내 힘이 아니었다. 전혀 할머니의 복음(福音)이 내 속에 들어가 덩실덩실 춤을 추고 있기 때문이라고 한다. 나도 불가사의 중에 일대 고무(一大鼓舞)의 꿈을 꾸었던 것 같다. 여하튼 네 붉은 입술에서 떨어진 이 복음이 바짝 건조한 내 영에 펌프를 대어주었고 발발 떠는 내 육(肉)에 화재와 같은 활력을 준 것이다. ……오냐 나는 네게서 받은 '할머니'로 만족하련다. 그러나 애 손녀야, 나도 천사가 되고 싶다. 그래서 수만 명의 할머니가 되고 싶다.[5]

나혜석은 자신의 작품을 통해 '할머니의 복음'을 창조해낸다. '예수의 복음'이 아니라 나혜석에게는 '할머니의 복음'이 된 것이다. 나혜석은 '할머니'를 통해 자신이 믿는 '예수'를 구현해냈다. 그렇다면 나혜석이 구현한 복음으로서의 '할머니'는 어떤 존재인가. 나혜석이 구현한 할머니는 환자를 병에서 치유시키고 보살피는 존재다. 죽음에서 생명으로 이어주는 존재이며, 고통받는 이와 함께 하고, 그를 위해 기도하는 존재이다. 따라서 그는 세상을 구원하는 존재이기도 하다.

지극히 남성 중심적인 기독교 안에서 남성인 예수를 조선의 여성인 할머니로 형상화한 이 작품은 나혜석이 기독교를 얼마나 철저하게 주체적으로 수용하고 있었는가를 보여준다. 또한 이 작품은 영과 육의 활력으로, 치유와 보살핌으로 생명에 이르게 하는 복음적 삶을 수만 명의 할머니가 되어 실현하고자 하는 나혜석의 강한 의지와 꿈을 표현했다.

「파리의 그 여자」(1935)에서 나혜석은 『성경』의 필요성을 제기하면서

"예수가 전 인류를 위해 십자가에 못 박힌 것과 같이 셰익스피어, 톨스토이 같은 예술가는 전 인류와 우주에 대해 번민하고 고통하고 해결하려고 하는"[6] 사람이라 했다. 즉 그녀에게 예술가는 자신의 작품을 통해 예수의 일을 하는 사람이었으며 나혜석에게 종교와 예술은 같은 길이요 같은 삶이었다. 그녀가 믿는 하나님에 대한 신앙이 깊으면 깊을수록 그녀는 더욱 철저하게 예술가로서 존재해야 했던 것이다.

이러한 철저한 예술가로서의 존재 방식이 그녀의 작품 안에서 '할머니의 복음'으로 형상화될 수 있었으며, 그녀의 영적 세계에 대한 믿음이 모든 고난에도 불구하고 나혜석을 조선의 여성, 여성 중의 여성으로 우뚝 서게 했다. 그것은 무엇보다 사랑의 삶을 통해서였다. 나혜석은 불륜, 이혼, 새로운 정조론 등으로 세간의 비난을 받았다. 그러나 실제로 그 모두를 통해 그녀가 주창했던 것은 바로 참사랑이었다. 이제 그녀가 추구한 참사랑의 길, 참 삶의 길을 따라가보자.

생의 가치를 세우며 참사랑의 길을 말하다

나혜석은 소설이나 시 이외의 다른 글들을 통해 이미 자신의 작품을 통해 구현했던 여성해방으로서의 인간의 길에 대해 직접적으로 기술해왔다. 조선 여자도 '사람이 될 욕심' '자기 소유를 만들려는 욕심' '활동할 욕심'을 지녀야 하며, 남존여비사상이 남녀동권으로, 남우여열의 제도가 남녀평등으로 바뀌기 시작했음을 강조한다.

「잡감」(1917)에서 그녀는 여성 해방론을 직설적으로 토로한다. 욕심을 갖고 타인들로부터의 비난을 두려워하지 않으며 가치 있는 욕을 먹는 자가 되어 역사를 만들어가자는 주장은, 순응적이거나 소극적 여성이 아닌 나혜석의 혁명가다운 면모를 드러낸다. 지진이 나고 온 집이 흔들린다 해도 집을 떠나 벼락을 맞아 죽든지 진흙에 미끄러져 망신을 하든지 밖으로 나가겠다는 그녀의 다짐은 세상의 환난과 자신의 생사를 초월해 칭찬이든 욕이든 세상 사람들의 평판으로부터 자유로운 젊은 여성 운동가 나혜석다운 면모를 보여준다.

나혜석은 자신의 삶과 지향을 그대로 글로 표현했으며 자신의 글처럼 살아갔다. 이후에도 계속 나혜석은 「모된 감상기」를 비롯해 「이혼고백서」 「강명화의 자살에 대하여」 등을 통해 솔직한 고백으로서의 글쓰기, 숭고한 의무보다는 고통과 갈등의 과정을 직시하는 글쓰기를 통해 여성해방에 대한 주장을 피력한다. 그런데 이를 통해 그녀가 주창하고 있는 사상이 생명존중의 길과 "참사랑"의 길이다.

> 이와 같이 강명화 씨는 비운에 견디다 못함으로 연애의 철저를 구하기 위하여, 정조의 순일을 보수하기 위하여, 자기 정신의 결백을 발표하기 위하여, 세태를 분노하기 위하여, 자살을 실행한 것이다. 그러나 동기는 여하하든지 자기 생명을 끊는 것은 다 자포자기의 행위이다. 생명의 존귀로 그 생명 역량의 풍부를 자각한 현대인의 취할 방법은 아니로다. 어디까지든지 살려고드는 데 연애의 철저며 정조의 일관이며 정신의 결백이 실현될 것이다. ……황(況: 하물며) 그로 인하여 스스로 분사(憤死)하는 것은 제일 부끄러워할 만한 비겁한 행위이다. 진심으로 세태를 분노한다 하면 자진하여 세태를 개조하는 책임을 깨달을 것이다.[7]

「강명화의 자살에 대하여」에서 나혜석은 기생 강명화의 고충을 제대로 알 수 없는 자신의 처지를 솔직하게 인정하고 고백하면서도 조선의 여성들이 자살의 무의미를 자성해야 함을 주장한다. 개인적 생의 존엄과 그

생을 전개해나가는 것이 현대인의 삶이기 때문에, 일신의 순결을 보존하기 위해 선택한 자살은 자포자기이자 비겁한 행위일 뿐이다. 죽음은 '이상(理想)의 적'이므로, 자살의 행위를 죄악시하자는 것이 그녀의 결론이었다.

이러한 나혜석의 주장은 그녀의 자유연애론이 생명존중보다 우선될 수 없음을 지적한 것이기도 하다. 조선시대 유교 문화에서 절개와 지조를 위한 여성의 자결이 미화되었듯이, 1920년대의 자유연애와 낭만적 사랑은 젊은이들에게 그 무엇보다 우선시되는 시대적 가치였다. 이와 같은 상황에서 자신의 사랑을 위해 죽음을 선택하는 행위를 허영심이나 신식에 유행하는 신사상에 물든 행위라고까지 비판하는 나혜석에게 생명의 존귀가 얼마나 절대적이었는지를 알 수 있다.

생명을 존중하고, 누구보다 여성 스스로 자신의 생의 가치를 존귀하게 여기는 것이 나혜석이 주창한 생명사상이었다. 그녀에게 자결은 자기 사랑의 결여이며 사회의 죄악이다. 그래서였을까. 그녀는 자결하지 않았다. 거리에서 행려자로 죽게 되는 그날까지 말이다. 이러한 생명 사상의 근거를 나혜석은 생명의 주인이 누구인가라는 철학적 물음을 통해 마련한다.

> 내 몸은 결코 내 소유가 아니로다. 우리 어머니의 것이었고 우리 조상의 것이었으며 내 사회의 물건이다. 내 생명이 계속되는 최후까지 내 힘을 진(盡)하여 남들이 하는 것을 다해보는 수밖에 다른 아무 보은될 만한 것이 없는 줄 안다.[8]

위 고백에서처럼 개인의 몸은 결코 자기 소유가 아니라는 인식, 어머니의 것이고 조상의 것이며 사회의 물건이라는 인식이야말로 그녀의 생명관이 근대의 개인주의를 넘어 공공성 속에서 확장되어갔음을 확인하게 해준다. 나혜석은 자살을 개인의 권리로 인정하지 않고 인간의 생명, 특히 몸을 가족의 경계를 넘어 사회에 보은해야 할 물건으로 규정함으로써 자신의 생명관과 몸에 대한 견해를 피력했다. 무엇보다 그녀에게 자기를 사랑하고 자기의 생명을 사랑하는 것, 자신의 몸을 사회를 위해 보은해야 하는 것은 어머니의 산고를 통해 나온 인간이 나아가야 할 길이었기 때문이다.

「모된 감상기」는 '어머니 생활'의 고통을 고백한다. 시집살이나 남편에 대한 고충을 말하는 것보다 어머니가 되어 살아가는 생활의 고충을 고백하기란 쉽지 않았다. 어머니는 신성한 직무였으며 모성에 대한 찬양은 근대화와 함께 진행된 식민지 시기에도 변화지 않는 신화였기 때문이다. 그런데 나혜석은 감히 이러한 지배담론을 거슬러 어머니의 고통을 하나님의 분풀이보다 참혹한 저주라고 말한다.

자신이 과연 '어머니가 될 자격이 있을까'로 시작되는 임신기에 대한 그녀의 회고는 출산 직후, '자식이란 모체의 살점을 떼어가는 악마'라고 정의하는 데까지 이른다. 이 말은 백결생(百結生)을 비롯한 당시의 독자들뿐 아니라 현재의 독자들에게도 가히 충격적인 고백이다.

그런데 이를 모성에 대한 저주로 읽는다면 그것은 나혜석을 오해하는 것이고, 아직도 우리가 그녀가 그렇게 벗어나길 원했던 모성 신화에서 벗어나지 못했기 때문이다. 그녀는 당연히 그래야 한다는 모성에 대한 수많은 상식과 이데올로기를 적나라하게 파헤친다. 그것은 모성을 저주하기 위해서가 아니라, 진정한 모성이 무엇이어야 하는가에 대한 체험과 성찰을 통한 깨달음 때문이었다. 누구보다도 어머니로서의 기쁨과 고통에서 철저했던 그녀였음을 잊어서는 안 된다.

　나혜석은 어머니가 됨으로써 그 고통과 기쁨을 통해 "참사랑"의 길, "천당생활의 길"을 발견한다. 나혜석에 따르면 모친의 사랑은 처음부터 마음에 구비되어 있는 것이 아니라 양육하는 시간 중에 발하는 것이며 그 고통 가운데 "현재를 희생하고 미래를 희망함으로써 자연 그대로의 하나님이 될 수 있으며 어머니의 생활을 통해 천당 생활로 바뀌어간다"[9]는 것이다. 이것이 바로 참사랑의 길이다.

　　우리 여자는 결코 여자 된 자신을 불행히 여기는 일도 없거니와 남자 그것을 흠선(欽善)할 일도 없고 권리 다툼도 아니하려 하고 평등요구도 아니하며 자유를 절대적으로 아니 안다. 다만 우리는 "참사랑"으로 살 수 있기를 바라고 또 실현하여야 할 것밖에 아무 다른 것 없는 것이다.[10]

　「모된 감상기」를 비판한 백결생에게 답하는 글에서 나혜석은 '참사랑'으로 살 수 있기를 희망하고 실현하려는 것이 여자의 길임을 주장한다. 그녀에게 참사랑의 길은 "서로 사랑할 줄 알고 서로 아껴주며 약한 자를 도와줄 줄 앎으로 화평하게 사는 삶"[11]이며, "자기를 잊지 않는 삶"[12]이기도 하다. 남녀가 스스로 자기를 사랑하고 또 다른 사람을 사랑하며, 상대를 사랑함으로써 생활 개량의 근본적인 힘을 얻어 생활의 안착과 민족적 평화를 달성하고 하는 길이기도 하다.[13] 그런데 나혜석에게 참사랑의 길은 자기사랑과 자기반성의 길로 이어진다는 점에 주목할 필요가 있다.

　　나는 자기를 천박하게 만들고 싶지 않은 동시에 타인을 원망하기 전에 자기를 반성하고 싶습니다. 자기 내심에 천박한 마음이 생기는 것을 알

「모된 감상기」 첫 부분. '자식이란 모체의 살점을 떼어가는 악마'라는 표현은 모성 신화에 빠져 있던 당시 사회에 큰 충격을 주었다.

고 고치지 않고는 있지 못하는 사람은 인류의 보물이외다. 이러한 사람은 벌써 자기 마음속에 있는 잡초를 잊고 좋은 씨를 이르는 곳마다 펼치어 사람 마음의 양식이 되는 자외다. 즉 공자나 석가나 예수와 같은 사람이외다.[14]

인용에서와 같이 그녀는 자기를 반성하고 성찰할 줄 아는 인간, '영혼의 매력'을 알고 인격적 우아로 '풍부한 신생활'을 창조해내는 인간, 참사랑의 길을 통해 끝까지 사랑으로서의 삶을 포기하지 않는 여성으로 살고자 했다. 그리고 그 길은 자기 자신을 사랑하는 길이자 자기를 성찰하는 길이었으며, 할머니의 복음을 실천하는 길이요 어머니의 삶이기도 했다.

백결생이라는 필명을 쓰는 남성 독자의 비판에 답하며 '여성적 글쓰기'의 입장을
분명히 한 나혜석의 글, 「백결생에게 답함」. 이 글은 『동명』 1923년 3월 18일자에 실렸다.

    나혜석이 이혼과 자식들과의 이별, 지인들 사이에서의 배신을 겪으면서도 강하게 자신의 삶을 지탱할 수 있었던 이유는 바로 이러한 참사랑, 또 영혼 세계에 대한 강한 믿음 때문이기도 했음을 기억해야 한다. "여자들아! 껍데기만 살지 말고 영혼이 있을지어다"라고 초기부터 주창했던 나혜석의 영혼에 대한 생각은 1930년대 이혼을 겪은 이후까지도 지속된다.

    우리에게는 육(肉)의 세계와 영(靈)의 세계가 있다. 육의 세계는 좁고 얕은 반면으로 영의 세계는 넓고 크다. 우리는 육의 세계에서 살아오지만 그 이상 영의 세계가 있음으로써 사람으로서의 사는 의의가 있다.[15]

이러한 영의 세계, 영혼의 세계에 대한 믿음은 혁명가이자 선각자로 이혼 후 파란만장한 삶을 살아야 했던 나혜석을 끝까지 지탱시켜준 힘이었다. 이 영혼의 깨침이 나혜석의 "예술심과 보리심"[16]으로 뿌리 내리며 그녀의 예술과 인생을 이끌었다.

"지금 생각건대 하나님께서는 꼭 나 하나만은 살려보시려고 퍽 고생을 하신 것 같다. 그리하여 내게는 전생에서부터 너는 후생에 나가 그렇게는 살지 말라는 무슨 숙명의 상급을 받아가지고 나온 모양 같다"[17]는 하나님 안에서의 선각자 의식, "나는 영혼의 매력이 깊은 것을 알았고 따라서 자기 자신의 인격적 우아로 색채가 풍부한 신생활을 창조해낼 것이다. 사람 앞에 나갈지라도 형식과 습관과 속박을 버리고 존귀함으로써 공적 생활에 대할 것이다. …… 행복으로 빛날 때든지 치명을 받을 때든지 안정하든지 번민하든지 냉혹하든지 정열 있든지 기쁘든지 울든지 어떤 환경에 있든지 나는 다수의 여자인 동시에 1인의 여자일 것이다"[18]라고 하는 의연한 결단은 그녀의 내면, 즉 영혼에 대한 믿음이 있기에 가능할 수 있었다. 그리고 이 깨달음은 환상이나 허위가 아니라 그녀의 핍진한 삶, 치욕적이기까지 한 고통을 토대로 완성되었다.

이혼녀로 행려자로, 그러나 행복한 인간의 길이 되다

결혼 후 아내가 되고 어머니가 되어 주부로 살아야 했던 나혜석은 이 시기를 통해 여성의 생활, 여성의 삶에 직면한다. 그렇다고 예술가로서의 삶을 포기하지는 않았다. 나혜석은 다시 길을 떠난다. 1927년, 그녀의 나이 32세였다. 일본 외무성에서 벽지 근무자에게 주는 혜택을 받은 남편 덕분에 주어진 구미 여행이었다. 그러나 이것은 '남편' 덕을 볼 수 있었던 그녀의 마지막 기회가 되고 말았다. 둘째 아들 진이 돌도 안 된

때였다.

도쿄에서 그녀가 최승구를 만나 사랑을 하고, 조선의 현실과 운명 속에서 예술가로 태어날 수 있었고, 남편 김우영을 만나 생활의 안정을 얻을 수 있었다면, 파리에서 그녀는 그 모두를 잃게 할 최린을 만난다. 아니, 잃음이 아니라 더 핍진한 조선 여성의 현실과 더 넓고 심오한 예술의 심연을 만나게 되는 계기였다고 해야 할까. 분명 파리로 간 이후 그녀의 삶은 달라졌다. 그러나 삶의 마지막까지 그녀가 그리워한 곳 역시 파리다. 무엇보다 파리는 그녀에게 예술의 도시이자, 자유의 도시였기 때문이리라. 그녀는 파리에서 자유로운 영혼으로 다시 깨어난다.

그녀는 이혼녀가 되었다. 최린과의 염문설 때문이었다. 그녀는 이혼을 요구하는 남편에게 애원했다. 누구보다 아이들 때문이었다. 이미 다른 여자가 있었던 남편은 그녀의 허락 없이 이미 이혼장을 법원에 제출했고, 그녀는 이혼녀가 되는 동시에 사회적으로 매장되었다. 하지만 그녀는 스스로 자신의 죽음을 용납지 않았으며, 글과 예술로 사회적인 매장을 거부했다.

1930년 이혼당한 후, 1939년 39세의 나이에 쓴 「이혼 고백장」은 이혼녀 나혜석 스스로가 고백한 결혼과 이혼 과정의 생생한 보고서이자 세상에 대한 항거였다. 세상 사람들은 그녀의 고백을 읽고 오히려 더 그녀를 비난했다. 그럼에도 불구하고 그녀가 「이혼 고백장」을 쓴 것은 개인적인 결혼사가 한 개인만의 이야기가 아니라 조선 여성의 현실이라는 그녀 자신의 자각 때문이었다. 개인적인 것이 정치적인 것이라는 서구 페미니스트의 고백, 그것은 이미 수십 년 먼저 조선에서 살다 간 나혜석의 고백이기도 했던 것이다.

「이혼 고백장」에서 우리는 최승구와의 연애와 사랑에 당당했던 여자,

김우영과 결혼하면서 신혼여행 중 애인의 무덤에 비석을 세운 여자, 결혼 후에는 누구보다 가정생활에 충실하고자 노력했던 아내이자 아이들의 어머니로 살았던 여자, 예술을 통해 인류의 한 개인으로 당당한 인간으로 존재하고자 했던 여자, 나혜석을 만날 수 있다.

이혼 후 "사람으로 태어난 것을 후회합니다"라는 소감을 밝히기도 했지만, 나혜석은 죽음에서 일어난다. '내 갈 길은 내가 찾아 얻어야 한다'는 결심을 잊지 않는다. 조선의 유식 계급 남자 사회를 통렬히 비판하고 그들의 이중적인 정조 관념에 "정조는 도덕도 법률도 아니요, 오직 취미"라고 항거한다.

"정조는 그 인격을 통일하고 생활을 통일하는 데 필요하니 비록 한 개인의 마음은 자유스럽게 정조를 취미화할 수 있으나 우리는 불행히 나 외에 타인이 있고, 생존을 유지해가는 생활"[19)]이 있다면서 남녀의 차별적인 정조관념의 조선사회와 정조를 고수하기 위해 웃음과 끓는 피를 누르고, 하고 싶은 말을 참는 억지 사회를 비판한다.

나혜석은 우리 사회의 해방은 정조의 해방에서부터 이루어져야 하며, 이것은 단지 문란한 생활에 대한 옹호가 아니라 허울뿐인 정조가 아닌 인격의 완성으로서의 정조의 생활화라고 주장한다. 그래서였을까. 그녀는 이혼녀가 된 후 오히려 금욕생활을 한다. 얼마든지 다른 남자의 힘을 빌려 생활의 안정과 육체적인 욕구와 정서적인 외로움을 해결할 수도 있었으나 그녀는 그 길을 가지 않는다. 대신 혼자 세상과 맞서고, 당당하게 최린에게 손해배상을 청구하고, 글과 예술을 통해 여성의 삶을 계속해간다. 그 길이 얼마나 버거웠을지는 가히 짐작하고도 남음이 있다. 그녀는 병이 들었고, 결국 양로원에서 기거하다, 행려자로 거리에서 죽음을 맞이하고 만다. 그녀의 나이 53세인 1948년 12월 10일이었다.

이혼 후 아이들과 헤어지고 예술 활동에서나 육체적 건강을 비롯한 일상생활에서 고통받은 나혜석이 자살하지 않고 끝까지 자신의 생애를 지속할 수 있었던 힘, 세간의 풍문과 평가에 굴하지 않고 그림과 글을 통한 예술 활동을 계속할 수 있었던 힘은 무엇 때문이었을까. 앞에서 기술했듯, 그녀가 추구했던 인간은 또한 영적 인간이기도 했음을 기억하자. 그녀에게 행복은 불행의 반대말이 아니었다. 오히려 고통과 불행 가운데서도 행복에 이르는 길, 그 길에 나혜석이 있었던 것이다.

행복은 부(富)을 득(得)하였을 때나 지위를 구하였을 때나 학문을 취하였을 때가 아니라 사물과 사물 사이에 신(神)이 왕래하는 일념(一念)이 되었을 때입니다. 그런데 이 일념이 될 때는 기쁘고 즐거울 때보다 슬프고 고통스러울 때가 질로나 양으로나 많습니다. 조선 사람의 몸과 마음은 번민의 뭉텅입니다. 즉 일념(一念)으로 가질 때입니다. 이 일념(一念) 중에서 흥하든지 망하든지 결단이 나는 것이니 지금이 어찌 행복되지 않으리까.[20]

나혜석은 행복을 신(神)이 왕래하는 일념이 되었을 때로 정의한다. 그녀는 고통 중에서도 끝까지 그녀가 믿었던 신 안에서 행복을 추구하며 일생동안 자신이 추구했던 삶을 포기하지 않았다. 그 신이 구체적으로 기독교에서의 신일 수도 있고 그렇지 않을 수도 있다. 분명한 것은 그녀가 보이는 세계, 현상적인 세계만을 믿은 것이 아니라, 보이지 않는 세계, 영혼의 세계를 믿었다는 점이다. 그리고 영육, 성속의 세계를 가로지르는 삶에서 여성의 행복, 인간의 행복을 추구해나갔다. 그 행복이 때로는 예술작품으로, 때로는 생활의 개조로, 때로는 기존 세상에 대한 거침

나혜석의 「자화상」(1928년). 누구보다 자유를 염원한 그녀에게
행복은 고통과 불행 가운데 있었다.

없는 비판과 주장으로 나타났던 것이 그녀의 삶이었고 예술이었다.
 그것은 또한 생명의 존귀함 안에서 참사랑의 길을 실천하는 길이기도 했다. 남자의 부속물이 아니라 전 인류의 어머니가 되고자 했던 여성, 세상의 상식보다는 새로운 진리로 세상을 바꿔나가고자 했던 여성, 물질적 가치만이 아니라 영적 가치와 그 세계를 통해 고난을 딛고 행복을 실현하고자 했던 여성, 질곡의 역사 속에서 길거리의 행려자로 생을 마감했던 여성, 그녀가 바로 나혜석이었다. 세상의 모든 편견과 고난 앞에서 좌절하지 않았던 여성, 안락한 삶에 안주하지 않았던 여성, 생명을 사랑했고 고통으로 연대하고자 했던 여성, 그래서 여성의 미래를 밝혀주고 있는 여성, 비록 나혜석은 길에서 쓰러졌지만 그것은 죽음이 아니었다.
 이광수를 비롯한 최린, 김우영이 친일파로 역사의 심판을 받았을 때, 우리는 역사와 영원 사이에서 참인간, 참사랑의 길을 추구하며 외로운 죽음을 맞이했던 나혜석의 죽음이 더욱 찬란하게 빛나는 것을 본다. 그 빛 속으로 나아가자. 그 길에서 나혜석과 함께 진정한 배움과 사랑과 헌신, 행복의 노래를 부르자. 자신을 잊지 않되 더불어 살아가기 위해 노력하며, 부드러운 웃음이 아니라 거룩한 분노로 세상과 맞서며, 자신의 안위만을 위해서가 아니라 고통당하는 타인의 행복을 위해 헌신하자는 나혜석이 부르는 인형이 아닌 인간의 노래, '노라'가 아닌 여자의 노래를 같이 부르자.

「인형의 가(家)」

1.
내가 인형을 가지고 놀 때
기뻐하듯
아버지의 딸인 인형으로
남편의 아내 인형으로
그들을 기쁘게 하는 위안물 되도다.

(후렴)
노라를 놓아라.
최후로 순순하게
엄밀히 막아논
장벽에서
견고히 닫혔던
문을 열고
노라를 놓아주게.

2.
남편과 자식들에 대한
의무같이
내게는 신성한 의무 있네.
나를 사람으로 만드는
사명의 길로 밟아서
사람이 되고저.

3.
나는 안다 억제할 수 없는
내 마음에서
온통을 다 헐어 맛보이는
진정 사람을 제하고는
내 몸이 값없는 것은
내 이제 깨도다.

4.
아아, 사랑하는 소녀들아
나를 보아
정성으로 몸을 바쳐다오.
맑은 암흑 횡행할지나
다른 날, 폭풍우 위에
사람은 너와 나.

—『매일신보』1921.4.3.

나혜석을 알기 위해 더 읽어볼 책

『**나혜석 전집**』 | 나혜석 지음, 이상경 편집 교열, 태학사, 2000
『**원본 정월 라혜석 전집**』 | 나혜석 지음, 서정자 엮음, 나혜석 기념사업회 간행, 국학자료원, 2001
두 전집은 나혜석의 작품을 수집·정리한 전집이다. 그림, 소설, 희곡, 시, 콩트, 수필, 평론, 구미 여행기, 인터뷰 기사 등 나혜석의 전 작품을 망라한 책으로, 나혜석의 작품을 감상하고자 한다면 이 두 전집을 권한다.

『**첫사랑 무덤으로 신혼여행을 가다**』 | 윤범모 지음, 다홀미디어, 2007
윤범모 교수가 쓴 나혜석의 전기다. 김우영과 결혼하여 최승구의 무덤으로 신혼여행을 갔던 일화에서 전기의 제목을 정했다. 그래서인지 그녀의 출생부터가 아니라 결혼에서부터 전기는 시작되며, 특히 자유주의자였던 나혜석의 생애를 이해하는 데 도움을 받을 수 있다.

『**인간으로 살고 싶다**』 | 이상경 지음, 한길사, 2000
여성문학연구자 이상경 교수가 쓴 신여성 나혜석의 일대기를 연대순으로 기술한 본격적인 전기다. 출생에서부터 죽음까지 나혜석의 삶을 여성주의적 관점에서 조명했으며, 출생에서부터 일본 유학시절에 이르기까지 철저한 조사를 통한 실증적 자료들이 돋보이는 전기이기도 하다.

김윤선, 「한국 근대 기독교와 여성적 글쓰기―나혜석을 중심으로」, 『여성문학연구』 제19호, 2008. 6.
나혜석의 삶과 글을 통해 한국 근대 기독교와 여성적 글쓰기의 관련 양상을 분석한 글이다. 종교라는 관점에서 나혜석을 조명한 최초의 글이기도 하다. 그녀에게 영향을 미친 기독교를 작품을 통해 실증적으로 밝혀냈으며, 그녀의 내적 세계, 예술가로서의 면모, 참사랑의 길, 종교와 현실의 관계 등을 분석했다.

나혜석 연보

1896   4월 18일 출생.
1910   삼일여학교 졸업.
1913   진명여자고등보통학교 최우등 졸업.
           일본 도쿄사립여자미술학교 서양화부 1학년 입학.
1914   최승구와 연애. 『학지광』에 최초의 글 「이상적 부인」 발표.
1915   아버지 나기정 사망.
1916   최승구 사망.
1917   필명으로 정월(晶月)이란 호 사용.
1918   「경희」 「회생한 손녀에게」 발표.
1919   3·1운동 참여. 5개월간 옥고.
1920   김우영과 결혼.
1921   경성일보사 내청각에서 유화 개인전 개최.
1922   만주 안동현에서 여자 야학 설립 주도.
1923   첫째 딸 나열 출산. 「모된 감상기」 발표.
1924   첫째 아들 선 출산.
1926   둘째 아들 진 출산.
1927   김우영과 함께 구미 여행.
1929   귀국 이후 셋째 아들 건 출산.
1930   최린과의 연애에 대한 소문과 이혼.
1931   제10회 선전에서 「정원」 특선.
1934   「이혼고백장」 발표로 인해 사회적인 논란이 됨.
1937   수덕사에서 김일엽과 지냄.
1943   아이들이 있는 서울에 자주 나타남.
1948   12월 10일 행려자로 사망.

8 딩링 丁玲

고뇌와 욕망을 넘어서 역사가 되다

오경희 | 백석문화대학교 중국어학부 교수 • 중어중문학

"가느다란 붓을 무엇에 비할까.
모젤 총으로 무장한 정예군에 비할까.
작전도가 룽산 동쪽을 향하니
어제의 문학소녀가 오늘의 전사라오."

● 마오쩌둥이 딩링을 위해 지은 「臨江仙」 중에서

딩링(丁玲, 1904~86)

그녀가 살아온 여정이 그녀의 대표작이다

빙즈는 불속에 뛰어든 불나비 같아서 죽기 전에는 결코 멈추지 않을 겁니다.

1932년 3월, 딩링이 중국 공산당에 가입하는 자리에서 문학계의 스승이자 선배인 취추바이(瞿秋白)는 사람들에게 딩링을 이렇게 소개했다. 장빙즈(蔣氷之)는 딩링(丁玲, 1904~86)의 본명이다. 공교롭게도 이 말은 그 이후에 펼쳐진 딩링의 파란만장한 인생에 대한 예언이 되었다.

오늘날 딩링은 중국인에게 가장 탁월하고 역량 있는 여성 작가로 알려져 있다. 딩링은 1928년, 스무 살 지식인 여성의 내면적 고뇌와 욕망을 그린 「소피의 일기」(莎菲女士的日記)를 발표하면서 중국 문단을 뒤흔들었다. 소설가로 출발한 그녀의 파란만장한 인생 역정은 남편 후예핀(胡也頻, 1903~31)이 좌익작가라는 이유로 국민당에 체포되어 감옥에서 총살형을 당하면서 시작된다. 이때 그녀는 스물일곱 살이었고 태어난 지 3개월이 안 된 아기의 어머니이기도 했다. 얼마 후 그녀 역시 국민당에 체포되어 3년여를 회유와 위협 속에서 가택 연금 생활을 한다. 감시가 소홀한 틈을 타서 천신만고 끝에 탈출해 1936년, 드디어 공산당 근거지인 샨베이 바오안(陝北保安)에서 마오쩌둥(毛澤東, 1893~1976)을 만난다.

이때부터 딩링의 인생은 새로운 전기를 맞이한다. 그녀는 여성 지식인의 면모를 떨치고 인민해방군에 들어가 농민과 노동자, 병사 들과 함께 생활하며 인민 대중을 위한 문학을 창조하기 위해 분투한다. 그러다가 1957년부터 시작된 반우파 투쟁[1] 속에서 우파로 지목되어 비판을 받는다. 1966년 무산계급문화대혁명(無産階級文化大革命)²⁾ 때는 반당분자로 몰려 북녘 오지로 유배되고 감옥에 갇히는 고초와 핍박을 받는다.

열정적이고 자존심이 센 그녀가 겪어야 했을 고통은 남달랐지만 그녀는 글쓰기를 멈추지 않았다. 남다른 고통과 소외의 아픈 경험까지 끌어안아 끊임없이 문학혼을 불태웠다. 1979년 문화대혁명이 끝나면서 복권이 되어 북경으로 돌아온 그녀는 중국작가협회 부주석이 되어 활동을 재개했다. 그녀는 지난 경험을 토대로 작품을 쓰고 기존에 출판된 작품을 재출판하는 등 나머지 인생을 분주하게 보냈다. 1986년 사망하기까지 그녀의 인생 역정은 그 옛날 공산당 입당식에서 선배 취추바이가 말했던 것처럼 죽기 전까지 멈추지 않는 불나비처럼 치열하고 열정적으로 이어졌다.

딩링 연구가인 칭화 대학교(靑華大學)의 쭝청(宗誠) 교수는 딩링이 죽은 지 2년째 되던 해에 "중국 현대사를 온몸으로 받아낸 지식인의 전형"이라고 이름 붙여 딩링의 평전을 출판한 바 있다. 프랑스의 유명한 작가이면서 문화부 장관을 지낸 앙드레 말로(André Malraux, 1901~76)는 딩링을 두고 "그녀의 일생이 바로 그녀의 대표작이다. 딩링 개인의 기쁨이나 슬픔은 모두 국가와 민족의 운명의 굴곡과 몹시 밀접한 관련을 맺고 있으니, 바로 이 점에서 그녀가 살아온 여정이 그 자체의 의미 외에 더한층 상징적인 의미를 지니는 것이다"라고 말했다.

이처럼 딩링은 20세기 중국 현대사라는 격류 속을 헤치고 나온 역량 있고 탁월한 여성 작가였다. 그녀는 문학적 재능 외에도 강한 정신력과 굳은 의지를 가졌으며, 어떤 어려움 앞에서도 긍정적인 태도로 임했다. 또 그녀의 마음에는 자신의 이익보다 공공의 유익을 중시하고 후진을 아끼는 사랑도 가득했다. 그것은 일생에 걸쳐 아무리 어려운 상황 아래서

독일 기자 아그네스 스메들리가 찍은 딩링의 사진(1931년). 그녀는 죽기 전에는 멈추지 않는 불나비처럼 열정적인 삶을 살았다.

도 끝까지 문인으로 남고자 한 그녀가 창조한 문학과 더불어 딩링 리더십의 독특한 향기를 보여준다.

소설가가 되기까지, 시대의 고민을 함께하다

딩링은 슬하에 1남 1녀를 두었다. 그녀의 아들 장주린(蔣祖林)은 소련 유학을 다녀온 조선공학자이고, 딸 장주후이(蔣祖慧)는 제1세대 발레 안무가로 유명하다. 최근 장주후이는 자신의 일과 어머니 딩링을 이야기하는 어느 인터뷰에서 자신의 성씨와 관련하여 묻는 방담자에게 오빠와 그녀 모두 어머니인 딩링의 성씨를 따르고 있다고 말했다.[3] 어떤 의미에서 그것은 딩링이 일생 동안 가부장제라는 부계 중심의 혈통 의식에서 벗어나 살아왔다는 것을 의미한다. 실상 딩링은 자신 스스로도 장(蔣)씨 집안의 딸이라는 데 전혀 애착을 갖지 못한다고 말한 것으로 전한다.

딩링은 어린 시절 아버지를 잃은 후 어머니의 보살핌 속에 성장했다. 자전적인 소설 『어머니』(母親)에서 딩링은 어린 시절부터 삶의 모범을 보여주었던 어머니의 일생에 대해 상세히 적고 있다. 그녀가 네 살 때 아버지는 많은 빚만 남긴 채 세상을 떠났다. 딩링의 어머니는 살아갈 방도가 없자 딩링과 남동생을 데리고 친정인 창더(常德)로 간다. 어머니는 그곳의 신식학교인 창더 여학당을 졸업하고 소학교 교사가 되었다.

딩링의 어머니는 외삼촌의 냉대가 심해지자 어린 남매와 함께 학교에 기거하면서 학생들을 가르쳤다. 불행하게도 딩링이 열네 살 되던 해 남동생이 폐렴으로 죽었다. 그 후 딩링은 자신의 앞날에 대해 고민하기 시작한다. 철이 들면서부터 그녀는 '나는 누구인가' '무엇이 될 것인가' '어떻게 살 것인가'를 늘 인생의 중요한 문제로 생각했다.

당시의 딩링의 처지로 보아 외사촌 오빠와의 정혼을 파기하고 새로운 세계를 향해 나아간다는 것은 실로 어려운 일이었다. 그러나 그녀는 어머니와 어머니 친구이자 여성혁명가인 샹징위(向警予)의 격려와 영향에 힘입고, 또 타오위안(桃源) 여자사범중학교의 친구 왕젠홍의 권유로 상하이 평민여학교로 갈 것을 결심한다. 그리고 단호한 태도로 결혼을 강요하는 외삼촌의 집을 나선다. 강압적인 정혼을 파기하고 봉건적 질서를 거부한 것은 딩링이 중학교를 졸업한 18세 때의 일이다.

딩링은 상하이에서 취추바이의 소개로 역시 중국 공산당이 세운 상하이 대학에서 친구 왕젠홍과 함께 문학 수업을 청강했다. 그러나 얼마 지나지 않아 그녀는 절친한 친구 왕젠홍이 취추바이와 결혼할 사이인 것을 알게 되면서 외로움을 느끼고 혼자서 베이징으로 떠난다.[4]

그곳에서 극작가 홍션(洪深)이 제작한 영화를 보고 영화배우가 되려고 홍션을 만난다. 홍션은 영화배우의 어려움을 이야기하며 다른 좋은 직장을 찾는 것이 어떠냐고 권했다고 한다. 그러나 그녀는 "저는 가난하지요. 일을 해야만 해요. 하지만 연기를 하겠어요. 제 상상력을 발휘하는 능력을 실현하고야 말 거예요"[5]라고 단호히 말했다. 이후 딩링은 상하이

19세 때의 딩링.
딩링은 봉건적인 질서를 거부하고
영화배우를 꿈꾼 당찬 소녀였다.

의 스타영화공사에 입단하고 극작가 톈한(田漢)이 이끄는 극단에 들어가기도 하지만 성공하지 못하고, 그 경험을 바탕으로 소설을 쓰기 시작한다.

그로부터 6년 후 딩링은 『어둠 속에서』(在黑暗中)[6], 『웨이후』(韋護) 등의 책을 출판한 작가로 세상에 알려진다. 딩링은 자신이 작가가 된 배경에 대해서 이렇게 말한다. "내가 그때 왜 소설을 썼냐 하면 나는 적막했고, 사회에 대해 불만스러웠고, 내 삶에 출로가 없었기 때문이다. 많은 이야기를 하려 해도 듣는 이가 없었고, 무슨 일인가 하고 싶었지만 기회를 찾을 수가 없었다. 그래서 펜을 들어 나를 대신하여 이 사회를 분석하려고 했던 것이다."[7]

작가의 이러한 내면은 데뷔작인 「멍커」(夢珂)와 이듬해인 1928년에 발표한 「소피의 일기」 등에 잘 나타나고 있다. 5·4 신문화운동 이후에 지식 여성이 직면한 삶과 욕망의 문제는 딩링 자신의 문제이기도 했다. 딩링은 신사조의 세례를 받은 자의식이 강한 여주인공의 고뇌와 경험을 통해서 출구 없는 당시의 어두운 시대로부터 한 줄기 빛을 찾아 분투하는 여성의 자아를 그리고 있다.

 멍커는 시골의 퇴직한 태수의 딸로 고향에서 중학교를 졸업하고 "공부를 하기 위해" 2년 전에 상하이로 왔다. 어느 날 그녀는 자신이 다니는 미술학교에서 '빨간코 선생'이라 불리는 자가 모델 노릇을 하는 소녀를 성희롱하는 것을 보고 그녀를 위기에서 구해준다. 그리고 모욕을 당한 분노에 자신도 학교를 그만둔다. 이후 곤경과 고통 속에서 그녀는 영화배우가 된다. 그러나 성차별적 사회 속에서 여배우로서 성공한다는 것은 쉽지 않은 일이었다.
 이후, 내내 참아야 했다. 계속 이 순육감적인 세계로 들어가다보니 그 기괴한 광경을 보는 것도 습관이 되어 두렵지도 않았고 또 받아들일 수도 있었다. 그녀의 인내심도 점점 강해져서 그녀는 굉장히 심한 무례와 모욕도 참을 수 있게 되었다.[8]

 멍커는 이미 자신의 길을 찾아 아버지의 집을 떠난 신여성이다. 그러나 봉건사회로부터 해방된 기쁨도 잠시, 이제 그녀에게는 현실 사회에 나와 겪는 고독과 고뇌가 가득할 뿐이다. 「소피의 일기」 역시 크게 다르지 않다. 이 소설은 딩링을 유명하게 만들어준 소설로 파격적이고 개성적인 현대 여성의 고뇌와 고독을 그린 역작이다.
 딩링 자신의 분신이기도 한 소설의 주인공 소피는 일기에서 어두운 현실과 미래에 대한 불안을 펼쳐 보이고 있다. 소피는 도시의 허름한 여인숙에 사는 폐병을 앓고 있는 스무 살 지식인 여성이다.

폐병에 걸린 몸과 가난, 고독함 속에서 벗어나 꿈을 찾고 싶은 그녀의 욕망은 어느 곳에서도 이루어질 수 없다. 사랑하게 된 남성을 향한 열망도 한낱 저속하고 비열한 욕구에 다름 아닌 것을 발견하는 순간 소피는 남쪽으로 떠나 아무도 모르는 곳에서 여생을 정리하고자 한다. "조용히 살다가 조용히 죽는 거야. 아, 네가 불쌍해, 소피!" 이는 창작할 당시 딩링의 상황과 유사해서 딩링의 고뇌와 고독을, 동시에 당시 젊은 청년의 번민과 고뇌를 반영한다.

역사적 선택, 좌익작가연맹에 참여하다

1931년 좌익작가이던 남편 후예핀이 국민당에 체포되어 총살형을 당했을 때[9] 그녀는 아기를 낳은 지 3개월도 안 되었다. 그녀는 고향의 어머니에게 아이를 맡기고 돌아와 분노와 슬픔과 고통을 승화시켜 작품에 매진했다. 그녀는 좌익작가연맹(이하 '좌련')에서 좌익작가로서 입지를 굳혀나간다. 이는 좌련과의 끈을 놓지 말라는 남편의 유언에 따른 것이기도 했지만 딩링 자신의 역사적 선택이기도 했다.

그녀가 1920년대 말기, 소자산 계급 지식 여성으로서 봉건사회를 향해 던진 항의와 비판은 1930년대 들어서 노동자와 농민을 위한 항쟁으로 바뀐다. 『톈지아충』(田家沖)은 농민의 의식 각성과 계몽에 대한 소설로, 1931년에 딩링이 공산당에 대한 확실한 믿음을 바탕으로 쓴 것이다. 『톈지아충』에서 본래 지주의 딸이었지만 농민을 계몽하기 위해서 헌신하는 여주인공은 이 시기 딩링의 모습이기도 하다.

1931년 일본제국주의는 만주사변을 일으켜 중국 동북 지방을 점령하

남편 후예핀과 함께(1927년).
후예핀은 국민당에 체포되어
총살당했다.

고 만주국을 세웠다. 이러한 국가적 위기 앞에서 국민당의 지도자인 장제스(蔣介石, 1887~1975)는 외세를 물리치기에 앞서서 나라 안을 먼저 안정시켜야 한다고 주장하면서 중국 공산당을 공격했다.[10] 이 때문에 민중의 편에서 항일통일전선을 외치던 공산당과 국민당의 대립은 심화되어갔다.

1932년 1월 28일, 일본군이 상하이의 민간인에게 대규모로 폭격과 침공을 감행한 것에 대해 상하이의 진보작가들은 앞장서서 "상하이 문화계가 전 세계에 고하는 글"이란 성명을 발표한다.

딩링은 좌련의 기관지이자 대중의 동조를 겨냥한 잡지인 『베이더우』(北斗)의 편집장을 맡는다. 스물일곱 살의 여성으로서 좌련의 편집장을 맡는다는 것은 과분한 일이었다. 하지만 중국 공산당 중앙은 딩링에게

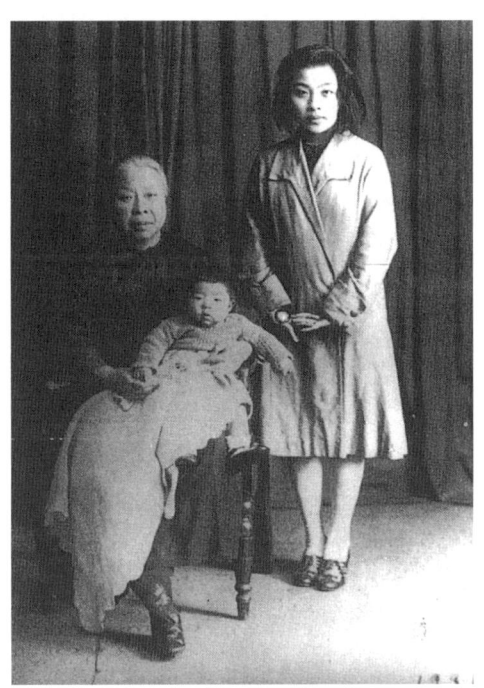

어머니와 아들과 함께(1931년).
남편의 죽음은 딩링을
투사로 만들었다.

그 일을 맡겼고 이때부터 딩링은 자신의 사명을 다하는 데 주력한다. '항일'이라는 민족적 대과제 앞에서 자신의 진로와 방향을 분명히 결정한 딩링은, 동반자 작가에 그치지 않고 1932년 정식으로 중국 공산당에 가입했다. 입당 선서를 한 그 순간부터 자신이 선택한 신념을 위하여 헌신과 희생의 굳은 의지를 보여주었다.

그녀는 좌련의 사업과 전략 전술을 기획하고 추진해나가는 탁월한 지도자적 능력을 보였다. 그녀는 기관지인 『베이더우』에 실린 작품을 세심히 읽으면서 신인작가 발굴에도 힘을 쏟았다. 그녀는 편집장이라고 해서 책상 앞에 앉아 아랫사람을 부리는 간부가 아니라 책임자이자 대중의 일원으로서 노동자와 병사들이 있는 현장에 직접 나가서 혁명이론을 전파하는 실천가였다. 그러는 중에도 그녀는 창작을 멈추지 않았다.

대홍수 속에서 고난을 겪은 농민의 각성과 반항을 그린 1931년작 『물』(水) 이후 『법망』(法網), 『도주』(奔) 등 노동자 농민의 각성과 반항을 그린 작품을 계속 썼다. 이 작품들은 인민 대중에게 다가가려는 딩링의 노력과 실천을 보여준다.

국민당은 나라 안을 평정한 다음 외세에 대응한다는 정책으로 공산당과 좌익문예계 인사에 대한 검열과 압수, 수색, 체포를 강화했다. 이른바 '백색테러'가 상하이 전체를 휩쓰는 가운데 일부의 작가들이 동요하고 자수하기도 했지만, 딩링은 굳건하게 좌익 혁명 문학의 진지를 지켰다. 이런 딩링의 삶은 그녀가 작품 활동을 통해 이름이 알려진 후에 당시의 혼란 속에서 삶의 문제를 고민하는 젊은이들에게 좋은 본보기였다.

1933년 딩링은 그녀의 대중적 영향력을 우려한 국민당에 의해서 암중 체포되어 3년간 가택 연금을 당한다. 딩링의 실종과 체포 소식이 알려지면서 루쉰(魯迅, 1881~1936)을 비롯해 쑨원(孫文, 1866~1925)의 부인 쑹칭링(宋慶齡), 베이징 대학교 초대 총장을 지낸 차이위안페이(蔡元培) 등 중국 좌익 문예계와 진보 인사, 중국민권동맹, 중국좌익작가연맹 등은 선언문을 발표하여 딩링의 석방을 위해 나섰다. 국민당과 정부는 이러한 사실을 부인하고 비열하고 거짓된 방법으로 그녀를 변절시키고자 회유했다.

3년 동안 딩링은 국민당의 회유와 협박에도 침묵으로 일관하면서 소신을 지켜나갔다. 심지어 이를 위해 자살을 기도하기도 했다. 딩링은 연금 생활 중 딸을 낳았다. 아이의 아버지는 딩링을 국민당 첩보원에게 고발한 공산당원 딩슈(丁休)였다. 국민당은 그녀가 변절하여 첩보원과 동거하며 그들에게 동조하고 있다는 유언비어를 퍼뜨리며 그녀를 매장하기 위해 무진 애를 썼다. 말할 수 없는 고난과 좌절의 세월이었지만 딩링은 굴하지 않았다.

어제의 문학소녀가 오늘의 전사라오

1936년 봄, 딩링은 친정어머니에게 아이를 맡기러 고향에 간다. 이때 감시가 소홀한 틈을 타서 탈출을 시도한다. 공산당에 진실을 알리고 결백을 주장하고 싶어서였다. 모든 것이 여의치 않았지만 며칠을 자동차로, 또 말을 타고 걷고 하여 샨베이 소비에트 지구의 수도 바오안(宝安)에 도착했다. 이때 마오쩌둥, 저우언라이(周恩來) 등 공산당 지도자들은 바오안에 도착한 딩링을 진심으로 환영했다.

> 벽에 걸린 홍기 노을빛에 펄럭이고
> 서풍은 외로운 도시를 감아도누나.
> 바오안 동지들 새로운 맘으로
> 마을 연회를 열었네.
> 감옥에서 탈출한 동지를 초청하여.
>
> 가느다란 붓을 무엇에 비할까
> 모젤 총으로 무장한 정예군에 비할까.
> 작전도가 룽산 동쪽을 향하니
> 어제의 문학소녀가 오늘의 전사라오.

마오쩌둥은 딩링을 위해 이러한 사(詞)[11]를 지었다. 무엇을 하고 싶으냐고 묻는 마오쩌둥에게 딩링은 홍군(紅軍: 인민해방군)이 되고 싶다고 대답했다. 그녀는 중국문예협회의 주임이 되어 소비에트 정부 기관지의

壁上红旗飘落照
西风漫捲孤城
保安人物一时新
洞中開宴会
招待出牢人

纤笔一枝谁与似
三千毛瑟精兵
陣图開向陇山東
昨天文小姐
今日武将軍

"어제의 문학소녀가 오늘의 전사라오".
마오쩌둥이 딩링을 위해 쓴 사(詞)에는 딩링의 일생이 표현되어 있다.

문예란을 편집하면서 한 손에는 총을, 한 손에는 펜을 들어 적을 고립시키고 타격을 주어야 한다고 주장했다.

그녀는 사람들이 살아가는 모습을 직접 체험하는 데 시간을 쏟았다. 그녀는 후에 자신의 문학이 인민 속으로 들어가지 않았다면 그 생명은 이미 끝났을지도 모른다는 말을 종종 했다. 그녀는 농민·노동자와 함께 투쟁하고, 젊은이들과 함께 호흡할 수 있었음을 행운으로 생각했다.

1937년 7월 7일, 중일전쟁이 일어나자 중국 공산당은 "전 국민적 항일만이 우리의 살 길이다"라는 모토 아래 국민당과 합력하여 항일민족 통일전선을 형성한다. 당시 홍군의 역사 문헌을 정리하면서 홍군 병사들이 직접 쓴 장정기를 편집하던 딩링은 '위대한 작품'이란 반드시 종이 위에 필묵으로 써내야만 이루어지는 것이 아니라는 것을 실감한다. 그리고 실제 혁명 활동에 대한 열정을 불태우며 항일전선으로 나갈 준비를 했다. 그녀는 중공중앙선전부가 많은 지원자들로 확대 편성한 서북전지복무단의 주임을 맡아 그들을 이끌고 전지로 떠날 준비를 하면서 자신을 다잡는 각오를 한다.

> 내일 나는 한 무리의 젊은이들과 함께 가야 한다. 거의가 모르는 사람들인데다가 살아온 연륜으로 보더라도 차이가 있다. 나는 그것을 깨뜨려야만 한다. 나의 유명세를 이용해서 그들을 지도하고 싶지 않다. 실제 몸으로 그들에게 접근하고 사업적 능력으로 그들을 설득할 것이다. 이제 나는 자유롭게 행동해도 좋을 개인이 아니다. 하지만 앞으로의 생활은 더 즐거울 것이고 젊은이들을 지도해나가면서 나는 더욱 유능해질 것이다. 최대한 뜨거운 열정으로 이 새로운 생활을 맞이하자.[12]

그녀는 위대한 임무 앞에서 자신의 미미함을 잊지 말자고 되뇌며, 두려운 마음으로 서북전지복무단 주임이란 막중한 임무를 감당한다. 여기에서 우리는 딩링의 열정과 긍정적인 사고방식, 그리고 겸손함을 겸비한 삶의 태도를 보면서 숙연해진다.

딩링은 전방 부대와 일반 대중의 삶에 더 가까이 다가서서 공산당의 정책을 선전하는 일이 당의 영향력을 확대, 강화시키는 일임을 깨닫는다. 복무단원을 훈련시키기 위한 정치 프로그램을 짜고 공연할 단막극 등의 기획, 공연 연습, 군사 훈련 등을 했다. 그들은 총칼 대신 노래와 춤, 연극과 같은 예술 형식을 통해 민중과 가까이 호흡하고 민중을 설득했다. 팔로군의 병사들처럼 행군과 전투를 하며 무대장치를 메고 도시와 산간벽지를 다녔다.

딩링은 주임이었지만 단원들과 평등한 입장에서 훈련과 연습에 참가하고 스스로 모범이 되어 단원들을 감동시키고 존경을 받았다. 거기서 그녀는 혼자 있기 좋아하는 성격을 버리고 때로는 즉석연설을 해야 했고, 무대에 설 수 없는 단원을 대신하여 공연하기도 했다. 그녀는 언제나 긍정적이고 기꺼운 마음으로 어렵고 불편한 상황을 받아들이고 판단했다. 또 세심하고 자애롭게 단원들의 상황과 심리를 보살피고 격려하였다. 단원 중 신혼부부가 있었는데 그중 한 사람이 급작스럽게 다른 곳으로 발령을 받아 헤어지게 되었다. 그러자 그들에게 한 통의 편지를 써서 그들의 이별을 함께 슬퍼하고 따뜻한 말로 격려하여 기쁜 마음으로 떠나게 해주었던 일화도 딩링의 이러한 점을 잘 말해준다.

어려운 상황 속에서도 딩링이 이끄는 서북전지복무단은 당시 일본군에게서 노획한 군복을 입고 힘차고 열정적인 눈빛으로 사람들에게 다가갔다. 국민당의 방해와 봉쇄 속에서도 조금도 위축되지 않고 공연을 성공적으로 추진해나갔다. 한번은 국민당 통치 지역에서 어렵게 극장을 섭외해 공연을 하게 되었는데, 공연이 성공적으로 끝난 후 극장 주인이 단장이 유명한 작가인데도 온종일 웃는 낯으로 단원들과 똑같이 무대 위를 오르내리며 앞다퉈 궂은일을 하는 데 감동을 받아 대관료를 받지 않겠다고 한 적도 있었다.

문학에 대한 열정 또한 식지 않았다. 그녀의 문학은 작가로서 인민과 민족, 삶에 대한 사랑과 열정을 표현하는 것이었다.

글을 쓴다는 것은 놀이나 마술이 아니며 글자를 모아 맞추는 것도 아닙니다. 좋은 문장이란 마음속에서 나와야 합니다. 작가의 마음은 언제나 대중을 생각해야 합니다. 만약 대중과 함께 살아가지 못한다면 혈육지정이나 골육지친의 깊은 감정이 생기기는 어렵지요. 인생은 무엇을 위한 것입니까? 바로 사랑하기 위해서입니다. 우리들의 사랑이 어디서 올까요? 그건 분명 공동체적 삶 속에서 옵니다. 만일 여러분이 사람들과 동고동락하려 하지 않는다면 공동체를 이룰 수 없을뿐더러 진정한 사랑도 없는 것입니다. 우리들이 나라를 사랑하고 민족을 사랑하고 사람들을 사랑한다는 것은 바로 공동체 의식과 목표를 기반으로 하는 것입니다.[13]

연안에 들어온 후 딩링은 후에 남편이 된 천밍, 양수오 등과 연안문예통신단을 조직하여 해방구를 소재로 한 창작 제재를 수집할 계획을 세웠다. 그녀는 국민당의 음모를 폭로하고 중국 공산당의 전투의지를 고취시키기 위해 잡문과 노동자의 의욕을 고취하는 연극 대본 등을 집필하기도 하고 『창청』(長城)이란 대형 간행물의 편집장을 맡기도 한다.

딩링은 1946년경에 시작된 토지개혁운동에 토지개혁공작단의 일원으로 농촌에 들어가 직접 농민의 실상을 파악하고 지주의 압제에서 벗어나도록 도와주고 설득했다. 이때의 감동과 체험이 걸작 장편소설 『태양은 쌍간허를 비추고』(太陽照在桑干河上)의 바탕이 된다. 그녀는 지속적으로 인물 형상이 현실에 적합한지를 점검하고 중간중간에 부족한 농촌 경험을 보충하고 고쳐 쓰기를 몇 번이나 했다.

　1947년에는 새로 제정된「중국 토지법 대강」을 학습하기 위해 변경지역 토지공작회의에 참가해 인식의 깊이와 넓이를 확장한다. 딩링은 창작상의 미진한 부분을 고치고 보충하기 위해 창작을 중단하고 직접 토지공작조의 책임자로서 스지아좡(石家莊)의 쑹춘이라는 농촌으로 들어간다. 그녀는 직접 관찰하고 체험한 후 작품을 쓰고 싶었다. 이는 딩링이 어린 시절부터 습관처럼 지녀온 소설가로서의 특징이자 장점이었다.

　딩링은 어려서부터 사람 관찰하기를 좋아했다. 봉건사회에서 여자이기 때문에 소외되었고 방관자로서 관찰하는 습관을 가지게 되었다는 것이다. 관찰력은 사람을 만나거나 이야기를 할 때 이름은 기억하지 못한다 해도 그 사람이 어떤 사람인가를 표현할 수 있는 숨은 능력을 길러주었다.[14]

　쑹춘에서 나온 후 허베이(河北) 성의 화북연합대학에 머물던 1948년, 딩링은 작품을 완성한다. 『태양은 쌍간허를 비추고』는 그해 세계민주여성연합 대표회의에 참석차 출국하기 전에 출판되었는데, 이 작품은 소재가 토지개혁인 만큼 소련을 비롯한 사회주의 국가들의 주목을 받아 동유럽 국가들과 독일, 북한, 일본 등 10여 개국에서 번역·출판되었다. 이로써 작가 딩링의 이름은 중국혁명의 딸로, 여성투사로 세계에 알려졌고, 체코의 어느 중국학 학자는 "세계적으로 딩링이 보여준『소피의 일기』와 『태양은 쌍간허를 비추고』의 사이에 존재하는 거대한 차이만큼의 큰 변

『태양은 쌍간허를 비추고』로 스탈린 문학상을 받던 날의 딩링(1951년). 작가로서 모든 영예를 얻었음에도 그녀의 문학에 대한 열정은 치열하게 이어졌다.

화를 보여준 작가는 흔치 않다"고 극찬했다.

이 작품은 딩링에게 1951년 중국 작가로서는 최초로 공산권의 노벨상인 스탈린 문학상 수상의 영예를 안겨준다.

혁명, 여성, 통찰로 완성한 문학

딩링은 긍정적이고 쾌활한 성격과 태도로 언제나 다른 사람을 격려하는 성격이었지만, 진실이 왜곡되고 불투명한 상황에서는 언제나 냉정하고 날카롭게 꿰뚫어보는 비판력을 가지고 있었다.

1942년 옌안(延安)에서 쓴 딩링의 잡문 「삼팔절 유감」(三八節有感)의 서두는 이렇게 시작한다.

'여성'이란 두 글자는 어느 시대에 가서야 중시되지 않고 특별히 제기

될 필요가 없어지는 걸까요? ……연안의 여성은 중국 다른 지방에 사는 여성보다는 행복합니다. 심지어 많은 사람들이 질투 섞인 부러움으로 "왜 보리쌀이 여성 동지들을 저토록 통통하게 해주는 거지?" 하고 말을 합니다. 여성이 병원에서, 휴양소에서, 외래검진부에서 많은 비율을 차지하고 있지만 놀랄 만한 정도는 아닌 것 같은데, 그렇다고 해도 연안의 여성 동지들이 아직은 그런 행운에서 면제되지는 못합니다. 즉, 어떤 경우를 막론하고 가장 흥미 있는 화젯거리가 되고 있고요, 또 많은 여성 동지 모두가 자신들이 받아야 할 비방을 당하고 있습니다. 이런 비난은 마치 모두 엄하면서도 합당한 듯이 보입니다.[15]

혁명의 성지라고 하는 옌안에서 모두가 해방구를 찬양하고 있을 때 딩링의 날카롭고 예민한 시선은 해방구 옌안의 여성 문제를 주목하고, 그해 3월 8일 '세계 여성의 날'을 맞아 공산당 통치구인 해방구에도 존재하는 빈부격차, 여성 계급의 문제 등 자신이 유감으로 생각하는 부분을 옌안 『해방일보』에 공개적으로 비판하기에 이른다. 그 마지막 부분은 여성 지도자로서 여성을 격려하는 딩링의 의지가 잘 드러나 있다.

그녀는 여성에게 여성이 평등을 얻으려면 먼저 자신이 강해져야 하고 병나지 않도록 주의하며 스스로를 즐겁게 만들어야 하는데, 그러기 위해서는 날마다 의미 있는 일을 해야 하고, 머리를 쓰는 습관을 들이며, 무슨 일이든 결심했으면 독하게 자신을 채찍질해 끝까지 포기하지 말고 나아가기를 권한다. 딩링의 이러한 태도는 고급간부 회의에서 비판을 받는다. 마오쩌둥 역시 이 글에 대해 내부 비판은 반드시 상대의 장점을 헤아려 훌륭한 점을 인정한 뒤에 결점을 지적하는 식으로 해야 한다며 충고를 했지만, 그녀의 비판에 수긍이 간다며 딩링의 진심을 헤아려주었다.

1949년 초부터 중화인민공화국 건국을 즈음하여 딩링은 전국 문학예술공작자회의 등에 참석하여 문학가들이 마오쩌둥이 제시한 문예노선을 견지하여 민중으로부터 출발하여 민중으로 돌아가야 한다고 주장한다. 그녀는 농촌으로 가서 인민과 함께 호흡하며 창작을 하고 싶었지만, 당의 명령으로 베이징에서 전국 문예연맹 상임위원, 전국문학공작자협회 부주석과 당조직의 문협서기, 『원이빠오』(文藝報)의 주간을 겸임한다. 이런 속에서 그녀는 열정적으로 신중국의 문학 건설 사업에 몰입했다.

여러 가지 직책을 맡은 그녀는 문학 발전의 방침이나 정책을 고민하고 발전의 추세도 주시하며 바쁜 날들을 보냈다. 그녀는 중국을 방문하는 외국의 진보적 문인을 만나면서 본받을 점을 새기는 한편, 상부에 중앙문학연구소 설립을 건의하여 생긴 중앙문학연구소(현재의 루쉰문학원)의 초대 소장이 되었다. 이는 딩링이 관심을 가진 청년 작가들을 양성하는 목적으로 생긴 것인데, 청년작가들이 경험과 재질은 있으나 문학적 소양이 부족함을 채워주기 위해 생겨난 것이다.

이미 문인으로 활동하는 이들이 연구소 업무를 담당하고 연구원을 뽑아 교육을 시키는 입장에서, 연구소 직원으로 일하기보다 연구원이 되어 배우려는 의욕만 가진 마펑이란 작가에게 딩링은 "개인적인 의욕으로 말하면 자신도 창작을 하고 싶지만 몇 명의 작가가 한두 편의 작품을 쓰는 것보다 젊은 청년 작가들을 잘 길러내는 것이 문학의 발전에 기여하는 길"이라고 따끔하게 말하며 설득한다. 그러자면 자신의 창작에 지장을 받지만, 그것이 희생이라면 누군가 감수하는 사람이 있어야 한다고 판단한 것이다.

딩링 자신이 앞서서 그러한 모범을 보이고 있었기 때문에 이러한 대의를 위한 희생과 헌신의 태도는 그를 따르는 사람들의 존경을 받기에 충분했다. 그녀는 연구소의 회식이나 주말 무도회 등에서 늘 유쾌하게 웃으며 예술과 문예에 대해 술술 막힘없이 이야기하는 선생이었으며 학생들에게 특별한 애정을 지닌 교사였다.

그녀는 연구소 학생들에게 『태양은 쌍간허를 비추고』에서 많은 문장상의 오류를 발견했다고 하면서 그 이유를 설명하고 교정을 부탁한다는 편지를 쓴다. 이는 문학이 무엇인가를 배우는 그들에게 산 교육을 주고자 하는 딩링의 마음이 담겨 있다. 이미 명성을 누리고 있는 작가가 자신의 작품을 비판적으로 분석한 사실은 학생들에게는 잊을 수 없는 교훈이었을 것이다.

사실 딩링은 계속해서 창작을 하고 싶었다. 그러나 바쁜 일정 속에서 좀처럼 그 기회와 시간을 가지지 못했다. 그녀는 20년 후 회고록에서 사람은 무명유실(無名有實)한 것이 낫지 유명무실(有名無實)해서는 안 되고, 명실상부(名實相符)한 것도 그리 좋은 것은 아니라며 자신의 명성이 너무 눈부셔서 재난을 당한 것이라 스스로 평가했다.

이후 1950년대 후반부터 이어지는 반우파 투쟁과 문화대혁명의 고초 속에서도 딩링은 펜을 놓지 않았다. 문화대혁명이 끝난 후 1979년 11월 제4차 전국 문예종사자대회에서 딩링은 중국작가협회 회원 대표회의에서 문예계의 파벌주의를 척결해야 한다는 발언으로 갈채를 받았다.

딩링은 많은 사람들이 느끼고 있지만 표현하지 못하던 문제의 핵심을 찔러 말할 수 있는 통찰력과 비판정신을 가졌다. 물론 이러한 점 때문에 고초를 겪기도 했다. 하지만 이는 그녀의 신념과 현실이 부딪히는 부분에서 언제나 오랜 시간 고민하고 생각한 끝에 나온 것이어서 문제를 지적하고 결점을 타파하려는 시도라 할 수 있다. 또 이런 시도는 그녀가 솔직하고 긍정적으로, 또 희망적으로 후진들에게 이야기를 할 때는 커다란 장점으로 작용하여 두고두고 사람들의 신뢰와 존경을 받게 했다.

불굴의 정신으로 이루어낸 위대한 삶

1957년 이후 우파 반동주의자로 몰려 과거 국민당 연금 생활로부터 과거의 작품에 이르기까지 각종 비판과 수모를 겪은 딩링은[16] 베이징을 떠나 중국 동북의 황량한 베이다황(北大荒)으로 하방(下放: 당원이나 공무원의 관료화를 막기 위해 일정기간 농촌이나 공장에서 노동하게 하는 것)되어 쫓겨 간다. 거기서 그녀는 감시의 눈초리 속에서 노동과 작업을 하면서 지낸다.

그녀는 마을의 당지부 서기를 찾아가 솔선하여 자신은 이전에는 작가요, 당의 지도자였지만 이제는 상황이 다르니 그의 말을 듣겠다고 말한다. 단, 그녀는 자신이 비록 우파로 몰리기는 했지만 아직도 공산당원이며 당에 대해서 자기는 결백하다고 말했다. 거기서 그녀는 작가라는 신분을 벗고 이를 악물며 일했다. 훗날 딩링이 당적을 회복하고 베이징에 돌아온 후 그때의 생활에 대해 이렇게 말했다.

> 베이다황에서 나는 풀을 베고 돼지를 치며 오랜 기간 동안 노동을 하여 노동이 생소하지 않았다. 또 많은 사람들을 사귀기도 했고 그들은 나에게 많은 인물과 새로운 글의 소재를 제공해주었다. 나는 이미 일흔다섯이 되었지만 만일 예순다섯 살이라면 얼마나 좋을까? 다만 내 스스로는 75세의 나이라도 아직 65세처럼 해나갈 수 있으리라 생각한다.[17]

문화대혁명 때 딩링은 다른 지식인과 마찬가지로 외양간으로 보내져 홍위병들에게 매질과 학대를 당했다. 1970년 3월 어느 날 밤, 딩링은 베

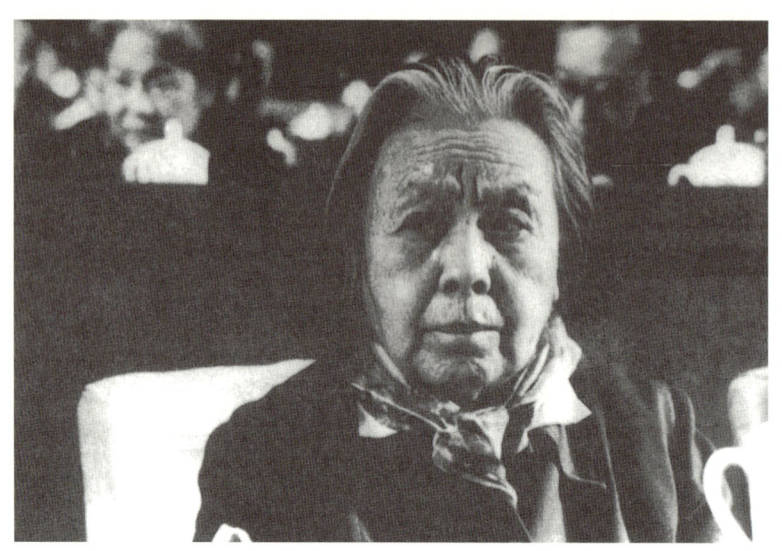

1979년 베이징에서 열린 제4차 전국문예종사자 대표회의에 참석한 딩링.
문화대혁명으로 인한 오랜 고초에도 불구하고 딩링의 작가정신은 살아 있었다.

이징 근교의 독방 감옥으로 보내졌다. 1975년 봄, 감옥에서 5년을 살고 칠순이 넘은 노인인 그녀가 보내진 곳은 산시(山西) 성의 라오딩(老頂) 산 안쪽의 장터우 촌이라는 산골 마을이었다. 거기서 딩링은 5년이나 만나지 못했던 남편 천밍을 만난다. 이때에야 그녀는 자녀들과도 연락이 되어 오랜만에 산촌에서 한적한 생활을 할 수 있었다.

고난의 운명은 그녀로부터 젊음을 비롯한 많은 것을 빼앗아갔지만 그녀는 결코 굴하지 않았다. 세상을 읽어내는 예민함과 불굴의 진취적 정신은 그녀의 운명적 위기를 문학 창작의 기회로 승화시키는 빛나는 지혜와 더불어 그녀 안에 잠재되어 있었다. 문화대혁명이 끝나고 1978년 말이 되자 당 중앙 조직부는 딩링에게 베이징에 와서 치료해도 좋다고 허락한다. 1979년 1월, 그녀가 베이징에 도착한 이후 독자, 연구자, 국내외

신문기자들이 그녀를 보고자 했다. 그녀의 전설과도 같은 파란만장한 일생은 사람들에게 지대한 관심사가 되었고, 그녀를 아는 앙드레 말로와 일본의 다케우치 요시미(竹內好, 1910~77) 같은 문인은 딩링에 대한 그간의 비판은 부당하다고 말했다.

출판사의 청탁이 쇄도하는 가운데 유명한 작가답게 딩링은 돌아올 때부터 독자를 만날 때 어떤 모습으로 만날 것인가를 구체적으로 고민했다. 이러한 치밀함과 정성이야말로 그녀가 진정한 프로이며 부족함 없는 문학가임을 보여주는 것이라 하겠다.

딩링은 산시성의 산촌에서 쓰기 시작한 장편의 산문「두완샹」(杜晚香)을 다시 쓰기 시작했다. 이 글은 일찍이 베이다황 헤이룽지앙의 어느 여자 집표원의 황무지 개척에 대한 모범적인 사적을 실례로 들어 두완샹이라는 한 여성 형상을 창조해낸 것이었는데, 이는 딩링이 역경의 세월을 견뎌낸 힘을 모아 베이다황 생활에 대한 사랑을 표현한 글이었다.

이밖에도 딩링은 외양간 시절의 기억을 되살려 1979년 3월 산문「외양간 소품」(牛棚小品)을 썼는데 이 작품은 1983년 '시월문학상'에서 우수작으로 선정이 되는 등 호평을 받았다. 문화대혁명 기간 반당분자로 박해를 받아 '외양간'에서 살아야 했던 혹독한 시련 속에서 부부간의 사랑과 두려움 속에 초조해하고 번민하던 지식인의 고뇌를 그린 작품으로, 외양간의 먼지를 모아 보석을 만들어냈다는 극찬을 받았다.

딩링은 1986년 병세가 악화되기까지 미국 아이오와 등을 방문해 강연을 하고, 1985년에는『쭝궈』(中國)란 잡지를 창간하며 그간의 작품을 재출판하는 등 활발한 활동을 했다. 그녀는 수난자의 본보기로서 마지막 역량과 문학혼을 불태웠다. 그녀는 복권된 지 5년 만에 그간의 쓴 글들을 모아 네 권의 책을 출판했다.

그녀는 역사가 준 수난과 불행에 대해 결코 불평하지 않았다. 미국에 갔을 때 많은 이들이 그간의 고초와 중국 작가의 자유에 대해 물어왔을 때 그녀는 이렇게 대답했다고 한다.

자유가 없었다면 제가 여러분의 나라를 방문할 수 있었겠습니까? 또 제가 국내에 있을 때에도 한마디 원망을 안 했는데 하물며 밖에 나와서 무슨 원망을 하겠습니까?[18]

딩링은 전 생애에 걸쳐 39편의 단편 및 장편 소설을 썼고 250여 편에 달하는 산문 작품을 남겼다. "작가에게 은퇴란 없다"고 말하던 딩링은 그녀가 계획한 많은 일들과 풍상의 역사를 뒤로 한 채 1986년 2월, 병세가 악화되면서 세상을 떠났다. 문학가로, 교사로, 지도자로 숨 가쁘게 살아온 그녀의 일생은 그녀가 남긴 작품과 더불어 중국 사람들에게, 그녀를 아는 모든 이들에게 귀한 감동과 교훈을 남겼다.

딩링을 알기 위해 더 읽어볼 책

『딩링』| 쫑청 지음, 김미란 옮김, 다섯수레, 1998
중국의 저명한 딩링 연구가인 쭝청(칭화 대학교 교수)이 쓴 딩링의 평전으로 여성 작가로서 딩링의 생애와 사상, 인간적인 고뇌 등 진면목을 이해할 수 있다.

『중국 현대여성소설 명작선』| 석평매 외 지음, 김은희 옮김, 어문학사, 2005
1920년대와 1930년대 중국 문단에서 가장 대표적인 중국 여성 작가의 소설을 모아 놓은 작품선집이다. 5·4 신문화운동기를 전후해서 전개된 여성운동을 중심으로 여성 작가의 창작성과의 상관관계를 고찰하고자 했다.

『중국 현대문학과의 만남』| 한국중국현대문학학회 지음, 동녘, 2006
우리 학계의 중국현대문학 연구자가 집필한 현대문학 입문서다. 굴곡 많은 중국 근현대사와 더불어 성장해온 중국현대문학을 소개하고 정리하면서, 중국을 읽고 이해하는 데 밑거름이 되는 시각을 보여준다.

『소피의 일기』| 딩링 지음, 김미란 옮김, 지식을만드는지식, 2009
딩링의 초기 대표저작인 『소피의 일기』의 우리말 번역서다. 이 단편소설은 일기 형식을 빌려 '죽은 듯이 고요한 문단을 공격한 하나의 폭탄'이었다는 평가를 받을 만큼 기존의 여성에 대한 서사와는 다른 독특함을 지니고 있다.

『현대 중국여성의 삶을 찾아서─국가·젠더·문화』| 김미란 지음, 소명출판, 2009
사회주의적인 근대화의 길을 걸어온 20세기 중국 여성의 자기정체성과 국가가 젠더에 개입한 정황과 전략을 역사와 문화읽기라고 하는 두 축을 가지고 세밀히 분석한다. 사회주의 중국에서의 '여성해방'과 가정과 국가의 관계에서 여성의 지위와 대응이 어떠했는지를 다룬 연구분석서다.

딩링 연보

1904   후난 성 창더 출생.
1922   상하이 평민여학교 입학.
1923   상하이 대학교 중문과 수학.
1927   소설 「멍커」(夢珂)로 문단 데뷔.
1930   중국좌익작가연맹 가입.
1931   좌련 기관지 『베이더우』(北斗)의 편집장 역임.
1932   중국 공산당 입당.
1933   국민당에 체포되어 가택 연금을 당함.
1936   탈출하여 샨베이 공산당 근거지로 들어감.
       중국문예협회 주임, 중앙보위단 정치부 주임을 맡음.
1941   해방일보 문예부간 편집장 역임.
1949   『원이빠오』 주간 역임.
1951   중앙문학연구소 소장, 중공중앙선전부 문예처 처장 역임.
1952   장편소설 『태양은 쌍간허를 비추고』로 스탈린 문학상 수상.
1979   중국작가협회 부주석, 국제펜클럽중국센터 부회장 역임.
1985   문학월간지 『쫑궈』 창간.
1986   베이징에서 사망.

9 시몬 드 보부아르 Simone de Beauvoir

자유를 향한 열정

이화숙 | 전 한국외국어대학교 외래교수 • 불어불문학

"내일 총에 맞아 죽을 사람들은
선택하지 않은 사람들이다.
나는 그들을 짓눌러버리는 바위다.
나는 저주를 벗어나지 못할 것이다.
영원토록 나는 그들에게 운명의 맹목적인 힘일 것이고,
영원히 나는 그들과 결별하게 되리라."

시몬 드 보부아르(Simone de Beauvoir, 1908~86)

삶의 주인으로 살아간 자유의 투사

프랑스의 시사주간지『르 누벨 옵세르바퇴르』(*Le Nouvel Observateur*) 2008년 신년호는 시몬 드 보부아르(Simone de Beauvoir, 1908~86)의 뒷모습을 찍은 흑백 누드 사진으로 표지를 장식했다. 보부아르 탄생 100주년 기념 특집호였다. 사진은 1952년 미국 사진작가 아트 셰이(Art Shay)의 아파트에서 샤워를 마치고 거울 앞에 서서 머리를 손질하고 있는 보부아르의 뒷모습을 열린 문틈으로 찍은 것이었다. 프랑스 여성계는 "보부아르의 사상과 무관하게, 그의 몸을 도구로 독자들을 유인했다"고 비난했지만, 잡지사에서는 "당대 부르주아 사회의 순응주의에 저항한 보부아르에 대한 완벽한 오마주"라고 반박했다. 사진을 찍는 것을 알고 있었는지 알 수 없지만, 사진 속의 자연스럽고 태연한 모습의 보부아르는 사회의 억압과 허울을 모두 벗어던진, 진정으로 자유로운 한 인간을 느끼게 한다. 과연 심오하고 독창적인『제2의 성』(*Le deuxième Sex*)이라는 여성 해방의 교과서에서 "이 주어진 현실 세계를 자유가 지배하도록 하는 것이 인간에게 주어진 임무"라고 역설한 사람, 철학자이자 소설가이며 현실에 참여하는 지식인으로서 자신에게 주어진 삶을 누구보다 충실하게 열정적으로 살아낸 자유의 투사다운 모습이었다.

그는 일생 동안 지성과 자유에 대한 열망으로 삶을 일구어나갔고, 언어를 통한 소통을 꿈꾸는 데 그치지 않고 적극적으로 현실에 참여함으로써 시대의 어둠과 혼란 속을 헤쳐나갔으며, 소설과 다양한 평론들, 자서전, 일기 등을 통해 끊임없이 자아를 찾아나가는 모험을 마다하지 않는 용감함을 보여주었고, 시대의 아픔을 목격하며 느낀 자신의 고뇌와 번민을 지극히 진솔하게 드러냄으로써 한 시대의 기록자가 되었다.

처녀 시절—자유를 갈망하다

시몬 드 보부아르는 1908년 1월에 변호사이자 아마추어 배우이기도 했던 조르주 베르트랑 드 보부아르(Georges Bertrand de Beauvoir)와 베르됭(Verdun)의 금융업 가문 출신인 어머니 프랑수아즈 브라쇠르(Françoise Brasseur) 사이에서 태어났다. 시몬은 다섯 살 때 사립여학교 '쿠르 데지르'(Cours Désir)에 입학해 뛰어난 재능으로 두각을 나타냈으며, 2년 후 같은 학교에 입학한 동생 엘렌에게 공부를 가르치곤 했다. 이 시절에 엘리자베트 라쿠앵(Elisabeth Lacoin)과 전교 1, 2등을 다투며 절친한 친구가 되었는데, 자서전에서 엘리자베트는 '자자'(Zaza)라는 별명으로 종종 등장한다.

제1차 세계대전 직후, 프랑스 북동부 지방 뫼즈(Meuse)의 은행장이었던 외할아버지가 파산 선고를 받게 되자 그 여파로 시몬의 집도 급격히 경제적인 곤란에 빠지게 된다. 라스파유(Raspail) 대로의 안락하고 큰 집에서 렌(Rennes) 가의 엘리베이터 없는 옹색한 아파트로 이사를 가야 했을 정도였다. 남편이 처가의 경제적 도움을 바랐다는 사실을 잘 알고 있었던 어머니는 이 일로 평생 동안 남편에게 죄책감을 느끼며 살게 되고, 나날이 악화되는 부모의 관계를 바라보며 시몬은 결혼이라는 제도에 대해 심한 회의를 느끼게 된다.

시몬의 아버지는 문학과 예술에 대한 취향을 물려주었지만, 시몬에게 "남자의 두뇌를 가졌다"며 여성으로서 사회적인 제약을 극복하고 성공하려면 학자가 되어야 한다고 말하곤 했다. 보수적인 아버지에게 반감을 가지고 있던 소녀 시절, 시몬은 증조할아버지가 가꿔놓은 메리냐크(Meyrignac) 정원이 있는 생-티바르(Saint-Ybard)에서 여름방학을 보내곤 했다. 첫 자서전인 『처녀 시절』(*Mémoires d'une jeune fille*

소녀 시절의 보부아르.
그녀는 어릴 때부터 영민한 두뇌와
재능으로 두각을 나타냈다.

rangée, 1958)에는 생-티바르에 머물면서 동생 엘렌과 함께 했던 행복한 기억들이 세밀하고 낭만적인 필치로 묘사되어 있다.

이 무렵 시몬은 오랫동안 혼자 산책을 하곤 했는데, 그럴 때마다 푸르른 하늘과 끝없는 지평선을 바라보며, 눈꺼풀을 간질이는 바람과 햇살에 온전히 자신을 맡겼다. 이런 경이로운 경험이 소녀의 마음속에 차곡차곡 쌓이면서 평범하지 않은 삶에 대한 열망으로 움트기 시작했다. 자서전에 따르면, 독서광이었던 그녀는 열다섯 살 때 이미 작가가 되기로 마음먹었던 것 같다. 독실한 신앙인이었던 어머니의 영향을 받으며 가톨릭계 학교에서 교육을 받고 있었지만, 시몬은 이때 이미 무신론자가 되어 있었다. 그리고 몇 년 후 그가 사랑했던 친구 '자자'가 죽었을 때, 시몬은 신앙으로부터, 또한 가족이라는 굴레로부터 완전히 자유로워졌다.

영원한 동반자 사르트르

사립학교를 졸업한 후 시몬은 소르본 대학 철학과에 입학해 열아홉 살 때 문학사 학위를 받고, 1929년 스물 한 살의 나이에 철학 교수 자격시험에 합격했다. 전해에 준비 없이 시험을 치렀다가 낙방한 장 폴 사르트르(Jean-Paul Sartre, 1905~80)가 이해에 재도전해 수석으로 합격했으며, 시몬이 차석이었다. 진위는 알 수 없지만, 실제로는 보부아르의 성적이 더 좋았으나 사르트르가 남자인데다 두 살 연상이라는 점을 감안해 점수를 올려주었다는 후문이 돌기도 했다.

시험 준비를 위한 토론에서 서로가 지적 소통의 완벽한 상대임을 깨달은 두 사람은 '필연적인 사랑'에 빠지지만, 합법적으로 상대를 구속하는 제도에 불과한 결혼을 거부하고 영원한 연인 관계를 유지하는, 이른바 '계약 결혼'을 하게 된다. 이는 어떤 형식이나 문서도 없이 말로 이루어진 약속의 한 형태로, 두 사람은 서로에 대한 신뢰를 바탕으로 평생 동안 그 약속을 지켰다. 시몬과 장 폴은 서로를 있는 그대로 인정했으며, 서로에게 자유를 부여했다. 당시의 보수적인 분위기에서 두 사람의 자유로운 동반자 관계는 크게 주목을 받았다.

시몬은 베르사유로, 사르트르는 북서부 항구 도시인 르 아브르(Le Havre)로 발령이 나서 두 사람은 한동안 함께할 수 없었지만, 이듬해에 시몬이 루앙(Rouen)에서 교사 자리를 구해 사르트르와 가까운 곳에 갈 수 있게 된다. 이 학교에서 그녀는 동료 교사인 콜레트 오드리(Colette Audry)를 비롯해 몇몇 학생들과 아주 가까워지게 되는데, 특히 올가 코사키에비치(Olga Kosakiewitcz), 비앙카 랑블랭(Bianca Lamblin)과는 동성애적 관계를 맺게 된다. 사르트르와 맺은 '계약' 덕분에 '필연적인 사랑'이 아닌 '우연한 사랑'까지도 발견할 수 있었던 것이다. 그녀는 또

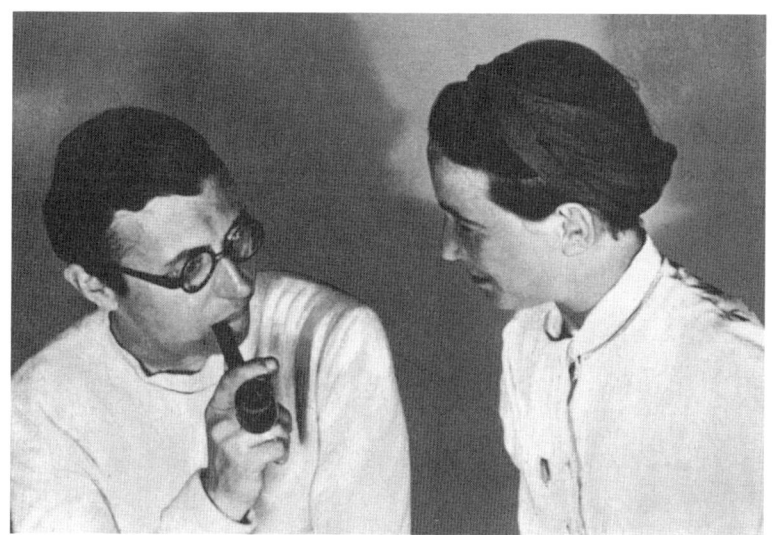

보부아르와 사르트르. 20세기 최고의 지성인 두 사람의 만남은
필연적인 사랑과 계약 결혼으로 이어졌다.

한 사르트르의 제자인 보스트(Jacques-Laurent Bost)와도 연인이 되었고, 그사이 사르트르는 올가와 관계를 맺는다. 이 '작은 가족'이라 불린 친구 그룹은 갈등과 소용돌이가 끊이지 않았으나 올가와 보스트가 결혼으로 맺어짐으로써 죽을 때까지 존속되었다.

'작은 가족' 안에서 찾은 인간의 허상

제2차 세계대전 직전에 사르트르와 함께 파리로 거처를 옮긴 시몬은 1943년에 소설 『초대받은 여자』(*L'invitée*)를 출판한다. 1938년부터 3년여 동안 쓴 이 소설의 성공을 기점으로 시몬은 본격적으로 작가 활동을 시작하고, 소설 외에도 희곡과 평론 등 저술 활동에 주력하게 된다. 소설에서 시몬은 자신과 제자인 올가, 사르트르와 겪은 삼각관계 경험을 바탕으로, 사랑에 빠진 인간의 엇갈리는 감정, 독점욕과 질투심, 끝없이 이어지는 내면의 목소리, 자기 자신에 대한 의문과 주변 인물들의 각기 다른 내면세계를 탐구한다. 인물들의 의식의 흐름을 통해 그들이 가진 내면의 갈등을 드러내면서, 여성이 삶을 주체적으로 선택하고 살아간다는 것의 의미, 그럴 때 여성이 빠질 수 있는 함정과 혼란의 궤적을 그린다.

  이 작품에서 소설가인 프랑수아즈와 유명한 배우이며 연출가이기도 한 피에르는 연인이자 동지이며 모든 것을 함께하는 특별한 관계다. 어느 날 두 사람 사이에 크자비에르라는 아름다운 소녀가 등장하고, 피에르와 크자비에르 사이에 특별한 감정이 싹트는 것을 깨달은 프랑수아즈의 마음 깊은 곳에서는 상실감과 질투가 들끓는다. 그러나 그는 연인을 존중해야 한다는 이성적인 판단으로 두 사람의 관계를 적극적으로 권유하며, 세 사람의 동반자 관계를 지속하자고 한다.

  피에르의 말대로 "어느 누구도 희생되지 않는 잘 균형 잡힌 세 사람의 생활", 서로를 공유하면서 동시에 독립적이어야 하는 이 위험한 곡예 속에서, 즉흥적이고 남의 시선에 아랑곳하지 않는 크자비에르는 피에르를 독점하려들지만, 프랑수아즈의 자리가 굳건한 것을 깨닫고 질투와 혼란에 빠져든다. 결국 피에르와의 관계를 더 나아지게 할 방법을 찾지 못한 크자비에르는 제르베르라는 극단의 젊은 무대감독과 사랑에 빠지게 된다. 전쟁이 발발해 피에르와 제르베르가 징집되어 떠난 후, 프랑수아즈는 크자비에르에게 보낸 제르베르의 편지를 숨긴다. 프랑수아즈가 제르베르와 몰래 만나 관계를 맺은 것을 알게 된 크자비에르는 두 번의 사랑을 모두 잃게 만든 프랑수아즈를 원망한다. 부질없는 질투와 욕망에 사로잡혀 사람들을 고통으로 몰아넣었다는 자책감에 괴로워하던 프랑수아즈는 결국 가스밸브를 열고 죽음을 택한다. "너무나 오랜 세월 동안 어두운 그림자로 그녀를 짓눌러온 그 존재", 크자비에르는 사실을 모른 채 프랑수아즈와 함께 죽어갈 것이다.

　자전적인 글쓰기를 통해 세상과 자기 자신으로부터 자유롭기를 희망했던 시몬은, 이 소설에서 상상의 인물들을 동원해 현실에서 자신이 겪는 감정의 소용돌이를 객관화한다. 이러한 자기 반영의 글쓰기는, 결국 이성적인 관계의 꿈이란 한낱 이론에 불과하다는 것을 고백하고, 허영과 질투와 자기 자신에 대한 회의 속에서 고뇌하는 한 인간의 허상을 숨김없이 보여주는 데 성공한다.

　이 소설이 호평을 받음으로써 시몬이 전업 작가로 전향하는 계기가 된 것은 사실이지만, 교직을 그만두게 된 데는 다른 이유가 있었다. 교직 생활을 하고 있었던 1943년 여름에, 시몬이 친하게 지내던 제자 나탈리 소로킨(Nathalie Sorokine)의 어머니가 교사의 문란한 생활이 제자들에게 나쁜 영향을 미친다는 내용의 진정서를 몇 차례 교육부에 제출했던 것이다. 그 진정서가 받아들여져 시몬은 해직되고 말았는데, 이는 당시 사회가 시몬과 같이 자유를 추구하는 여성에게 얼마나 가혹하고 보수적으로 대응했는지 말해주는 대목이기도 하다.

보부아르의 실존주의

　제2차 세계대전이 끝난 후 유럽 사회는 정신적인 혼란이 극에 달해 있었다. 인간의 본질에 대한 의문이 제기되었으며, 불안한 미래에 대한 전망이 절실히 필요했다. 이런 혼란 속에서도 시몬은 사르트르, 작가 아롱(Raymond Aron, 1905~83), 레리(Michel Leiris, 1901~90), 비앙(Boris Vian, 1920~59), 동갑내기 철학자 메를로-퐁티(Maurice Merleau-Ponty, 1908~61), 그 외 여러 좌파 지식인들과 함께 『르 탕 모데른』(*Le Temp Moderne*)이라는 월간지를 창간한다. '현대'를 의미하는 이 잡지의 목적은 현대문학을 통해 실존주의를 널리 알리는 것이었다.

사르트르가 이론으로 정립한 실존주의의 열렬한 옹호자였던 시몬은, 스스로 선택하지 않은 이 부조리한 세계에 태어난 인간이 어떤 삶의 의미를 찾아야 할 것인가를 탐구한다. 그런 맥락에서 시몬은 1946년에 『모호성의 윤리학』(*Pour une morale de l'ambiguité*)이라는 실존주의 철학 이론서를 발표했다. 모호함의 철학이란 다름 아닌 실존주의를 가리키는 말이다. 여기에서 시몬은, 인간은 본질상 선한 존재도 악한 존재도 아니며, 자신의 운명에 대한 유일한 주권자로서 인간은 순간순간 선택을 통해 운명을 만들어나가야 하는 존재임을 역설했다.

1944년에 두 번째 소설인 『타인의 피』(*Le sang des autres*)가 출판되었을 때, 시몬은 사르트르와 함께 실존주의 철학의 중심이 되어 있었다. 이 작품은 제2차 세계대전 당시 독일에 점령된 프랑스에서 활동하는 레지스탕스의 이야기다. 레지스탕스의 리더인 주인공 장에게는, 독일군의 작전을 방해할 테러를 위해 매일 조직원 중 한 명을 지명해야 하는 임무가 있다. 그는 매일 동료들을 지명해 죽음으로 내몰고 있음을 마음 깊이 고민하고 갈등한다.

연인인 엘렌이 조직에 가담한 후, 엘렌 역시 지명 대상에서 예외일 수가 없음을 알기에 더욱 괴로워하던 장은 어쩔 수 없이 엘렌을 지명하게 된다. 결국 부상으로 죽어가는 엘렌의 침대 옆에서 장이 과거를 회상하며 밤이 지나고, 다음날 아침 엘렌은 죽는다. 그리고 타인의 피를 흘리게 해야 하는 일의 중압감과 책임감으로 괴로워하던 장이 그럼에도 불구하고 다시 행동을 개시할 것을 결심하는 것으로 끝난다.

끌로드 샤브롤이 감독하고 조디 포스터가 엘렌 역을 맡은 「타인의 피」(1984년).
「타인의 피」는 보부아르의 정신적 자서전이자
제2차 세계대전 전후의 사상적·정신적 편력의 고백이기도 하다.

그리고 나는, 폐허 한가운데에 똑같은 나로서 여전히 여기 있을지도 모른다. 나의 미래는 이제는 이 길의 미래와 혼동되지 않고, 다만 나에게 속해 있다. 아무도 나를 가두는 게 없다. 나는 어디에도 없었고, 나의 힘 밖에 있었다. 갑자기 모든 일이 가능해졌다.

결국, 흐르는 피는 적이건 동지이건 모두 타인의 피일뿐이다. 그 모든 죽음들을 딛고 어떻게 살아남을 것인가? 이야기는 마침내 타인과의 연대를 통해 존재의 새로운 지평을 열어가는 한 지식인의 의미 있는 선택을 보여준다.

내일 총에 맞아 죽을 사람들은 선택하지 않은 사람들이다. 나는 그들을 짓눌러 버리는 바위다. 나는 저주를 벗어나지 못할 것이다. 영원토록 나는 그들에게 타인일 것이고, 영원토록 나는 그들에게 운명의 맹목적인 힘일 것이고, 영원히 나는 그들과 결별하게 되리라. 모든 돌과 바위를 무해하고 헛된 것으로 만드는 이 지고한 선(善), 각자를 모든 타인과 나 자신으로부터 구해주는 이 선—자유—을 지키기 위해 내 생명을 바칠 수 있다면, 그렇다면 나의 열정은 헛되지 않게 될 것이다.

이 작품은 지식인의 현실 참여 문제, 그리고 인간이라면 무릇 가져야 할 양심과 책임감에 대한 진솔한 고민을 담고 있다. 또한 보부아르 자신의 정신적 자서전이자 제2차 세계대전 전후의 사상적·정신적 편력의 고백이기도 하다.

그 후 시몬은 실존주의의 핵심인 현실참여를 실행에 옮기기 위해 노력했다. 미국과 중국, 러시아, 쿠바 등 여러 나라를 여행하며 피델 카스트로, 체 게바라, 마오쩌둥, 라이트(Richard Wright) 같은 공산주의 혁명 지도자들을 만났고, 미국 흑인들의 삶을 흥미롭게 관찰한『미국여행기』와 중국여행기인『대장정: 중국에 관한 에세이』를 발표했다.

보부아르의 작품세계: 사랑, 여성, 실존 그리고 독백

실존주의가 전후 세계를 풍미하고 있었던 1947년, 사르트르와 보부아르는 강연에 초빙되어 미국으로 간다. 시카고에서 시몬은 당시 좌파 지식인으로 헤밍웨이가 미국의 차세대를 이끌 소설가라고 예견했던 작가 넬슨 올그런(Nelson Algren, 1909~81)을 만나 사랑에 빠졌고, 그 후 약 17년 동안 두 사람은 수백 통의 편지를 주고받으며 열애를 이어간다.

프랑스어를 모르는 넬슨을 배려해 보부아르가 영어로 써서 보낸 사랑의 편지들[1]은 1997년에『연애편지』(*Lettres à Nelson Algren*)라는 제목으로 갈리마르(Gallimard) 출판사를 통해 세상에 공개되었는데, 편지에서 드러나는 시몬은 이론가이자 실존주의 여전사의 모습이라기보다는 정열적이고 낭만적인 사랑의 주인공이다.

편지에는 연인에 대한 뜨거운 사랑과 동시에 자신의 독서에 관한 이야기, 여행에 대한 열망, 소설가 카뮈(Albert Camus, 1913~60), 극작가 콕토(Jean Cocteau, 1889~1963), 조각가 자코메티(Alberto Giacometti, 1901~66) 같은 친구들과의 교류 등 당시 파리 지식인의 삶이 생생하게 묘사되어 있다.

결코 내면의 소리를 외면하지 않은 보부아르의 가식 없는 고백으로 가득 찬 편지들에는 사랑의 격정이 거리낌 없이 표현되어 있다. 또 주변 상황을 실감나게 전하기 위해 세밀하게 묘사된 일상 덕분에, 시몬의 편지들은 당대의 문학적·정치적 삶에 대한 일종의 르포르타주로서 가치를 지니고 있기도 하다.

보부아르에게서 강한 여전사의 모습만을 보았던 많은 사람들이 놀라움과 실망을 표했지만, 일간지 『르 몽드』(Le Monde)에 실린 서평은 "전투적이며 불같은 보부아르 대신 자연스러운 보부아르를 발견하는 뜻밖의 즐거움을 선사한다"며 후한 평가를 내렸다.

1949년에는 여성 해방 이론의 고전이 된 『제2의 성』을 발표한다. 그는 이 책에서 '여성다움'의 신화를 날카롭게 파헤치고, 생물학과 역사학을 동원해 여성의 특질과 원인을 분석한다. 그는 여성의 종속이 '자연'이라는 믿음을 거부하고, 전통적인 '여성다움'의 개념에 의해 희생당하는 여성의 자아를 "여성은 여성으로 태어나는 것이 아니라 만들어지는 것"이라는 유명한 테제로 세상에 알린다.

이 책은 역설적으로 남성 중심주의에 빠져 있다거나 이상주의적·자민족 중심주의적이라는 비판을 받지만, 광범위한 영역에서 여성의 상황을 분석하고 다양한 스펙트럼을 통해 문제를 제기했고, '제1의 성'으로 간주되는 남성에 대비한 '제2의 성', 즉 '타자'로서의 여성의 현재를 적나라하게 보여주었다. 이 책을 세상에 내놓자, 곳곳에서 엄청난 비난과 항의가 쏟아졌다. 신화·문명·종교·해부학·전통을 통해 여성의 조건을 분석한 것이 논란을 불러일으켰고, 특히 당시에 살인과 동일하게 여겨지고 있던 낙태와 모성을 다룬 부분에 대해 거센 비난이 쏟아졌다.

보부아르를 지지하는 사람은 별로 없었지만, 인류학적 관점에서 책을 평한 레비-스트로스(Claude Lévi-Strauss, 1908~2009)만은 시몬을 지지해주었다. 모리아크(François Mauriac, 1885~1970) 같은 대작가들은 책의 논쟁 방향에 반대하며 그를 비난했다. 바티칸에서는 이 책을 금서로 지정했다. 카뮈도 프랑스 남성 전체를 조롱했다며 보부아르를 비판했다. 이 책에 문제점이 없다고 할 수는 없지만, 결국 보부아르는 여성을 열악한 사회적 조건에서 살아가게 하는 사회 시스템을 해부함으로써 페미니즘의 초석을 놓았다.

세 번째 소설인 『인간은 모두 죽는다』(*Un homme accepte l'immortalité*, 1947)는 어느 마법사에게서 영원히 죽지 않는 불사(不死)의 약을 얻게 된 포스카의 이야기다. 주저 없이 그 약을 먹은 포스카는 600년 동안 죽지 않고 아끼는 사람들이 죽어가는 것을 바라볼 수밖에 없다. 결국 포스카에게 남은 것은 아무것도 없다.

내게는 풍파를 피할 만한 곳도 없고, 미래도 없고, 또한 현재도 없다. 그 어디에도 없고, 과거도 가지고 있지 않으며, 미래도 가지고 있지 않고, 현재도 가지고 있지 않은 한 사나이인 것이다. 나는 아무것도 바라지 않았다. 나는 그 누구도 아니었다.

모든 의미를 잃었을 때, 포스카는 사르트르의 『구토』(*La Nausée*)에서 주인공 로캉탱이 겪는 실존적 부조리의 각성, 즉 존재가 필연이 아닌 우연임을 깨닫는 것과 흡사한 경험을 한다. 그는 결코 죽지 않는, 죽을 수 없는 존재가 됨으로써 "실존은 본질에 앞선다"는 실존주의의 대명제를 깨닫고, 자신이 세상이 미리 정해놓은 어떤 본질적인 "누구"가 아님을 안다. 그리고 마침내 삶을 기획하고 이끌어나갈 수 있는 자유야말로 인간에게 주어진 인간다움의 조건임을, 미래를 위한 선택의 권리가 온전히 자기 자신에게 있음을 분명하게 깨닫고 있는 것이다. 1953년에 발표한 희곡 『식충이들』(*Les bouches inutiles*)[2)]에서도 시몬은 이 소설과 같은 주제를 다루고 있다.

프랑스에서 가장 권위 있는 문학상으로 지극히 남성 중심적으로 시행되어온 공쿠르 상을 시몬에게 안겨준 것은 1954년에 발표한 네 번째 소설『레 망다랭』(*Les mandarins*)이었다. 이로써 시몬은 세계적으로 가장 많이 읽히는 작가 중 한 사람이 되었다. 제목의 'mandarins'은 'mandarin'의 복수형으로, 원래는 중국, 특히 청나라 시대 관리나 학자를 의미하는데, 여기서는 높은 지위를 누리며 자기만의 전문적인 영역에 갇혀 현실을 외면하고 뜬구름 잡는 것 같은 추상적인 사유에 탐닉하는 고리타분한 지식인을 말한다.

이 소설에서 우리는 전후 유럽의 혼란스러운 상황과 좌우파 사이에서 갈팡질팡하는 지식인들의 혼돈, 그리고 양심과 사상 사이의 갈등, 결국 현실 참여를 택한 지식인의 고통을 엿볼 수 있으며, 저자의 고뇌에 찬 독백체가 읽는 사람이 쉽게 공감할 수 있는 여지를 마련해준다.

여성, 그리고 인간 속으로

1958년부터 시몬은 편견과 천박한 전통으로 가득 찬 부르주아적 환경에서 벗어나기 위해 여성이라는 불리한 조건에서 자신이 어떻게 노력해 왔는가를 고백하는 자서전 집필을 시작한다. 시몬에게 자전적 글쓰기는 정신적으로 성숙해가는 과정과 자유를 추구하는 삶의 방식을 기술하는 방법이자 동시에 자신의 문제들로부터 자유로워지는 탈출구이기도 했다. 시몬의 자서전으로는 『처녀 시절』(1958), 『한창나이』(*La Force de l'âge*, 1960)가 있으며, 1972년에『총결산』(*Tout compte fait*)을 펴냈다. 자서전을 쓰면서 시몬은 자신에게 어떤 비밀도 허락하지 않았다. 그래서 그의 자서전을 읽는 독자는 마치 그 시대의 상황을 지켜보는 관찰자가 된 것처럼 느낀다.

넬슨 올그런(가운데), 올가 보스트와 함께(1949년).
올그런과 보부아르는 17년간 열애를 이어간다.

여성의 자질구레한 일상에 대한 상세한 세부 묘사들이 눈앞에 펼쳐지면, 독자는 마치 자신이 소녀가 되고 처녀가 되는 듯 시몬에게 동화되고 만다. 행동하는 지식인, 사회의 지도자, 페미니즘 투사로서 시몬이 아니라, 자유롭지 못하고 제약이 많은 세계를 살아가는 한 여성으로서 내면의 억눌림과 고통, 그리고 자유를 향해 나아가려 애쓰는 한 인간을 보게 되는 것이다.

한편으로 시몬은 자서전에서 자신과 사르트르의 관계가 완전히 성공적이라고 자평했다. 물론 두 사람의 관계는 항상 열정적이었지만, 그들은 오래전부터 더 이상 고유한 의미의 부부는 아니었다. 그러나 긴 세월 동안 대서양을 오가며 사랑을 키워온 올그런이 청혼했을 때, 시몬은 그의 청혼을 거절했다. 자신의 사상을 존중해주고 진심 어린 조언을 아끼지 않는 평생의 동지 사르트르를 버릴 수 없었던 것이다. 결국 1944년부터 1963년까지의 삶을 담은 회고록 『상황의 힘』(*La Force des choses*, 1963)[3]을 계기로 올그런과의 인연은 끝나고 말았다.

회고록에서 시몬은 사르트르 외에 두 사람의 연인, 즉 39세에 만난 올그런과 44세에 만난 17세 연하의 영화감독 랑즈만(Claude Lanzmann, 1925~)[4]을 언급하고 있다. 그런데 이듬해에 출판된 이 회고록의 영문판을 본 올그런이 생각보다 자신의 비중이 적은 데에 격노했고, 이후 두 사람은 헤어졌다.

시몬은 1964년에 어머니의 죽음을 회상한 『편안한 죽음』(*Une mort très douce*)을 출판한다. 사르트르는 이 작품을 시몬의 최고 작품으로 꼽았다. 그 고통스러운 슬픔을 겪으면서, 시몬을 지탱해준 것은 당시 시몬의 철학 수업을 듣는 학생이었던 실비 르 봉(Sylvie Le Bon)이었다. 이 두 사람의 관계는 모호해서, 어머니와 딸 같기도 하고, 우정 어린 친구

같기도 하고 또는 연인 관계 같기도 하다. 시몬은 자서전 『총결산』에서 이 관계를 50년 전 '자자'와 자신의 관계와 비슷하다고 말했다. 결국 실비 르 봉은 시몬의 양녀가 되어 그의 모든 것을 상속받았다.

1968년에 발표한 소설 『위기의 여자』(*La Femme Rompue*)는 22년 동안 결혼 생활을 하며 남편과의 신뢰를 바탕으로 자식들을 훌륭하게 키워내 자족하며 살아가는 주부 모니크에 대한 이야기다. 그런 그녀에게 다른 여자를 사귀고 있고, 가족과 정부 중 어느 하나도 놓치고 싶지 않다는 남편의 고백은 청천벽력이나 다름이 없었다. 아내로서, 어머니로서의 역할 외에 진정한 자기 자신을 알지 못하는 모니크는 그제야 자신의 정체성이 아예 없었다는 사실을 깨닫는다. 모니크는 남편이 그려놓은 이미지에 불과했던 것이다.

> [모니크의 이미지는] 솔직하고 성실하고 '진짜'이며 교활하지 않고 타협을 모르면서도 이해심이 깊고 관대하며 감수성이 높고 생각이 깊은, 그리고 사물과 사람들에 대해서 자상하게 마음을 쓰며, 사랑하는 사람들에게 정열적으로 헌신하며, 그들을 위해 행복을 창조해내는 여성의 이미지였다.[5]

자신이 두 딸과 친구들에게 동정을 구하고 있음을 깨달은 모니크는 결국 자기 자신만이 해결할 수 있는 일임을 알기에, 홀로서기를 결심한다. 모니크는 이제 자신이 "움직이지 않으면 [미래를 향해 열린] 그 문이 열리지 않을 것"임을 알고 있으며, "두렵지만 그 누구에게도 구원을 청할 수 없다는 것"[6]을 알고 있다.

이 소설에서 보부아르의 문제의식은 순종적이고 수동적인 것이 곧 '여성다움'이라는 사회의 관습과 통념에 길들여진 채 살아가는 여성의 현실을 향하고 있다. 그 보이지 않는 울타리에 균열이 일어났을 때, 한때 견고하다고 믿었던 것들이 시간이 흘러 부서지고 마모되는 것임을 깨달았을 때, 한 인간이 맞닥뜨려야 하는 삶의 무게, 그리고 선택의 문제를 진지하게 이야기하고 있는 것이다.

1969년에 발표한 평론집 『노년』(La Vieillesse) 역시 『위기의 여자』와 같은 문제의식을 단초로 하고 있다. 인간은 사회 속에서 타인들에 의해 규정되는 자아와 스스로 규정하는 자아를 동시에 가지고 살아가는 존재다. 노년은 바로 그 두 자아의 모습이 크게 괴리된 상태이기 때문에, 고독과 소외를 면하기 어렵다. 사회의 암묵적 동의 아래 무시되어온 노인 문제에 대해 새로운 관심을 불러일으킨 이 평론집에서, 시몬은 풍부한 사례를 통해 노년의 현실을 제시하면서 '나이 들어간다는 것'의 의미를 논한다.

마치 나이 듦의 위대함을 증명이라도 하듯, 이미 예순을 넘긴 1970년대부터 보부아르는 본격적으로 프랑스 여성해방운동에 뛰어들어 페미니즘 이론가이자 적극적인 활동가로 나섰다. 1971년에는 '343선언'에 서명했는데, 이 선언은 당대 최고의 프랑스 여성 지식인 343명이 참여하여 당시 프랑스에서 불법이었던 낙태를 허용할 것을 주장한 운동이었다.

이어 시몬은 유대계 프랑스인 변호사이자 페미니스트인 알리미(Gisèle Halimi), 철학자 바댕테르(Elisabeth Badinter, 1944~)[7]와 함께, 알제리 전쟁 당시 여성들에게 가해진 고문의 진상을 밝히는 데 힘을 쏟았으며, 프랑스 여성들이 낙태할 권리를 획득하는 데 결정적인 역할을 했다. 또 여성을 대상으로 한 차별과 갖가지 범죄를 규탄하는 시위대 속에서도, 프랑스 여성운동가들이 조직한 새로운 '어머니의 날' 행진 대열 속에

일생의 동반자, 보부아르와 사르트르(1970년). 사르트르는 1970년경부터 건강이 급격히 악화된다. 『작별 의식』은 사르트르를 떠나보낸 보부아르의 자전적 고백이다.

서도, 불의에 저항하는 시위대 속이라면 어김없이 그 특유의 터번을 머리에 두른 보부아르를 찾아볼 수 있었다. 또한 시몬은 공장과 학교를 찾아다니고 노동자를 만나고 정치 지도자들을 만나며, 자신이 살고 있는 세계를 끊임없이 연구했다.

자유롭게 된다는 것은 다른 이들도 자유롭기를 원하는 것

1980년 사르트르가 세상을 떠난 후, 시몬은 1970년경부터 건강이 급격히 악화된 사르트르가 세상을 떠나기까지 두 사람의 이야기를 쓴 『작별 의식』(*La Cérémonie des adieux*)을 출판한다. 마지막 자전적 글쓰기에 해당하는 이 글은 두 사람이 함께한 마지막 10년간이 너무나 생생하게, 그리고 지나칠 정도로 솔직하게 묘사되어 있어서, 많은 사람들에게 큰 충격을 안겨주었다. 그에 따르면 사르트르는 더 이상 지적 능력으로 보부아르를 압도할 수 없었고, 철학적 논쟁도 할 수 없었다고 한다. 이에 대해 죽은 사람을 폄훼했다는 비난이 쏟아지기도 했다. 시몬은 또한 사르트르가 양녀인 아를레트 엘카임(Arlette Elkaïm)을 대하는 태도에 대해 자신이 느꼈던 불쾌감도 솔직히 고백하고 있다. 그러나 '계약 결혼'이라는 약속을 바탕으로, 한때는 복잡한 애정 관계에 빠지며 위기를 맞기도 했던 두 사람의 관계에 대해 보부아르는 이렇게 말한다. "우리 두 사람은 한 사람이나 다름없다고 말할 때 나는 거짓을 말한 것이 아니다. 두 개인 사이의 조화는 그냥 이루어지지 않는다. 그것은 끊임없는 노력을 필요로 하는 것이다." 그리고 이렇게 결론을 내린다. "이제 그 [사르트르]의 죽음이 우리를 갈라놓았다. 나의 죽음으로 우리가 재결합하지는 않을 것이다. 이제 우리 두 사람, 충분히 긴 세월 동안 생을 함께 했으니 말이다."

시몬은 1986년에 파리에서 양녀 실비 르 봉 드 보부아르, 그리고 1952년부터 59년까지 연인이었던 랑즈만이 임종을 지켜보는 가운데 세상을 떠났다. 그의 장례식은 사르트르의 장례식만큼 큰 규모로 엄숙하게 치러졌고, 전 세계 사람들이 애도했다. 그녀는 파리 몽파르나스 묘지의 사르트르 곁에 누웠다. 그 오른편에는 올그런이 묻혀 있다.

1968년 이후, 페미니즘의 어머니로서뿐만 아니라 실존주의 철학자이자 이론가로서 시몬의 학문적 업적에 대한 재평가가 이루어짐으로써, 그를 프랑스의 주요 사상가로 인정하는 시각이 일반화되었다. 참여하는 지

디트마르 파이히팅거가 설계한 시몬 드 보부아르 인도교.
프랑스 국립도서관과 연결되어 있다.

식인으로, 페미니즘 투사로 알려졌던 보부아르는 점차 열정적으로 자유를 추구하는, 내면의 목소리에 귀 기울일 줄 아는 인간적인 모습으로 읽히기 시작했다. 또한 시몬의 세계가 단순히 사르트르의 사상을 좇는 그림자 같은 것이 아니라, 좀더 나은 소통을 위해 글쓰기의 실험을 게을리하지 않는 독자적인 작가의 세계라는 점도 재조명되었다. 다시 말해 사르트르가 자신의 특수한 철학적 주제를 설명하는 데 문학을 적극 활용했다면, 보부아르는 자신의 생생한 체험을 작품 속에 담아 독자들과 솔직하고 진실한 대화를 나누기 위해 부단히 노력한 작가였던 것이다.

보부아르의 장례식에서 바댕테르는 "세계 모든 여성들이여! 지금 당신들이 얻은 것은 모두 보부아르 덕택"이라고 했다. 2008년에 열린 시몬 드 보부아르 탄생 100주년 기념 심포지엄에서 소설가 아니 에르노

(Annie Ernaux, 1940~)는 보부아르의 책을 읽지 않았더라면 자신은 작가가 될 수 없었을 것이라고 고백했다. 또 불가리아 출신 문학이론가이자 철학자인 크리스테바(Julia Kristeva, 1941~)는 17, 18세 무렵 『제2의 성』을 읽었을 때, 그리고 1971년의 '343선언'에서 보부아르의 이름을 보았을 때 받았던 충격이 지금도 생생하다고 증언했다. 알제리 이민 2세로 사르코지 정부의 정무장관에 기용된 아마라(Fadela Amara)는 새해 인사에서 "자유롭게 된다는 것은 다른 사람들도 자유롭기를 원하는 것"이라는 보부아르의 말을 인용하면서 보부아르 탄생 100주년을 기렸다. 그해 『르 몽드』 특집 기사 서평에는 "우리가 시몬 드 보부아르를 사랑하는 것은, 그의 정직함, 투명함, 끊임없는 진리의 추구, 그리고 자유를 향한 의지를 존경하기 때문"이라는 찬사가 실렸다.

2006년에 건축가 디트마르 파이히팅거(Dietmar Feichtinger)는 파리의 센 강을 가로지르는 37번째 다리를 설계했고, 그 다리에는 시몬 드 보부아르 인도교(Passerelle Simone-de-Beauvoir)라는 이름이 붙여졌다. 부드러운 곡선이 특징인 이 다리는 프랑스 대표 지성인의 이름을 딴 것에 걸맞게 지식의 산실인 프랑스 국립도서관(Bibliothèque nationale de France)으로 연결된다. 이는 프랑스가, 어쩌면 전 세계가 여성의 삶을 새롭게 살아낸 이 용감한 사람에게 바치는 크나큰 오마주일 것이다.

시몬 드 보부아르를 알기 위해 더 읽어볼 책

시몬 드 보부아르에 대한 평전들
『보부아르 보부아르』| 클로딘 몽테유 지음, 서정미 옮김, 실천문학사, 2005
시몬과 그의 동생 엘렌 드 보부아르, 치열한 삶 속에서 서로를 아끼고 사랑한 자매의 일대기를 생생하게 그렸다. 시몬과 달리 엘렌은 평탄한 삶을 살았고 큰 명성을 얻지는 못했지만, 페미니스트 화가로서 당대 여성의 실존에 대한 고뇌를 많은 그림과 조각 작품에 담은 또 다른 의미의 투사였음을 강조하고 있다.

『보부아르와 사르트르, 천국에서 지옥까지』| 헤이젤 로울리 지음, 김선형 옮김, 해냄, 2006
보부아르와 사르트르의 사랑을 다룬 평전. 두 사람의 특별한 사랑에 매료된 저자는 생존인물들의 증언과 편지 등 방대한 자료를 바탕으로, 우여곡절이 많았지만 결국 오랜 세월 유지되었던 두 사람의 사랑의 근원을 탐구한다.

『시몬 드 보부아르 익숙한 타자』| 우르술라 티드 지음, 우수진 옮김, 앨피, 2007
기존의 평전들이 범상치 않은 시몬의 삶을 조명하는 데 집중하고 있는 것과는 대조적으로, 이 책은 시몬 드 보부아르의 사유를 정리, 재평가하고 그의 저술들이 지닌 철학적인 의미를 재조명하고 있다.

우리말로 번역 출판된 시몬 드 보부아르의 저작들
『노년』| 홍상희 외 옮김, 책세상, 2002 『처녀 시절/여자 한창때』| 이혜윤 옮김, 동서문화사, 2010 『미국여행기』| 백선희 옮김, 열림원, 2000 『위기의 여자』| 손장순 옮김, 문예출판사, 1998 『연애편지 1, 2』| 이정순 옮김, 열림원, 1999 『타인의 피』| 전채린 옮김, 범우사, 1999 『편안한 죽음』| 함유선 옮김, 아침나라, 2001 『제2의 성』| 이희영 옮김, 동서문화사, 2009 『레 망다랭』| 송면 옮김, 삼성출판사, 1983

시몬 드 보부아르 연보

1908 1월 9일, 파리에서 부르주아 집안의 맏딸로 태어남.
1913 가톨릭계 사립학교인 데지르 학원에 입학.
1927 소르본 대학 졸업.
1928 철학교수 자격시험을 준비하던 중 사르트르를 만남.
1929 소르본 대학교에서 철학 전공으로 교수자격시험에 차석으로 합격.
1931~36 마르세유의 한 고등학교에서 학생들을 가르침.
1939 카미유 세 고등학교, 앙리 4세 고등학교에 근무하며 소설 창작에 몰두.
1943 소설 『초대받은 여자』 출판. 교사직에서 해고됨.
1944 실존주의의 윤리적 측면을 강조한 철학적 평론집 『피로스와 키네아스』 발간.
1945 희곡 『식충이들』, 소설 『타인의 피』 발간. 『르 탕 모데른』 창간에 참여.
1946 소설 『인간은 모두 죽는다』 출판.
1947 철학적 에세이 『모호성의 윤리학』 발표.
1949 대표작 『제2의 성』이 출판되어 세계적인 파문을 일으킴.
1954 소설 『레 망다랭』이 출판되고, 공쿠르 상을 받음.
1958 자전적 소설 『처녀 시절』 출판.
1964 암으로 사망한 어머니의 투병과 임종을 다룬 『편안한 죽음』 발표.
1968 소설 『위기의 여자』 출판.
1970 철학적 에세이집 『노년』 발표.
1972 자전적 소설 『총결산』 출판. 일간지 『리베라시옹』(Libération) 창간.
1974 프랑스 여성 권리 연맹 의장으로 활동.
1980 4월, 사르트르 사망.
1981 사르트르의 죽음을 지켜보며 쓴 자전적 소설 『작별 의식』을 사르트르와의 대화를 기록한 『사르트르와의 대담』과 함께 출판.
1983 사르트르에게서 받은 편지를 모은 『카스토르에게 보낸 편지』 출판.
1986 4월 14일 사망.

10 루이제 린저 Luise Rinser

모든 생을 사랑하다

서유정 | 한국외국어대학교 외래교수 • 독어독문학

"나는 살려고 해요. 나는 생명을 가진 모든 것을 사랑해요. 그러나 당신은 이해할 수 없어요. 당신은 한번도 살아본 적이 없으니까요. 당신은 삶을 비켜갔어요. 한번도 모험을 하지 않았어요. 그래서 당신은 아무것도 얻지도 못했고 잃지도 않았어요."

루이제 린저(Luise Rinser, 1911~2002)

생에 대한 뜨거운 열정, 린저와 전혜린

　루이제 린저(Luise Rinser, 1911~2002)를 이해하고 싶다면, 단적으로 그녀의 소설 『생의 한가운데』(1950)를 읽어보면 된다. 39세 때 출판된 이 소설로 린저는 일약 가장 유명한 독일의 전후작가로 입지를 굳히게 되었고 세계적인 작가라는 명성을 얻게 되었다. 우리나라에는 1961년 독문학자 전혜린이 처음 번역 소개했다. 이 책이 한국에서 독일문학을 대표하는 작품 중에 하나로 수용되어온 것은 어쩌면 시대의 관습에 역행하며 짧은 생을 살다 간 전혜린이라는 이름이 갖는 신비감 때문일 수도 있다. 또는 아직 독일문학에 대한 소개가 턱없이 부족했던 시절 그녀가 손수 한국어로 번역, 소개한 작가와 작품이라는 사실 때문인지도 모른다.

　우리나라에서 스테디셀러가 된 이 책이 명성을 얻게 되면서 '루이제 린저'와 '전혜린'(1934~65)이라는 두 이름은 자주 연관되곤 한다.[1] 왜 전혜린은 린저의 작품에 애착을 가졌을까. 전혜린은 가사일과 '자연'의 속성으로만 여성을 매어두려 했던 당시의 시대의식에 몹시 염증을 느꼈고, 여성과 '정신'의 결합을 그 누구보다도 갈망하고 동경했다. 이러한 갈망은 삶에서 동떨어진 추상적인 영역에 대한 동경이 아닌 '생' 그 자체에 대한 강렬한 충동과 연관된다. 그러나 삶과 직접적으로 연결된 여성의 삶이 오히려 삶에서 소외되고 있음을 느낄 때마다 전혜린의 절망은 깊었을 것이다. 다음과 같은 고백에서 전혜린의 생에 대한 열정을 직접적으로 느낄 수 있다.

　격정적으로 사는 것, 지치도록 일하고 노력하고 열기 있게 생활하고, 많이 사랑하고 아무튼 뜨겁게 사는 것, 그 외에는 방법이 없다. 산다는 것은 그렇게도 끔찍한 일, 어려운 일이다. 그러나 그만큼 더 나는 생을 사랑

한다. 집착한다.[2]

1950~60년대 한국 땅에서 살면서 가사와 육아, 일을 겸해야 하는 여성이 '정신'이 녹아든 삶에 대한 갈증을 해소하기란 거의 불가능에 가까운 일이었다. 결국 그 누구보다도 생에 대한 열정이 강했던 전혜린은 스스로 생을 마감하게 되는 역설적인 결말을 초래하게 된다.

전혜린의 열정은 루이제 린저의 소설『생의 한가운데』의 주인공 니나 부슈만과 그 문체나 태도가 매우 흡사하다. 전혜린은『이 모든 괴로움을 또다시』에서 이 소설에 대해 "가끔 싫증나게 헝클리고 얽힌, 그러나 생생하고 고상한 좋은 소설이다. 특히 여자에겐 소위 여성 취향 소설이 아닌 것만 해도 몹시 다행스러운 일"[3]이라고 느낌을 적고 있다. 그리고 문득문득 "지금 나의 내면의 순수한 명령은『생의 한가운데』같은 책을 쓸 것을, 아니면 번역할 것을 명한다"[4]는 글귀에서 이 작품에 대한 전혜린의 남다른 애정을 느낄 수 있다. 그것은 바로 자신을 대변해주는 이야기라고 느꼈기 때문이었을 것이다.

'생의 한가운데'에서 루이제 린저를 만나다

사실 소설 자체보다 전혜린처럼 열정적으로 사는 주인공 '니나 부슈만'이라는 이름이 더 유명할 것이다. 작가인 루이제 린저 자신의 모습 역시 니나라는 인물 속에 투영된 것으로 보인다. 나아가 독자들은 어떤 틀에도 매이지 않고 거침없이 삶 속으로 뛰어드는 니나의 모습에서 자신들 속에 잠재되어 있는 삶에 대한 열정을 공감할지도 모른다.

이 소설의 틀은 니나와 니나의 언니가 오랜 세월이 지난 후 다시 해후하면서 니나가 살아온 이야기를 자신의 진술과 일기 또는 다른 사람들과 주고받은 편지를 통해 언니가 재구성해나가는 형식으로 되어 있다. 특히 니나와 그녀를 오랫동안 사랑하고 갈망해온 슈타인 박사의 편지와 일기가 소설의 주요 뼈대를 이루고 있다. 인생을 모험으로 생각하며 삶 자체를 긍정하는 니나가 행동형 인간이라면, 언제나 삶의 언저리만 맴돌 뿐 삶이라는 대해 속에 뛰어들지 못하는 슈타인 박사는 사변형 인간이라고 할 수 있다. 삶에 대한 진지성에서 소통이 가능했고 서로에게 끌린 두 사람이었지만, 이 사랑은 끝내 실현되지 못하고 어긋나기만 한다. 결국 슈타인 박사는 자살로 생을 마감하고, 니나의 삶은 모험을 계속한다.

니나는 한마디로 다양한 유형의 여성상 내지 인간상을 한 몸에 체현하고 있는 다중적이고 복합적인 내면을 갖고 있는 여성이다. 마치 한 번의 생으로 수많은 인생을 살아내는 모습이라고 할 수 있다. 아이 같은 순진 무구한 여자, 어느 정도의 팜 파탈적인 면모, 또는 순종이 지나쳐 굴종으로까지 보이는 전통적인 "구닥다리"[5] 여성, 타자성을 갖지 않은 해방된 여성, 자연스러운 감정에 따라 뭇 남성들을 사랑하는 자유연애주의자, 아이들 자랑을 늘어놓는 지극히 평범한 엄마, 위험한 저항운동에 과감히 뛰어드는 휴머니스트이자 정치운동가. 니나의 삶은 과도하다. 그래서 삶에 대한 니나의 욕망은 집착이 아닌가 싶을 정도다. 하지만 삶에 대한 니나의 집착은 역설적으로 그녀가 생을 초월할 수 있게 한다. 열정적으로 혼신을 다해 살아냈기 때문에 미련 없이 현재의 삶을 떠나보낼 수 있는 것이다. 그녀의 삶을 이끄는 유일한 대원칙은 다가오는 삶을 피하지 않는다는 것이다. 니나는 다음과 같이 말한다.

우리는 생의 의미를 알려고 했어요. 그래서는 안 되는 거죠. 만약 의미를 묻게 되면 그 의미는 결코 체험할 수 없게 돼요. 의미에 대해 묻지 않

는 자만이 그 의미가 뭔지 알아요.[6]

니나는 위험한 여자이기도 하다. 자신과 타인을 삶의 극단으로까지 몰고 가기 때문이다. "그러나 여성들은 너무 많은 모험을 하면 그 힘을 잃어버리지요"라는 슈타인 박사의 조언에 니나는 이렇게 주장한다.

나는 살려고 해요. 나는 생명을 가진 모든 것을 사랑해요. 그러나 당신은 이해할 수 없어요. 당신은 한번도 살아본 적이 없으니까요. 당신은 삶을 비켜갔어요. 한번도 모험을 하지 않았어요. 그래서 당신은 아무것도 얻지도 못했고 잃지도 않았어요.[7]

니나의 이 말은 린저의 인생관을 한마디로 집약한 표현이라고도 할 수 있다. 그녀는 인생에서 많은 것을 잃은 만큼 또한 많은 것을 얻었기 때문이다. 소설에서 슈타인 박사가 표현한대로 니나는 "생 자체에 대한 비유"[8]다. "모든 것을 경험해야만 한다" "내가 모르는 세계는 너무 많았어"[9]라며 생에 대한 목마름과 인식욕을 드러내는 니나를 여성 전체로 확대해서 본다면, 어쩌면 그때까지 삶이라는 것에 제대로 참여할 수 없었던 여성의 세계인식에 대한 갈망이 봇물처럼 터진 게 니나라는 허구적인 인물일 것이다. 이 소설에 대해 대체로 남성보다 여성이 더욱 열광하는 것은 다 살아내지 못한 숱한 여성들의 삶이 세대를 거쳐 끊임없이 소리치고 있기 때문은 아닐까.

'맑고도 냉엄한 정신의 법칙'이 이끈 삶

자신이 창조한 니나와 마찬가지로 루이제 린저는 90년이라는 긴 생애를 그야말로 파란만장하게 보냈다. 사생활에서도 그랬고 공적인 생활에서도 그랬다. 그녀는 30편에 달하는 장편소설과 수많은 단편소설, 에세이, 기고문, 논문, 편지, 일기문, 여행기 등 산문작가로서 왕성한 집필활동을 했다. 또한 위장결혼을 포함해서 결혼을 세 번이나 했고, 두 아들을 둔 엄마이기도 했다. 그녀는 감옥생활도 해보았으며, 독일 대통령 후보에 추대될 정도로 정치에도 깊은 영향력을 행사했다. 또한 세계정세에 영향력을 행사하던 김일성, 달라이 라마, 호메이니와 같은 정치계와 종교계의 거물급 인사들을 직접 방문하러 평양, 티베트 등 쉽지 않은 여행길을 마다하지 않은 여성이었다. 사회의 음지에서 가난과 불의에 희생당한 영혼에 남다르게 공감한 그녀는 진정한 사회주의자였다.

한편으로 그녀는 가톨릭에 깊이 뿌리를 박은 종교인이기도 했다. 하지만 결코 종교적 환상 속에서 헤매는 편협한 신자가 아니라 현실과 종교와의 괴리를 없애기 위해 교회라는 보수의 벽을 허물려고 애쓴 작가였다. 그녀는 신부들의 독신생활 폐지를 주장하며 심지어 가톨릭계의 영향력 있는 신부들과도 우정과 이성애의 경계를 넘나드는 관계를 맺기도 했다. 또한 예술, 특히 음악에 대한 조예는 오르프(Carl Orff, 1895~1982)[10]나 윤이상과 같은 현대음악계 거장들의 이름이 그녀의 이력에 친밀하게 오르내리게 만들었다. 요컨대, 린저의 삶은 양적으로 치자면 몇 사람의 인생을 혼자 살아낸 것처럼 정력적이고 열정이 넘치는 삶이었다.

루이제 린저는 1911년 4월 30일 독일 남부 오버바이에른의 뮌헨 근교 피츨링이라는 곳에서 태어났다. 그곳은 레히 강이 흐르는 란스베르그 시의 한 구역이다. 아버지는 엄격하고 편협한 독실한 가톨릭 신자로 교사이자 교회 오르간 주자이기도 했다. 소박한 가정에서 태어난 아버지와 달리 어머니는 지주의 딸이었으며 지적이었지만 신자는 아니었다. 유년기와 청소년기에 부모와의 관계는 그다지 좋지 못했는데 이에 대해서는 그녀의 자서전이라고 할 수 있는 『늑대를 껴안다』(*Den Wolf umarmen*, 1981)의 첫 부분에 묘사되어 있다. 13세가 되는 1924년, 린저는 아버지의 직업을 이어받아 교사가 되기 위해 대도시 뮌헨으로 가게 되고, 그곳에서 교육학과 심리학을 공부하여 우수한 성적으로 졸업한다. 그 후 바이에른의 여러 지역에서 교사로 일한다. 이때의 교사경험은 한 젊은 여자가 외지로 가서 척박한 삶과 부딪치는 내용을 담은 소설 『다니엘라』(*Daniela*, 1953)에 반영되어 있다.

1933년부터 정권을 장악하게 된 독일 나치당은 나치당 가입을 의무화하지만 린저는 여기에 가입하지 않는다. 정식교사직을 얻게 된 후에도 나치당 가입을 거부하다가 1939년에 자진해서 퇴직해버린다. 그해에 그녀는 피아니스트 겸 지휘자인 호르스트 슈넬(Horst Günter Schnell)과 결혼하고 남편을 따라 브라운슈바이크와 로스톡에 거주하며 아들 둘을 출산한다.

1940년, 린저는 처녀작 『잔잔한 가슴에 파문이 일 때』(*Die gläsernen Ringe*)를 발표하여 성공을 거둔다. 헤세(Hermann Hesse, 1877~1962)가 찬사를 보낸 이 소설은 한 여자 아이의 유년기와 사춘기에 접어드는 시기를 다룬 자전적 소설로, 가톨릭적 정서, 일상 속에서 비밀과 신비를 추구하는 다분히 소녀취향적인 성장소설이며 동양적 정취를 담고 있어 향후 린저 작품의 주요 모티프와 분위기를 선취하고 있다. 밝고 즐거웠던 유년기를 지나 성(性)에 눈뜨기 시작하는 불안한 소녀의 마음은 다음과 같이 '정신'을 추구하기로 결심하는 구절로 끝맺음된다.

나는 비로소 알았다. 앞으로 나의 생애를 이끌어갈 것은 뒤엉키고 어두컴컴하며 괴로움에 찬 인간적인 격정이 아니라는 것을. 맑고도 냉엄한 정신의 법칙이 바로 나의 생애를 끌고 가리라는 사실을 비로소 알게 됐던 것이다.[11]

린저의 남편은 1942년 전쟁에 징집되어 러시아에서 전사한다. 다시 오버바이에른으로 돌아온 그녀는 두 아들을 데리고 궁핍한 생활을 해나간다. 그러다가 1943년 동료작가인 헤르만(Klaus Hermann)과 위장결혼을 한다. 그는 공산주의자이자 동성애자였기 때문에 나치로부터 이중 삼중의 위협을 받고 있었다. 그를 돕기 위해서 위장결혼을 감행한 것이다. 하지만 1944년 린저는 전쟁을 비판하고, 휴가 나온 젊은 군인들에게 군에 복귀하지 말라고 말한 것이 화근이 되어 나치당원인 친구의 남편에 의해 고발당한다. 결국 린저는 '군사력해체' '국가반역'이라는 죄목으로 체포되고, 트라운슈타인 여자감옥에 수감되지만, 다행히 이듬해인 1945년, 종전과 함께 미군에 의해 석방되어 사형을 모면한다. 그리고 이때의 수감체험을 『옥중일기』(*Gefängnistagebuch*)라는 일기형식으로 1946년에 출판한다. 수감체험은 이후 린저가 정치와 사회문제에 깊이 참여하게 만드는 계기가 된다.

1950년대에서 1960년대까지 린저의 문학

1948년에는 반유대주의와 전쟁을 비판하고 실향의 문제를 다루고 있는 단편소설 『바르샤바에서 온 얀 로벨』(*Jan Lobel aus Warschau*)을 출판한다. 아버지는 전쟁터로 나가고 할머니와 어머니, 아이들만 남아 있는 올렌스키가(家)에 도망친 유대인 얀 로벨이 함께 기거하게 된다. 가족들이 처음에 가졌던 그에 대한 적대감 또는 두려움은 점점 애정과 신비감으로 변한다. 얀은 점점 집안에 활기를 가져다주는 중심인물이 되었고 모두가 얀을 나름대로 사랑하게 된다. 드디어 전쟁이 끝나고 집으로 돌아온 아버지 올렌스키는 가족들이 자신을 반기기보다는 자신의 빈자리를 채워준 얀을 잃게 될까봐 두려워하는 모습에 분노한다. 그러면서 그의 유대인 적대 감정은 노골화되고 가족들과의 갈등은 깊어진다.

    그리고 그는 얀 쪽을 바라보았다./ "그가 유대인이라는 게 사실이야?"/ "예."/ 율리아가 큰소리로 말했다./ "그건 사실이에요. 그리고 그는 폴란드 사람이에요. 6년 동안 강제수용소에 있었어요. 아버지. 사람들이 그의 부인까지 죽였어요."/ 그녀는 대들듯이 흥분한 얼굴로 아버지를 쳐다보았다. 그러자 그는 그만두라는 듯 손을 내저었다./ "그런 것까지 내가 알아야 할 필요는 없어."/ 그 순간 얀은 자리에서 일어나 가까이 다가갔다. 올렌스키는 고개를 움츠렸다. 얀이 그의 앞에 와서 섰다. 올렌스키는 아래에서 위로 훑어보았다./ "이런 놈은 때려죽여야 하는 건데."/ 그는 이렇게 중얼거렸다./ 얀은 몸을 약간 앞으로 숙였다. 올렌스키는 천천히 주먹을 들어 올려 가려운 턱을 쓱 문지르며 말했다./ "그래, 하지만 나는 안 해."/ 얀이 그의 옆에 앉았다./ "그래요. 당신은 그러지 않을 겁니다. 또 굳이 그래야 할 이유도 없구요. 우린 둘 다 오랫동안 집을 떠나 있었죠."/ 올렌스키는 못 믿겠다는 표정으로 그를 쳐다보았다. 그들은 한동안 침묵했다. 그러고 나서 얀이 말했다./ "이제 당신은 집으로 돌아왔어요."/ 올렌스키는 천천히 주먹 쥔 손을 폈다. 그리고 긴 팔을 아래로 늘어뜨렸다.[12]

    결국 얀은 그 집을 떠나 팔레스타인으로 밀항하려다 익사했다고 알려진다. 이 소설에서 린저는 유대인 얀을 '고향이 없는 사람들'을 대표하는 인물로 그리고 있으며, 부정적인 유대인 이미지를 긍정적인 이미지로 전환시키고 있다. 이 작품은 전후 독일문학에서 가장 먼저 반유대주의 문제를 주제화시킨 작품 가운데 하나로 자리매김하고 있다.

1950년에 대표작 『생의 한가운데』(Mitte des Lebens)를 출판하고, 1952년 작곡가 카를 오르프와 재혼하며 고통스러운 7년간의 결혼생활을 시작한다. 린저는 가사일과 재정관리뿐만 아니라 오르프의 공연, 녹음작업에도 동행하는 등 작곡가의 부인으로서도 살아야 했다. 하지만 이 결혼은 "천재와의 결혼생활은 지옥이었다"[13]라는 결론과 함께 결국 파경을 맞는다.

이혼과 함께 린저는 로마에 새로운 삶의 터전을 물색했다. 1959년 로마로 이주한 린저는 로카 디 파파(Rocca di Papa)에 직접 집을 짓고, 이후 오랫동안 독일과 이탈리아를 오가는 생활을 시작한다. 이 시기의 대표작으로는 『다니엘라』(1953), 『코너스로이트에 관한 진실』(1953), 일종의 범죄소설인 『속죄양』(1955), 소설집 『흰 수선화 한 다발』(1956), 『생의 한가운데』의 후속편인 『덕성의 모험』(1957) 등이 있으며, 이밖에도 수많은 서평, 에세이, 신문 문예란 기사 등을 썼다.

50대에 접어든 1960년대, 린저의 삶은 좀더 공적인 영역으로 확장된다. 작가로서의 활동과 더불어 그녀는 종교·정치·사회 등 모든 분야의 현안에 대해 적극적인 발언과 참여를 한다. 특히 루이제 린저의 세계를 형성하는 중요한 요소는 종교였다. 그녀의 작품에는 거의 언제나 수도원과 신부가 등장하고 성당과 가톨릭 의식의 형식미에 도취된 분위기가 감돈다. 그러나 보수적인 가톨릭 신앙에서 출발한 린저의 종교성은 세월이 흐르면서 점점 좌파적이고 진보적인 신앙으로 발전한다. 린저는 가톨릭 교회의 개혁운동을 적극 지지했으며, 특히 수사들의 독신규율을 자연스럽지 못한 것으로 비판했다. 교회의 보수성을 비판하는 글로는 1965년 「기도의 의미」(1965), 「평신도여! 원격조종당하지 말라」(1967), 「성직자의 독신생활과 여성」(1967), 「오늘날 신부가 되는 일의 불가능성과 가능성에 대하여」(1968) 등이 대표적이다. 또한 로마로 이주한 이후부터 여성 잡지에 독자들을 위한 인생상담을 기고하기 시작했으며, 이 글은 곧 편집되어 출판된다. 『인생문제에 대한 대화』(Gespräche über Lebensfragen, 1966), 『우리 시대의 젊은이』(Jugend unserer Zeit, 1967), 『사람과 사람의 대화』(Gespräch von Mensch zu Mensch, 1967), 『질문들과 대답들』(Fragen, Antworten, 1968)이 바로 그것이다.

성직자 카를 라너, M.A. 그리고 린저의 삼각관계

그녀는 여러 가톨릭 성직자들과 줄곧 친밀한 관계를 유지했으며, 그 관계는 때로는 애정의 색채를 띠기도 했다. 그녀가 운명으로 여긴 열렬한 사랑의 대상도 바로 끝내 이름을 밝히지 못한 채 'M.A.'라는 이니셜로 명명된 어느 신부였다. 심지어 그녀는 또 다른 신부와 함께 삼각관계와 유사한 사이를 유지하기도 했다. 그 신부는 바로 20세기 최고의 개혁 신학자 중 하나인 예수회의 라너(Karl Rahner, 1904~84)[14]였다. 이 세 사람은 1962~65년까지 열린 로마 가톨릭의 중요한 회의인 제2차 바티칸 공의회에서 만나게 된다. 라너는 신학고문으로 참가했으며 린저는 언론인으로 참가했다.

린저와 M.A.는 이미 친밀한 관계였고 라너는 M.A.에 대한 질투심에 괴로워하며 린저에게 거의 이삼일에 한 번꼴로, 어떤 경우에는 하루에도 몇 통의 편지를 보냈다고 한다. 린저와 라너의 편지교신은 라너가 죽을

카를 라너에게 보낸 루이제 린저의
편지모음집 『외줄타기』의 표지.

때까지 22년간 지속되었으며, 라너가 사망한 지 10년 후인 1994년, 린저는 자신이 라너에게 보낸 편지를 추려 『외줄타기』(*Gratwanderung*)라는 제목으로 출판했다. 하지만 라너가 린저에게 보낸 편지는 오해의 여지가 있다는 이유로 라너의 상속기관인 예수회 교단에서는 여전히 출판을 허가하지 않고 있다. 현대의 가장 영향력 있는 신학자로 불리는 라너는 이 편지에서 린저 앞에 무릎을 꿇으면서 사랑을 호소하기도 하고 하늘나라에 가면 그녀와 한방을 쓰고 싶다는 말을 하기도 했다고 한다. 하지만 린저가 라너의 사랑에 응할 수 없었던 것은 그가 독신을 서약한 수사라는 이유 외에도 M.A.에 대한 정절을 지키기 위해서였다고 한다.

린저와 대한민국 그리고 윤이상

노년에 들어서면서 린저는 자신의 일기를 엮어 꾸준히 출판했다. 나이

60대에 들어선 1970년 『공사장―어떤 일기』를 시작으로 『경계넘기』(1972), 『전쟁의 장난감』(1978), 『겨울의 봄』(1983)을 출판했다.

1983년에 출판한 장편소설 『미리암』(*Mirjam*)에서는 『성서』에 나오는 막달라 마리아가 막달라 출신의 미리암으로 묘사되고 있다. 미리암의 어린 시절부터 예수와 그 제자들과의 만남과 예수가 죽은 후의 삶이 복음서의 문체를 빌어 미리암 자신의 관점에서 허구화되어 서술되고 있다. 이는 여성의 관점에서 새롭게 쓴 예수 이야기라고 할 수 있다. 1991년에는 중세의 기사였던 아벨라르와 엘로이즈의 유명한 사랑 이야기를 주제로 한 소설 『아벨라르의 사랑』(*Abaelards Liebe*)을 출판했다. 린저는 이 두 사람의 아들의 목소리를 빌려 나중에 수사가 되고 수녀가 되는 이 둘의 사랑을 정신적 사랑으로 승화시켜 묘사하고 있다. 인간적인 사랑과 구도자의 사랑이 하나일 수 있음을 말하면서 성과 속의 합일이라는 린저의 종교관이자 인생관을 암시하고 있다고 볼 수 있다.

린저의 인생관이자 철학을 한마디로 표현하자면 전체와 통일을 추구하는 자세라고 할 수 있겠다. 그러므로 그녀는 모든 것을 포용하고 이해하고 관심의 대상으로 삼는다. 이러한 그녀의 인생관은 가톨릭 신앙을 가진 서양인으로서 동양의 종교와 사상을 끌어안는 신비주의적 보편종교를 추구하는 데로 귀결된다. 동양에 대한 그녀의 관심은 앞에서도 언급했듯이 그녀의 처녀작에 이미 암시되어 있는데, 그녀가 갖게 된 종교다원주의 경향은 이를 더욱 강화시키는 요소가 된다.

남녀작가를 막론하고 유명세를 타는 외국의 어느 작가도 루이제 린저만큼 한국이라는 나라에 깊숙이 관여하고 관심을 보인 작가는 없을 것이다. "내가 한국에 대해서 글을 쓰는 것은 내가 이 나라와 이 나라 사람들을 깊이 사랑하기 때문입니다"[15)]라고 고백하는 린저는 당시 독일과 마찬

북한을 방문한 루이제 린저,
김일성과 함께(1988년).
린저는 독일과 마찬가지로
분단국가인 한국에 특별한 관심을
가지고 있었다.

가지로 분단국가인 한국에 특별한 관심을 가졌다. 1975년에는 남한을 방문하고 그 인상을 적은 『고래가 싸울 때』를 발표했으며, 그로부터 5년 뒤인 1980년에는 북한을 방문하기도 했다. 많은 부분에서 북한과 김일성을 긍정적으로 묘사하고 있는 북한방문기 『루이제 린저의 북한이야기』 (Nord-koreanisches Reisetagebuch)는 논쟁을 불러일으키기에 충분했다. 그녀는 김일성에게 매료되어 몇 차례 북한을 방문했으며 그와 각별한 친분관계를 유지했고, 1986년 북한으로부터 훈장과 평양대학의 명예박사학위를 받기도 했다. 북한에 대한 그녀의 평가문제는 차치하더라도 북한방문기를 쓰면서 그녀가 명료하게 말하고 싶었던 것은 북한을 "서구적인 눈으로 볼 것이 아니라 아시아의 눈으로 보아야 한다는 것"[16]이다.

윤이상과 루이제 린저. 그녀는 윤이상과 각별한 우정을 바탕으로 한국의 민주화에 관심을 기울였다.

바로 이러한 태도는 서양과 동양을 모두 품을 수 있는 린저의 포용력이라고 할 수 있을 것이다.

1975년에는 서양의 악기와 음악기법으로 동양의 음악을 표현해 세계적인 작곡가로 인정받게 된 한국의 작곡가 윤이상(1917~95)을 만나 평생 우정을 맺는다. 그리고 윤이상 전기라고 할 수 있는 대담형식의 『상처입은 용』(Der verwundete Drache, 1977)을 출판한다. 이 책은 1981년 일본에서 출판되었고 1992년에는 북한에서도 출판되었다. 동베를린 조작사건 후유증으로 한국에서는 1988년에야 처음 소개되었다가 절판된 후 2005년에 재출판되었다. 린저의 윤이상과 그의 음악에 대한 이해는 동양사상에 대한 그의 이해와 관심의 폭을 보여주고 있다. 책의 「서문」에서 린저는 이 책을 쓰게 된 동기와 자신의 생각에 대해 다음과 같이 말하고 있다.

민속원에서 출판한
『상처입은 용』 표지.
린저와 윤이상과의 대담형식으로
서술된 윤이상 전기다.

　이 주제를 선택한 것은 내가 아니었다. 주제가 나를 선택했다. 윤이상과 나는 친구다. ……우리의 우정은 다음 네 가지 중요한 공통점 위에서 이루어졌다. 그 네 가지는 도교철학, 현대음악, 독재 아래에서의 정치적 압박과 투옥 경험, 한국의 민주주의 회복을 위한 활동이다.[17]

　나는 극동의 철학이나 종교, 극동의 정치 상황이나 문화에 관해서라면 당장 필요한 정도의 지식은 충분히 가지고 있었다. 게다가 나는 한국을 방문한 적이 있어 한국적 풍토와 한국인의 정서를 내 마음으로 받아들이고 있었다. 독일에 거주하는 한국인과의 교류, 특히 윤이상과의 교류는 점차 내 마음을 한국 문화를 생각하고 느끼게 하는 방향으로 열어나갔다.[18]

린저는 국적·인종·문화의 차이에 매이지 않는다. 그녀는 모든 시대와 모든 민족을 관통하여 공감대를 형성할 수 있는 공통점을 인간 속에서 발견하고 싶어한다. 또한 그 공감대 속에는 '시대사'라는 역사의식이 늘 함께한다. 독일을 대표하는 작가인 토마스 만(Thomas Mann, 1875~1955)이 린저를 두고 시대악과의 싸움에서 불굴의 용기를 보인 작가라고 평한 것처럼 노년의 린저의 삶은 개인사적인 차원을 뛰어넘고 있다. 예술가 윤이상의 전기를 쓰는 일도 다음의 말처럼 이와 같은 맥락에서 이해될 수 있겠다.

우리들의 절박한 목적은 작곡가 윤이상에 대해 쓰는 것이 아니고 독재체제에 의해 자유를 빼앗긴 한 예술가, 그리고 그런 운명으로 인해 많은 사람들과 운명을 함께 한 하나의 모델이자 증인이며 고발자인 한 예술가에 대해 쓰는 것이라는 말이었다.[19]

달라이 라마와 페미니즘을 논하다

1995년에는 티베트의 성자인 달라이 라마와의 만남과 대화를 엮어 『공감: 평화에 이르는 길』(*Mitgefühl als Weg zum Frieden*, 한국어판 제목은 『평화. 루이제 린저와 달라이 라마의 아름다운 만남』)이라는 제목으로 출판한다. 이것은 동양의 사상과 종교에 대한 린저의 더욱 심화된 이해가 드러나는 책이다. 달라이 라마와의 대화에서 린저는 서양과 동양의 사고방식과 종교를 비교하면서 두 문화권의 통합적인 이해와 화해를 추구한다. 또한 여성성과 공감능력이 평화의 가치가 되는 것임에 린저와 달라이 라마가 합의하고 있는 대목에서 린저의 동양사상에 입각한 페미니즘이 이미 서양의 페미니즘의 한계를 극복하고 있음을 엿볼 수 있다.

린저와 라마. 린저는 동양사상에 대한 깊은 이해와 공감을 바탕으로 페미니즘의 한계를 극복하고자 했다.

"공감이 최고의 미덕이라는 말씀대로라면 정신적 해탈의 기회는 여자가 더욱 많이 누릴 수 있겠군요, 성하. 여자들이야말로 아주 섬세한 감성으로 공감할 줄 아니까요." 나는 이렇게 물었다.

"그렇지요. 여성들은 한결 자발적으로 반응합니다. 무엇보다도 감정에 솔직하고 섬세하기 때문이지요. 모성애 때문이 아닐까 싶습니다. 어머니는 아기에게 공감의 가치를 일깨워줄 소중한 임무가 있지 않습니까? 젖을 먹이며 아기와 체온을 나누는 것이야말로 최고의 공감이겠지요. 그건 말로는 표현할 수 없는 경지입니다. 바로 이것이 여성에게 맡겨진 가장 중요한 일일 것입니다. 공감을 나누는 것, 인간 사회에서 이보다 더 중요한 일이 있을까요!"

"그렇다면 올바른 정치를 위해서도 여성이 가장 큰 기여를 하고 있는 것이 아닐까요. 평화를 위한 정치의 근본은 공감일 터이니 말입니다."

달라이 라마는 고개를 끄덕였다. "그러고 보니 티베트를 지원하는 많은 봉사 단체의 구성원 대부분이 여성입니다."

나는 화답했다. "인생 전반에 걸쳐 가장 위대한 변화는 전형적인 남성의 힘을 상징하는 양(陽)이 점차 여성의 힘인 음(陰)에게 자리를 내어주는 것이라고 봅니다. 우리는 이 음을 일러 공감이라거나 동정 혹은 자비라고 부르는 게 아닐까요. 페미니즘의 진정한 의미는 남녀 간의 투쟁이 아닙니다. 특히 정치 같은 분야에서 서로 경쟁하는 것이 페미니즘은 아닐 것입니다. 남성에 대한 증오에 기초한 페미니즘은 파괴적일 따름입니다."[20]

삶으로 이야기하는 작가, 루이제 린저

루이제 린저는 2002년 3월 17일 뮌헨의 운터하힝 요양소에서 심부전으로 사망한다. 그녀는 90세라는 결코 짧지 않은 삶을 살면서 사적으로나 공적으로나 많은 일을 겪었다. 그녀의 삶은 나이를 더해갈수록 점점 더 세상으로 나아가는 삶이었다. 그야말로 진정한 인류애의 작가라고 평가받는 이유다.

활동가로서 그녀에 대한 평가는 사뭇 엇갈리기도 한다. 1970년대에는 독일을 떠들썩하게 했던 테러범들인 구드룬 엔슬린과 안드레아스 바더와 친분이 있었다는 사실 때문에 "테러리스트의 동조자"라는 말을 듣기도 한다. 또한 1984년에는 1933년 발표한 몇 편의 친히틀러 시 때문에 그녀를 "나치여류시인"으로 명명한 쿠르트 치젤의 고발에 맞서야 했다. 하지만 그녀가 그 시의 저자라는 것이 아직 분명하게 해명되지 않고 있다가 최근에 발간된 린저의 전기 『루이제 린저—모순의 삶』(*Luise Rinser—Ein Leben in Widersprüchen*, 2011)에서 린저가 투옥되기 전까지 나치주의자로 활동했음이 확인되어 충격을 주고 있다. 린저의 말년의 친구인 호세 산체스 데 무리요가 쓴 이 책에서 저자는 린저가 나치주의자에서 전향한 이후의 휴머니스트적 행보에 대해서는 그 진실성을 의심하지 않지만, 결과적으로는 모두에게 거짓말을 한 것은 사실이라고 말함으로써 이후 린저에 대한 재평가 작업에 귀추가 주목된다.

문학적인 평가에서도 린저는 아마도 일반 독자의 평가와 문학평론가들의 평가가 엇갈리는 대표적인 작가일 것이다. 그녀의 작품들은 지금까지 500만 부 이상 팔렸으며, 생전에 독자들과 긴밀한 소통을 유지했고, 다양한 삶의 문제들에 대해 훌륭한 카운슬러 역할을 하기도 했다. 린저의 작품은 실험적 언어라든가 새로운 문학기법 등을 추구하지는 않는다. 그녀의 글은 쉽고 간결하고 이야기를 엮어내는 데 주력한다. 이것이 린저가 두터운 독자층을 갖게 된 주된 이유이기도 할 것이다. 그러나 그녀의 평범하다고 할 수 있는 문학성은 줄곧 문학 비평가들의 힐난의 대상이 된다. 과장된 감정과 멜로적인 구성, 키치적인 소재, 때로는 은근한 자아도취, 자기과시욕 등이 대체적인 비난의 내용들이다. 또한 그녀의 종교 성향으로 인해 그녀의 문학은 "교화적 종교문학"[21] 등으로 폄하되기도 한다.

그러나 모든 문학적 논란을 덮을 수 있는 것은 무엇보다도 린저 스스로가 몸소 보여준 행동하는 삶일 것이다. 모순으로 들리겠지만, 린저는 언어로 이야기하는 작가라기보다 삶으로 이야기하는 작가라는 점에서 다른 작가들과 구별되는 독특한 위상을 갖는다. 오늘날까지 동서를 막론하고 그녀가 많은 독자층을 갖고 있는 이유는 그녀의 글과 삶을 통해 우리의 무미건조해진 현대의 일상을 충만한 의미로 채우고 싶어하는 삶에 목마른 현대인들의 갈증 때문인 것으로 보인다.

루이제 린저를 알기 위해 더 읽어 볼 책들

『다니엘라』 | 루이제 린저 지음, 김태희 옮김, 혜원출판사, 2002
다니엘라는 린저가 추구하는 이상적인 여인상이다. 황폐한 광산촌을 개척하고 순화시키려는 다니엘라와 어느 신부가 나눈 사랑을 그리고 있는 장편소설이다. 도덕적으로 타락한 광산촌 사람들과 영혼의 사랑과 세속적인 사랑의 갈등 속에서 방황하는 신부, 이들 모두를 다니엘라가 사랑으로 구원한다는 내용이다.

『완전한 기쁨』 | 루이제 린저 지음, 김태희 옮김, 혜원출판사, 2002
불구자인 주인공의 일인칭 화자 시점으로 한 가정에서 보여지는 어머니의 편애와 형제애, 사랑, 심리적인 갈등을 그리고 있다. 어두움 속에서 빛이 되는 마리 카타리느의 적극적인 삶과 희생을 통해 인간의 근원적인 고뇌와 갈등, 인류애를 통한 사랑의 승화를 역설한 장편소설이다.

『루이제 린저 단편선』 | 루이제 린저 지음, 노영돈 옮김, 도서출판 미크로, 1999
「바르샤바에서 온 얀 로벨」 등 린저의 주요 단편소설들을 모았다.

『붉은 고양이』 | 루이제 린저 지음, 홍경호 옮김, 범우사, 2007(개정판)
단편소설 「백합」 「붉은 고양이」 「안나」 「마르벨 부인」 「어두운 이야기」가 실려 있는 단편집이다.

『내가 아닌 사람과 사는 지혜』 | 루이제 린저 지음, 곽복록 옮김, 지식공작소, 2001
'당신은 행복합니까?' '당신은 사랑받고 있습니까?' '당신은 당신의 친구를 믿습니까?' '당신에겐 미래가 있습니까?' 등과 같은 삶의 물음에 대한 저자의 인생에세이 38편 모음집으로, 사랑·질투·성실·단정함·태연함 등 인생의 여러문제에 대한 현명한 대답이 돋보인다.

루이제 린저 연보

1911 독일 바이에른 주 피츨링 출생.
1929 독일 뮌헨 대학교에서 심리학과 교육학 공부.
1935~39 교편생활.
1940 귄터 슈넬과 결혼. 첫 장편소설『잔잔한 가슴에 파문이 일 때』출판.
1944 반나치즘 활동으로 인한 수감생활.
1946 『옥중일기』출판.
1950 『삶의 한가운데』출판.
1945~57 『노이에 차이퉁』문예비평가 활동.『다니엘라』(1953),『속죄양』(1955), 『흰 수선화 한 다발』(1956),『덕성의 모험』(1957) 발표.
1953~58 작곡가 카를 오르프와 결혼.
1959 로마로 이주. 독일과 이탈리아를 오가는 생활 시작.
1962 장편소설『완전한 기쁨』출판.
1975 남한 방문.
1976 남한 방문의 인상을 적은『고래가 싸울 때』출판.
1977 대담 형식의 윤이상 전기『상처입은 용』출판.
1980 북한 방문. 방문기『루이제 린저의 북한이야기』출판.
1983 장편소설『미리암』출판.
1984 녹색당의 연방대통령 후보지명.
1991 장편소설『아벨라르의 사랑』출판.
1994 카를 라너에게 보낸 편지모음집『외줄타기』출판.
1995 달라이 라마와의 만남과 대화를 엮은『공감. 평화에 이르는 길』출판.
2002 3월 17일, 뮌헨의 운터하힝 요양소에서 심부전으로 사망.
2011 4월, 호세 산체스 데 무리요가 쓴 전기『루이제 린저—모순의 삶』출판.

11 샤오훙 蕭紅

역사를 넘어서 인간의 내면을 꿰뚫다

오경희 | 백석문화대학교 중국어학부 교수 • 중어중문학

"나뭇잎새 푸르고 시냇물 노래하니
소녀야! 봄이 왔단다!
작년 봄 베이징에선 살구를 먹으며 시다 했는데
지금 나의 운명은 살구보다 더 시도다."

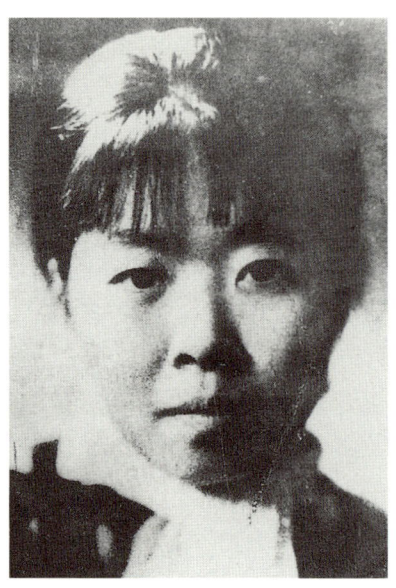
샤오훙(蕭紅, 1911~42)

다시 찾은 보석, 샤오훙의 문학

고독하고 불행하게 살다가 서른한 살의 나이에 요절한 중국 여성 작가 샤오훙(蕭紅, 1911~42)을 가장 먼저 중국학계에 알린 이는 아이러니하게도 미국인 중문학자 거하오원(葛浩文, Howard Goldbatt)이었다. 그는 1979년에 자신의 박사논문이기도 하며, 샤오훙의 생애와 작품을 분석한 『샤오훙 평전』(蕭紅評傳)을 그녀의 고향인 하얼빈과 그녀가 생을 마감한 홍콩에서 동시에 출판한다.

10년이 채 안 되는 짧은 기간 동안 세 편의 중·장편소설과 40여 편에 이르는 단편소설, 70여 편의 산문을 남긴 샤오훙은 이 미국인 학자 덕분에 잃어버렸다가 되찾은 보석처럼 수많은 중국인들의 애정과 관심을 받게 되었다. 특히 샤오훙이 중국의 민족혼이자 현대문학의 아버지라 불리는 루쉰이 키운 작가라는 점이 강조되면서, 루쉰이 그녀의 『생사장』(生死場) 「서문」에 써준 "여성 작가의 세밀한 관찰과 흔한 틀을 초월한 필치가 아름답고 신선함을 더해준다"[1]는 평가는 샤오훙 문학 연구자들의 글 속에 가장 많이 등장하는 평이 되었다.

1980년대 말부터 중국에서 샤오훙의 작품은 발견되는대로 속속 문학적 가치를 인정받았고, 또한 그녀의 인생과 작품에 대한 연구서와 단행본이 '샤오훙 현상'이나 '샤오훙 붐'이라 불릴 만큼 수없이 쏟아져 나왔다.[2]

나의 운명은 살구보다도 더 시도다

샤오훙은 1911년 6월 1일 중국 동북쪽 헤이룽지앙 성(黑龍江省) 후란현(呼蘭縣)의 지주 집안에서 태어났다. 샤오훙의 본명은 장나이잉(張乃瑩)이며 샤오훙은 차오인(悄吟)과 함께 쓰던 그녀의 필명이다. 샤오훙은 아홉 살 때 생모를 여의고, 그녀를 한번도 좋은 얼굴로 대하지 않고 자주 매를 댔던 부친과 냉담하기 그지없는 계모 아래서 자랐다.[3] 그녀가 중학교를 졸업한 후 봉건적인 정혼에 반항하여 가출했던 일은 널리 알려진 사실이다.

  1930년에 그녀는 사촌오빠를 따라 베이징으로 가서 여사대부중학교에 다니던 중 오빠의 친구인 이(李) 모를 알게 되었으나 그는 이미 처자가 있는 유부남이었다. 그녀는 청천벽력과 같은 사실에 상심하며 고향으로 돌아온다. 그러나 한 번의 가출로 '호적에서 지운다며' 화를 내는 부모의 냉대와 핍박 때문에 다시 집을 나온다. 그때 정혼했던 약혼자의 유혹에 끌려 그와 여관에서 7개월을 동거했는데 어느 날 그는 돈을 구하러 간다며 나간 후 다시 돌아오지 않았다.

  그녀는 만삭의 몸으로 밀린 여관비를 내지 못해 주인에게 인질로 붙잡혀 사창가에 팔려갈 위기에 놓이게 된다. 그녀는 학창 시절, 독자로서 종종 글을 투고했던 하얼빈 국제협보라는 신문사에 여관의 창문을 통해 쪽지를 던져서 구원을 요청한다. 이때 그녀를 구하러 온 국제협보의 기자이자 문인인 샤오쥔(蕭軍)[4]은 그 어두컴컴한 여관방에서 샤오훙이 똑바른 글씨체로 써놓은 「봄 노래」(春曲)라는 시를 보았다. 그리고 그의 말을 그대로 전하면 "맑고, 아름답고, 사랑스럽고, 빛나는 영혼"을 지닌 그녀에게 반해버렸다.

「봄 노래」

나뭇잎새 푸르고 시냇물 노래하니
소녀야! 봄이 왔단다!

신혼 시절 샤오훙과 샤오쥔 부부(1934년). 샤오쥔은 "맑고, 아름답고, 사랑스럽고, 빛나는 영혼"을 지닌 샤오훙에게 반해버렸다.

작년 봄 베이징에선 살구를 먹으며 시다 했는데
지금 나의 운명은 살구보다도 더 시도다.

두 사람은 신혼 시절 하얼빈의 상스지에(商市街)라는 곳에서 동거하며 1933년에 공동으로 소설집 『발자취』를 출판한다. 샤오훙은 이 소설집에 차오인이라는 필명으로 하층 농민 여성의 수난과 항일 의식 고취를 다룬 단편소설들을 발표한다. 그중에 「왕씨 아줌마의 죽음」(王阿嫂的死)은 가난한 하층 여성인 왕씨 아줌마의 비극적인 운명을 그리고 있다. 곧 아이를 낳을 예정인 왕씨 아줌마는 부모를 잃은 일곱 살짜리 여자아이 샤오환을 데려다 키운다. 그녀의 남편은 지주의 분뇨차를 모는 차부였다. 그는 지주가 1년 동안이나 임금을 주지 않자 화가 나서 술에 취해 짚더미 위에서 잠이 든다. 그리고 지주가 짚더미 위에 불을 붙인 사실을 모른 채 죽어간다. 왕씨 아줌마는 만삭의 몸으로 지주에게 배를 발길로 차여 피를 흘리며 아이를 낳다가 죽는다.

샤오훙은 하층 여성의 수난을 통해 계급 모순에 중첩된 성적 억압을 드러낸다. 가난 중에도 고아 샤오환을 돌보는 왕씨 아줌마의 사랑과 임신은 그녀에게 닥친 불행과 폭력 앞에서 더 지속될 수 없다. 냉랭한 세계 속에 또다시 혼자 던져져 울부짖는 샤오환의 미래도 역시 어두울 뿐이다.

또 다른 작품「광고 보조」(廣告副手)는 도시에서 영화간판 보조로 일하는 여성의 내면적 갈등을 그리고 있다. 남편의 억압과 생활고에 시달리며 극장에서 영화간판을 그리는 친은 몸이 아픈 날에도 출근을 해야 했다.

"난 결코 내 피로 그림을 그릴 수 없어, 없어! 그러나 어떡해? 월 20원…… 20원…….""쌀자루가 비었지! 페일리가 매달 받는 원고료 5원도 당겨서 이미 다 써버렸잖아!"[5]라고 중얼거리는 그녀. 그날 그녀는 실수로 페인트를 그림 위에 엎질러 흔적을 지우느라 밤늦게 돌아온다. 돌아오며 "그녀는 가슴이 뛰기 시작했다…… 페일리가 집에서 또 화를 내고 있을까봐 바쁘게 종종걸음을 옮겼다. 그녀의 배는 아프지 않았다. 어떤 병도 다 그녀의 몸에서 달아나버렸다."[6] 이미 집에 돌아온 남편 페일리는 몸이 아픈 아내가 문도 열어놓고 직장에 나간 것을 보고 마음이 상한다.

극장으로 그녀를 찾으러 간 그는 아내를 찾지 못하자 필경 아내가 영화를 보고 오는 것이라며 화가 나서 마지막 남은 5전의 돈으로 술을 마시고 취해서 그녀를 괴롭힌다. "직장 때문에 문도 열어놓고 나가다니!" "나도 싫으면 문 열어놓고 나가……."[8] 다음날 아침, 그들이 돈이 없어 아침끼니마저 굶고 있을 때 극장동료가 찾아와 어제 친의 실수를 발견한 극장 사장이 친을 해고했다는 소식을 알려준다. 이 작품은 샤오훙의 신혼시절 경험을 쓴 자전적인 내용으로 알려져 있다.

1934년 샤오훙, 샤오쥔 부부는 하얼빈을 떠나서 칭다오(靑島)로 간다. 샤오훙은 그곳에서 그녀의 대표작인 중편소설 『생사장』을 완성한다. 그해 11월, 그들은 상하이로 가서 당시 문단의 대부라 할 수 있는 루쉰을 찾아간다. 루쉰은 샤오훙의 『생사장』을 극찬한다. 이때부터 샤오훙은 루쉰 부부와 돈독한 관계를 맺고 루쉰 곁에서 지도를 받는다. 루쉰의 부인인 쉬광핑(許廣平)은 처음 샤오훙을 만났을 때 그녀의 인상을 이렇게 말하고 있다. "그녀는 방금 봉건가정을 뛰쳐나온 듯한, 이 '복잡하고 번화한 천지' 중에서 '당황하여 어찌할 바 모르는' '노라'와도 같았다."[8]

『생사장』에 묘사된 여성들의 삶과 죽음

1935년 루쉰은 자신이 주필을 맡고 있는 『노예총서』(奴隸叢書)의 시리즈로 이 작품을 출판한다. 이때 루쉰은 직접 『생사장』의 「서문」을 써주고 그녀를 '중국에서 가장 전도유망한 여성 작가'라 칭찬했고 이 작품은 많은 독자들에게 환영을 받았다. 스물세 살을 갓 넘긴 샤오훙은 이 작품으로 인해 유명해졌고, 어려운 생활 중에도 기쁨과 생기를 되찾을 수 있었다.

『생사장』은 지금까지 우매한 농민의 각성과 항일의식을 고취시킨다는 점에서 높은 평가를 받아왔다.[9] 모두 17장으로 구성된 이 소설은 특별한 주인공이나 사건의 기복 없이 1930년대 만주사변 전후의 하얼빈 부근의 농민들의 삶과 죽음의 모습을 그린 소설이다.

마을 정경이 그림처럼 펼쳐지는 『생사장』의 제1장에는 양 한 마리를 잃었다고 이리 뛰고 저리 뛰는 농부 얼리반의 모습이 등장한다. 뒤이어 채소밭에서는 동네의 젊은 청춘남녀 청예와 진즈의 연애가 펼쳐진다. 그리고 늙은 말이 농사에 쓸모없어져 팔아야 한다는 이야기, 마을에서 가장 미인이었던 위에잉이 몹쓸 병에 걸려 구더기가 들끓는 썩어가는 다리를 치료도 못하고 죽어가는 이야기 등 농민의 우매함과 동물과도 같은 생명, 그리고 정신과 의식이 결핍된 삶의 모습이 펼쳐진다.

죽은 사람은 죽어도 산 사람은 어찌 살아갈 것을 생각한다. 겨울에 여자들은 여름옷을 준비하고 남자들은 내년에 경작할 것을 걱정한다.[10]

소작인인 농민들은 매년 거두어들인 소작물과 지세를 지주에게 바쳐야 한다. 소설 속에는 왕포 아주머니가 늙어서 경작에 도움이 안 되는 정든 말을 판 돈을 돌아오는 길에 기다리고 있던 지주의 하인들에게 빼앗기는 장면이 나온다. 왕포의 남편인 짜오산은 지주에게 대항하는 '염도회'를 만들어 대항한다. 어느 날 지주가 지세를 올리려 한다는 말에 반발하여 흥분하다가 급기야는 좀도둑의 다리를 부러뜨린 일로 감옥에 가게 되지만 지주의 도움으로 감옥에서 나온다.

출옥 후에 그는 소를 팔아 그 돈을 모두 도둑의 보상금과 치료비로 내준다. 그런데 도둑이 병원에서 나온 얼마 후 진짜 죽어버리자 그는 소 판 돈의 절반은 돌려받고 나머지 절반은 중간에 일해준 지주의 하인에게 준다. 주인집 하인은 이 일 저 일로 잡비를 많이 썼다며 절반을 가져간다. 지세는 오르지 않았지만 소를 팔아버린 탓에 쟁기도 없이 논을 가느라 그들 가족은 지세가 오른 것 이상으로 더 많은 땀을 흘려야 했다. 게다가 짜오산은 이 일이 있은 후 이전의 반항적인 태도에서 돌변해 지주에게 순종한다. 왕포는 그런 남편의 어리석음을 경멸한다.

소설 중에는 농민의 우매함과 계급 모순의 사이사이에 여성들만이 겪는 고통과 남성에 의한 성적 착취의 모습이 보인다. 작가는 여성과 남성의 서로 다른 경험 속에서 여성이기에 겪어야만 하는 중층적 고난과 고통을 그려냈다. 여성들의 '원죄'와도 같은 '신체적 형벌', 임신과 출산의 고통, 비정한 아버지에게 내동댕이쳐져 죽는 갓난아기를 안고 울부짖는 엄마의 고통, 불치병으로 남편에게마저 버림받고 쓸쓸히 죽어가는 여인, 강간과 성희롱 속에 생계를 유지하고자 생활전선에 나선 여인들의 모습 등이 그런 것이다.

『생사장』은 이처럼 여성의 '몸의 고통스러운 경험'을 통해 여성만이 가진 '삶과 죽음'의 특수한 함의를 구현했다. 그러나 이러한 여성들의 고통은 오랫동안 농민들의 우매함과 게으름에 묻혀 보이지 않는 것이었다. 샤오훙은 여성의 안목으로 예리하게 그것을 파헤쳐 드러내고, 그것이 보이지 않았던 가장 큰 이유를 소설 속에서 보여준다.

소설은 일본군이 소탕하려는 '항일세력'을 잡아들이려 마을을 돌아다니며 여인을 강간하고 사람을 죽이는 장면을 보여준다. 그곳에서 샤오훙은 일본군이 마을의 여인을 잡아가고 왕포를 희롱하며 모욕하는 동안 그들의 앞잡이로 곁에선 중국 남성들이 희죽거리는 모습을, 그리고 그들이 잡혀가는 마을 여인의 엉덩이를 슬며시 만지는 또 다른 모습을 카메라 렌즈처럼 포착해낸다.

역사를 넘어서 소외된 삶을 꿰뚫는 통찰력

샤오훙은 자신의 주인공에게서 눈길을 떼지 않는다. 그녀의 크고 맑은 눈동자처럼 그녀의 시선은 예리하고 투명하게 주인공의 내면 풍경과 그 삶의 궤적을 꿰뚫는다.

1936년에 쓴 단편소설 「다리」(橋)에서 서술자는 주인공 황랑즈의 발걸음과 내면 심리를 놓칠세라 쫓아다닌다. 황랑즈는 주인집과 다리를 사이에 두고 동서쪽으로 나뉘어 살며 주인의 아이에게 젖을 먹이는 유모다. 밤이고 낮이고 주인이 부르면 가서 젖을 먹여야 하는 그녀는 잠결에 채소장수의 외침에도 놀라서 깬다.

"뭐야! 귀신이 날 불렀나? 아니야…… 누가 불렀는데, 내가 분명히 들었는데…… 분명히, 분명히……."[11]

그 새벽녘, 그녀가 잠결에 주인집 문 앞까지 뛰어갔다가 돌아오는 길은 멀기만 하다. 어느 날 낮인가 그녀는 주인집 아이의 유모차를 끌고 자기 아이를 보러 갔는데 마치 주인이 등 뒤에서 부르는 것 같아 식은땀을 흘리고 심장이 두근거리는 심리적 압박을 느낀다.

이 소설에서 다리는 역설적인 의미를 지닌다. 본래 건널 수 없는 두 세계를 매개해 이어주는 속성을 지닌 다리가 여기에서는 황랑즈, 그녀 삶의 세계를 단절시키는 통로다. 모성의 세계와 노동의 세계, 주인과 하인의 세계, 부와 빈곤의 세계. 얼마 후 자기 아이가 걸음마를 떼면서 자주 엄마를 보러 다리를 건너오게 되자 그녀는 난간이 허술한 나무다리가 걱정된다. 그리고 주인집 아이와 싸우는 것도 마음이 아프다. 3년의 세월이 흘러 튼튼하고 새로운 다리가 세워졌어도 그녀의 아이에게 다리 건너의 세계는 멀기만 하다.

몰래 건너다가 아버지의 큰손에 잡혀오기 일쑤였던 그 아이는 어느 황혼녘, 엄마가 보고 싶어 다리 위를 뛰어오다 그만 저쪽에서 다가오는 아버지의 커다란 손을 보는 순간 실수로 다리 아래로 떨어져 죽고 만다. 황 랑즈의 폐부 깊은 곳에서 솟아나오는 울음소리는 떨어져 죽은 아이의 노 랫소리와 대조되어 아픔을 더해준다.

"우리 엄마한테 가서 만두를…… 먹어야지…… 엄마는 만두도 있 고…… 있고말고, 엄마는 사탕도 있어……."[12]

샤오훙 소설의 인물들은 도식적이지 않고 실제적이고 생명력이 넘친 다. 또 다른 단편 「손」(手)에서 시골의 한 가내염색공장 집 딸 왕야밍은 어려서부터 염색을 하다보니 두 손마저 푸르뎅뎅한 색으로 물이 들어버 렸다. 그녀가 학교에 오자 선생님이며 친구들은 그 무서운 손이 싫다며 그를 경멸한다. 교장선생님마저 그녀에게 이렇게 말한다.

"네 손 말이야, 깨끗이 안 씻어지니? 비누를 많이 묻혀서 잘 씻어봐, 뜨거운 물에도 담가보고. 아침체조 시간에 올라오는 수백 개의 손은 다 하얀데, 바로 너, 너만 특이해, 특이하잖아."[13]

여교장은 학교 담장 밖에 봄이면 산책하는 외국인들도 많은데 창피하 다며 손의 색깔을 지울 때까지 왕야밍의 아침체조를 금지시킨다. 왕야밍 은 아버지에게 장갑을 사달라고 했다며 장갑을 끼면 괜찮지 않느냐고 반 문한다. 그러나 교장은 장갑은 더 깔끔하지 못하다며 그녀를 나무라고 시험도 치르지 못하게 한다. 결국 그녀는 학교를 중퇴하고 집으로 돌아 간다. 순진한 그녀는 데리러 온 아버지에게 짐을 싣고 갈 마차를 불렀느 냐고 묻지만 가난한 아버지는 무슨 마차냐며 걸어서 정거장까지 가야 한다고 일축한다.

이처럼 샤오훙이 주인공들의 삶을 통해 보고 발견한 것들은 평범하면서도 잔잔하고 아련한 아픔을 담고 있다. 이는 오래도록 꺼지지 않는 감동어린 슬픔의 불씨와도 같다. 그것은 1930년대 당시 문단의 주류가 되었던 역사와 시대를 이끌어야 할 혁명 이데올로기의 선양과 실천을 넘어선 것이었다. 오히려 그녀는 역사와 시대의 대서사가 간과한 인간의 삶에 주목한다. 그리고 그 틈새로 보이는 인간의 나약함과 우매함, 그리고 고통의 경험을 되살리면서 또 다른 선택 지점으로서의 역사를 보여주고 있다. 계급 모순의 역사, 인간성 모순의 역사, 여성의 고통스러운 경험의 역사, 샤오훙이 보기에 이들은 결코 따로 따로 분리된 것들이 아니다. 그것은 삶의 모습과 함께 존재하며 때때로 삶의 모순과 갈등, 소외와 비극을 만들어낸다. 이것을 유력한 평자는 샤오훙 문학이 보여주는 역사를 꿰뚫어보는 여성의 통찰력이라 평한다.[14]

수다로 풀어낸 인간군상

1936년 7월, 샤오훙은 일본으로 요양을 떠난다. 이즈음 문단에서 그녀의 위치는 공고해졌지만 결혼생활과 부부감정은 위기를 맞는다. 남편의 폭력과 외도로 인한 충격은 연약한 그녀의 정신과 육체를 뒤흔들었다.[15] 일본에서 반년간 질병과 고독과 싸워가며 그녀는 「소달구지 위에서」(牛車上), 「가족 이외의 사람」(家族以外的人) 등을 썼다. 좀더 나아가 샤오훙은 시대와 국가가 지향하는 대의가 개인에게, 특히 여성에게 어떤 의미와 가치로 다가오는가에 대해 의문을 던진다. 이들 작품 속의 여인들은 통찰력 있는 작가 덕분에 역사의 버려진 작은 틈새로 얼굴을 내밀고 자신의 이야기를 할 수 있는 것이다.

「몽롱한 기대」(朦朧的期待)는 중일전쟁 시기를 배경으로 씌어졌지만 이 시기를 배경으로 한 여느 소설들과는 달리 전쟁의 참화는 배경으로 물러나 있다. 소설은 주인마님을 모시는 스물다섯 살의 여복 리마의 긴장된 심리를 중심으로 펼쳐진다. 리마는 주인집 호위병 진리즈를 내심 짝사랑하고 있다. 그가 '나라를 지키기 위해' 특무병으로 전장에 나간 이후 리마는 마음을 졸이며 그를 그리워한다. 당시 심각하고 엄중한 국가 위기와 전쟁에 대응하는 애국심 고취는 틀에 매이지 않는 샤오훙의 필치 속에서 다음과 같이 해체되고 있다.

리마는 최근 유행하는 군가를 모두 부를 줄 아는데 특히 '중화민족은 가장 위험한 때를 맞았네'라는 구절을 좋아한다. 이 구절을 부를 때면 그녀는 군인의 발걸음마저 흉내 낼 줄 안다. 그녀는 이 노래를 가장 좋아하는데, 그 이유는 진리즈가 좋아하기 때문이다.[16]

어느 날 진리즈의 연대가 마을을 지나는 길에 진리즈는 잠시 집에 들른다. 리마는 그와 이야기를 하고 싶어 마님 곁에서 그의 주의를 끌기 위해 노력한다. 그녀는 그간 모은 월급을 그에게 줄 생각이었다. 그러나 진리즈는 어느 사이에 바쁘게 떠나버린다. 허탈한 마음에 그녀는 몇 년 전 고향 마을에서 홍군(紅軍)에 나가 돌아오지 않은 애인을 생각한다.

그는 모든 것이 잘될 거라고 하면서, 군대를 마치고 돌아와 그녀에게 장가들겠노라고 말했다. 떠날 때에 그녀에게 꽃무늬 베 한 필까지 주었다. 예전에 그녀는 집에서 그 꽃무늬 베를 보면서 울곤 했다. 지금 그녀는 또 한 명의 특무병을 전선에 보냈다. 그는 항일전쟁에 이기면 돌아와

그녀와 결혼하겠다고 말했다. 모든 것이 잘될 거라고 하면서. 그러나 그는 떠나버렸다.[17]

샤오훙은 일본에서 돌아와 상하이, 베이징, 우한을 거쳐 우창(武昌)으로 갔다. 1938년 그녀는 샤오쥔, 톈지앤(田間), 두안무훙량(端木蕻良)[18], 녜깐루(聶紺弩), 딩링 등 진보작가들과 함께 산시 린훤(山西 臨汾)의 민족혁명대학에서 교사를 하기도 한다. 이때 함께했던 여성 작가 딩링은 후에 이 시절 "샤오훙의 창백한 얼굴, 꼭 다문 입술, 민첩한 동작과 신경질적인 웃음"을 떠올리며 그녀가 세상에 찌들지 않은 단순함과 순수함을 가진 작가라고 회고한 바 있다.[19] 그해 4월, 샤오훙은 샤오쥔과 결별한다. 당시 샤오훙은 친하게 지냈던 작가 녜깐루에게 이렇게 말했다.

"나는 샤오쥔을 사랑해. 지금도 그를 사랑해. 그는 우수한 소설가고, 사상적으로도 동지고, 또 환란을 함께 버텨왔잖아! 그런데 그의 아내 노릇은 너무 고통스러워. 나는 남자들이 왜 그리도 성깔을 부리는 건지 모르겠어. 왜 자기 아내에게 그렇게 성질을 내는지, 왜 그리 아내에게는 불성실한지 말이야! 굴욕을 참고 산 지가 너무 오래되어버렸어……."[20]

그로부터 얼마 지나지 않아 그녀는 두 번째 남편이 된 두안무훙량과 우한(武漢)으로 와서 결혼한다. 그러나 샤오훙은 자신이 늘상 "겁쟁이, 기회주의자, 아첨쟁이, 온종일 거드름만 피우는 사람"[21]이라고 말했던 두안무훙량과 그리 행복하지 못했다. 그녀는 여성인 자기 자신을 향해, 세상을 향해 그녀의 가녀린 소망을 이렇게 외쳤다.

1938년 시안에서 함께한
샤오훙과 딩링.

"너는 알아? 나는 여자야. 여자의 하늘은 낮고 날개는 약하지. 그런데 주변의 번거로운 일들이 또 힘이 들고 얼마나 지겨운지! 여자는 너무 많은 자기희생을 해. 이건 용감한 게 아니라 되레 비겁한 거야. 바로 오랫동안 의지도 없이 희생만한 상태에서 길들여진 타성인 거야. 나도 알아, 하지만 생각 안 할 수가 없는 거지. 내가 도대체 뭘까? 굴욕은 또 뭐야? 재난은 또 뭐야? 심지어 죽음은 또 뭐야? 난 모르겠어. 결국 나는 하나일까 둘일까? 이렇게 생각하는 것도 나이고, 저런 생각을 하는 것도 또 나겠지. 맞아, 난 날고 싶어, 그런데 그걸 생각하면 그 순간 난 떨어져버릴 것만 같아."[22]

샤오훙의 소설 속에서 1930년대는 다각도로 해부되고 있다. 특히 후기

샤오훙과 두안무훙량(1938년).
그녀의 두 번째 결혼도 그녀에게 행복을 가져다주지는 못했다.

작품인 「피난」(逃難)과 『마바울』(馬伯樂)을 보면 그것을 더 분명하게 알 수 있다. 당시 위선적인 남성 지식인을 주인공으로 하고 있는 두 편의 소설은 샤오훙의 예리하고 통쾌한 유머와 풍자적 언어를 여실히 보여준다. 그것은 영웅을 요구하며 대서사를 중시하는 역사와 시대를 향한 도전이면서 또 한편으로는 인간의 나약함과 인간성에 대한 비판이다. 이 두 소설의 주인공은 1930년대 항일혁명 시기의 남성 지식인이지만 동시대의 여타 소설에서는 찾아보기 힘든 인물형상이다.

그런 의미에서 마바울과 허난성이라는 남성 인물의 등장은 그 자체가 흥미로운 문학적 사건일수도 있다. 그들은 역사와 시대의 재난 앞에서 언제나 '항전' 대신에 '피난'을 택한다. 그들은 모두 한 가정의 가장이지만 가족을 돌보기보다는 자기 자신을 돌보는 데 급급하다. 그들은 늘상

"빌어먹을 중국인"이라든가 "그때 가서 또 어떡하나"라는 부정적이고 대안 없는 말을 밥 먹듯이 한다. 뿐만 아니라 그들은 뛰어나게 잘난 점도 없을뿐더러 그다지 장점도 가지고 있지 못하다. 샤오훙은 이들을 통해서 인간과 인간 사이에, 인간과 역사 사이에 형성될 수 있는 허위와 진실의 면모를 보여준다. 「피난」의 주인공 허난성은 그보다 1년 후에 쓰여진 『마바울』의 주인공 마바울과 참으로 비슷한 점이 많다. 그들은 겁 많은 지식인들이며 불안한 역사적 시기에 어디로, 어떻게 도망갈 것인가만 궁리하는 사람들이라는 점에서 더욱 그렇다. 그들의 비열한 말투나 아내들이 남편을 무시하며 대하는 태도도 비슷하다. 샤오훙은 아마도 「피난」에서 다하지 못한 이야기를 『마바울』의 비슷한 장면 속에 집어넣었던 것 같다.

「피난」의 주인공 허난성은 중학교에서 역사를 가르치는 교사다. 이러한 사실은 아무래도 그가 싸우지 않고 도피하려는 것과 부합되지 않는다. 역사교사와 도피, 이처럼 상호 대치적인 상황과 언어의 설정을 통해 인간의 양면성을 바라볼 수 있다. 서술자는 이미 허난성의 심사를 꿰뚫어보면서도 일부러 모르는 체하며 이렇게 이야기를 이어나간다.

> 그는 학생들이 조직한 항일구국단의 지도교사였으므로 떠나기 전에 학생들에게 몇 마디 말이라도 해야 했다. 그는 무엇이라 말할지 준비하지 못했으나 서두에서 나는 삼사 일 안에 돌아올 것이라고 말했다. 사실 그는 떠나면 돌아오지 않을 예정이었다. 마지막으로 한 말은 최후 승리는 우리의 것이라 했고…… 나머지는 그와 해방구는 함께 살고 함께 죽을 것이라며 그는 결코 도피하지 않겠노라고 말했다.[23]

그가 그의 가족들과 기차역에서 타려던 기차를 놓치고 하는 말은 이러한 그의 허위의식을 뒷받침해준다.

"빌어먹을, 중국인들은 도망가는 데는 목숨을 걸면서 항전을 한다고? 도망이나 해라." 그는 '도망'이라고 말하고 나서 정거장에 행여 자기의 학생이나 아는 사람이 있나 사방을 둘러보았다. 아무도 아는 이가 없는 것을 보고 다 찢어진 장삼을 한 번 흔들고는 말한다. "이제야 됐네, 여기는 아직 적의 그림자가 없어, 놀래서 정신이 하나도 없구만, 끼어 죽겠어, 마치 궁둥이 뒤에서 대포가 쏘아대는 것 같아."24)

『마바울』에서 주인공 마바울의 이름은 『성경』에 나오는 사도 바울의 이름을 따서 지었고 그의 아들들의 이름도 야곱, 요한, 요셉이다. 그는 겁이 많고 생각이 허황된 사람이다. 그는 소설 읽는 것을 좋아해서 자신도 글을 쓰기를 원한다.

특히 중국에서 중국의 작가들이 적극적으로 항일을 추진하고 있다는 것을 알고 그는 늘 탄식하기를 "내가 만일 작가라면 항일운동을 지도하지 않으면 안 될 거야, 중국이 항일을 안 한다면 해방의 그날은 없을 거야."
"만일 항일에 대해 쓴다면 바로 지금이 때가 아닌가? 이는 정말 지도자의 책임을 지는 거야. 이 얼마나 위대한 일이야? 이것이야말로 역사의 수레바퀴를 움직이는 일인데."25)

비록 미완성이지만 장편소설 『마바울』에서 마바울과 그 가족이 도망가는 과정과 가족 간의 심리묘사는 「피난」보다 더 구체적이다. 샤오훙은 마

미완의 장편소설
『마바울』의 속표지(1940년).

바울이라는 인물을 통해 항일전선과 시대 담론 바깥에 존재하고 있던 많은 인간 군상 중의 한 남성상을 구현하고 있다. 이 작품 역시 서로 상치되는 서술구조가 사람으로 하여금 웃음을 자아내게 한다. 예를 들어 마바울의 부친은 기독교를 믿고 영어를 쓰는 등 서양적인 것을 숭상하면서도 봉건사상을 그대로 지닌 위선을 드러내고 있다.

마바울은 부친의 이러한 사상을 싫어하면서도 그도 역시 서양 숭배에 빠져 늘상 '빌어먹을 중국인'이라는 말을 달고 산다. 남성으로서 마바울은 결코 기대에 부합하는 인물형상은 아니다. 그는 항전시기의 도망자이며 비겁하고 교활하다. 또 처자에 대해서도 이기적이며 남편으로서도 방종한 생활을 한다.

샤오훙은 이 작품에서 거의 구어체 글쓰기를 하고 있다. 대체로 여성들이 수다를 떨 때 쓰는 어투와 비꼬는 듯한 반복의 어휘와 어조로 이야

기를 진행시킨다. 마바울이 상하이에서 방종한 생활을 하며 돈을 다 써
버려 집에도 갈 수 없게 되자 그는 칭다오에 있는 그의 아내를 어떻게 오
게 하여 집으로 갈까를 궁리한다.

"그는 이런 격식에 맞추어 생각하기 시작한다."
"인생에 가장 재미없는 것은 돈이 없는 거지."
"도망가려면 먼저 도망가는 게 수야."
"일본이 쳐들어오면 도망 안 가면 안 되겠지."
"일본이 칭다오에 쳐들어오면 마누라가 상하이에 오지 않으면 안
될걸."
"마누라가 도망올 때는 돈을 가져오지 않으면 안 될걸."
"돈만 있으면 모든 문제가 해결되지."
"일본이 칭다오에 쳐들어오지 않으면 마누라는 안 올지도 몰라."
"마누라가 못 와도 집으로는 돌아가야 하는데."
일단 집에 간다고 생각하니 그는 노래가 절로 나왔다.[26]

이처럼 소설에 자주 등장하는 수다떨기식의 언어와 불분명한 중얼거
림은 마바울이란 남성의 경박하고 비열한 근성을 풍자하기에 적절해 보
인다. 샤오훙은 이들 작품에서 특유의 유머와 풍자, 그리고 전달 언어로
서 중얼거림의 언어를 운용하여 당시 소설쓰기에 있어 새로운 경지를 열
었다. 뿐만 아니라 이는 당시 대부분의 작가들이 항전과 혁명이라는 역
사 주류 이데올로기에 몰입하여 간과할 수밖에 없었던 인간 군상의 이면
을 들추어 낸 것으로 샤오훙의 예민하고 비범한 필치가 돋보이는 부분이
기도 하다.

시대가 간과한 인간의 삶에 주목한 작가

1941년 성탄절에 일본군은 홍콩을 함락했다. 그러나 마침 폐렴으로 입원 중이었던 샤오훙은 탈출조차 할 수 없었다. 1942년 1월, 병원마저 일본군에 점령당하자 다급해진 의사가 폐렴을 후두염으로 오진을 한데다가 수술이 잘못되어 그녀는 말도 하지 못한 채 며칠을 견디다가 결국 고통 가운데 사망했다. 친구로서 그녀의 임종을 지켰고 그녀 사후 평전을 출판한 작가 루어삔지(駱賓基)는 샤오훙이 죽기 전에 『후란허 이야기』(呼蘭河傳)의 2부를 써야 한다고 안타까워했으며 이렇게 죽기는 싫다고 절규했다고 전한다. 1957년 8월, 중국작가협회는 홍콩에 있던 그녀의 유골을 광둥 성 광주의 혁명열사 묘지로 이장했다.

샤오훙은 비록 짧은 생애를 살다 갔지만 그녀가 남긴 작품은 작가로서 그녀의 역량과 정신을 유감없이 드러낸다. 중국의 1930년대 문단에서 이처럼 짧은 시간에 샤오훙만큼 독특한 성과를 낸 작가는 많지 않다. 뿐만 아니라 중국에서 혁명과 항전의 시대라고 하는 1930년대에 주류적 대서사를 거부하고 굳건히 자신의 길을 걸어가며 인간의 삶과 정신을 탐색한 여성 작가는 더욱 드물다.

샤오훙은 당시 표면적인 역사와 시대의 주류를 추수하거나 비판하는 데 그치지 않고 시공을 초월한, 더 깊고 넓은 주변인의 통찰력으로 역사의 틈새 속에 존재하는 인간성과 인간의 삶 이면의 모순과 복잡한 속내를 끄집어낸다. 그리고 그 복잡한 인간의 속내 안에 민족과 성, 계급의 문제가 얽혀 있음을 본다. 무엇보다도 인물과 심리 묘사에 능한 샤오훙 소설의 가장 큰 정신적 줄기는 생명과 인간에의 사랑, 그중에서도 여성의 눈으로 감지한 여성이라는 주변 존재에 대한 통찰력이라 할 수 있다.

샤오훙이 문단에 들어선 1930년대 중국에서 여성 작가의 지위와 정체성은 5·4 신문화운동 시기처럼 새롭고 신선한 지식여성으로서의 지위라기보다는 항일과 혁명에 매진해야 하는 민족의 일원으로서 존재했다. 그러나 여성의 입장에서 대하는 역사와 세상은 국가와 민족을 강조하는 주류 담론에서처럼 명쾌하고 확실하지 못했다. 그래서 그녀는 시대와 혁명의 전선으로 나아가는 대신에 오히려 그 전선에서 낙오되고 뒤처지고 자아의 욕망과 역사의 대서사의 틈바구니에 끼인 사람들의 삶에 눈길을 돌린다. 그것은 1930년대 당시 문단의 주류가 되었던 역사와 시대를 이끌어야 할 혁명 이데올로기의 선양과 실천을 넘어선 것이었다. 오히려 그녀는 역사와 시대의 대서사가 간과한 인간의 삶에 주목한다.

그리고 그 틈새로 보이는 인간의 나약함과 우매함, 그리고 고통의 경험을 되살리면서 또 다른 선택 지점으로서의 역사를 보여주고 있다. 계급 모순의 역사, 인간성 모순의 역사, 여성의 고통스러운 경험의 역사, 샤오훙이 보기에 이들은 결코 따로 따로 분리된 것들이 아니었다. 그것들은 인간 삶의 모습마다 함께 존재하며 때때로 삶의 모순과 갈등, 소외와 비극을 만들어낸다. 좀더 나아가 샤오훙은 민족과 국가가 지향하는 역사적 대의가 개인에게, 특히 여성에게 어떤 의미와 가치로 다가오는가에 대해 의문을 던진다. 이 부분에서 샤오훙이 취했던 주변인의 입장과 여성 입장이라는 것의 관계를 다시 생각해본다. 중심에서는 보이지 않는 것들을 관찰하면서 더 폭넓게 읽어낼 수 있었던 그녀는 여성의 시각으로 역사를 읽어낸 선구자였다.

샤오훙을 알기 위해 더 읽어볼 책

『생사의 마당』 | 샤오훙 지음, 원종례 옮김, 글누림, 2006
샤오훙의 대표작 『생사장』의 우리말 번역서로서 1930년대 하얼빈 근교 작은 마을에 모여 사는 소작농들의 삶과 죽음, 나약함과 투쟁을 통해 남성과 여성, 그리고 인간성의 진면목을 섬세하고도 비범한 필치로 잘 보여주고 있다.

『후란 강 이야기』 | 샤오훙 지음, 박종숙 옮김, 신성출판사, 2007
샤오훙이 1940년에 홍콩에서 쓴 작품 『호란하전』의 우리말 번역서. 하얼빈 근교에 위치한 후란허 현이라는 작은 도시에서 유년시절을 보낸 저자는 후란허 사람들의 잘못된 인습적 사고를 통해 전통사회 중국인의 인습적 사고에 대한 비판을 어린이 화법으로 재미있게 엮어냈다.

『중국현대문학(한국 여성의 눈으로 본)』 | 박종숙 지음, 신아사, 2007
중국 현대문학 연구자인 저자가 한국인, 특히 한국 여성의 관점에서 바라본 중국 현대문학 연구서다. 중국문학의 연구방법론, 중국 현대시론, 여성 작가와 여성주의 문학에 대한 저자의 세밀한 분석이 돋보인다.

샤오훙 연보

1911 헤이룽지앙 성 후란허 현에서 출생.
1920 모친을 여읨.
1929 하얼빈 시립 제1여중에서 수학.
1930 베이징으로 가출 상경.
1932 샤오쥔과 혼인.
1934 데뷔작 『생사장』 완성.
     상하이로 루쉰을 찾아감.
1935 『생사장』 출판.
1936 『샹스지에』(商市街) 출판.
     일본에 감.
1937 『소달구지 위에서』(牛車上) 출판.
1938 산시성 린훤 민족혁명대학에서 가르침.
     남편 샤오쥔과 결별함.
1939 『후란허 이야기』(呼蘭河傳)를 쓰기 시작.
1940 두안무훙량과 홍콩으로 이주.
     『루쉰 선생님을 추억하다』(回憶魯迅先生)를 충칭에서 출판.
1941 『마바울』(馬伯樂) 출판.
1942 태평양전쟁 중 홍콩에서 급성폐렴으로 입원.
     의사의 오진으로 후두염 수술 후 사망.

12 실비아 플라스 Sylvia Plath

폭풍 같은 삶, 핏빛 울음의 시

강문애 | 한국산업기술대 외래교수 • 영어영문학

"내 속엔 울음이 살고 있어요.
밤마다 울음은 파닥거리며 나와
갈고리를 들고서 사랑할 대상을 찾는답니다."

실비아 플라스(Sylvia Plath, 1932~63)

내 속엔 울음이 살고 있어요

내 속엔 울음이 살고 있어요.
밤마다 울음은 파닥거리며 나와
갈고리를 들고서 사랑할 대상을 찾는답니다.
　• 「느릅나무」(Elm)

두 가지 이율배반적인 것을 동시에 원하는 것이 신경증 증세라면 나는 어김없는 신경증 환자야. 나는 평생 동안 상호 배반적인 두 세계 사이를 왔다갔다 할 거야.
　• 『벨자』(The Bell Jar)

1963년 2월, 몇십 년만의 한파였던 런던의 혹독한 추위 속에서 실비아 플라스(Sylvia Plath, 1932~63)는 가스 오븐 속에 머리를 집어넣고 자살함으로써 31세의 짧은 생을 끝냈다. 옆방에는 세 살배기 딸과 돌이 갓 지난 아들이 잠자고 있었다. 두고 가는 아이들에 대한 마지막 모정이었을까, 냉장고에는 아이들이 먹을 우유와 빵이 준비되어 있었으며 혹시나 가스가 그 방으로 새어 들어가지 못하도록 문틈을 꼼꼼하게 막아놓았다. 무엇이 촉망받던 젊은 시인이었으며 재기 넘치고 아름다웠던 그녀를 죽음으로 내몰았을까.

실비아 플라스는 1932년 미국 보스턴 근교의 마을에서 태어났다. 그녀는 어릴 적부터 고등학교까지 늘 1등을 놓치지 않았으며 스미스 대학을 수석으로 졸업한 재원이었다. 풀브라이트 장학생으로 캠브리지 대학에 유학 중 영국 시인 테드 휴스(Ted Hughes, 1930~98)[1]와 결혼하게 되면서 이 부부는 항상 영국과 미국의 문인 사회에서 관심의 중심이었다. 그러던 그녀가 1962년 9월, 남편 휴스의 불륜으로 별거를 하고 그 후 단 6개월 만에 생을 스스로 저버린다. 죽기 전 몇 개월 동안 그녀가 광기 어린 열정으로 써놓은 주옥 같은 시들은 사후 시집들로 출판되어 독자들의 가슴을 흔들고 비평가들의 찬사를 받게 된다.

거상과 메두사 사이에서

실비아 플라스는 1932년 보스턴 대학의 생물학 교수이자 세계적인 호박벌 연구의 권위자였던 아버지 오토 플라스(Otto Plath)와 어머니 오렐리아 쇼버(Aurelia Schober) 사이에서 태어났다. 어머니는 아버지의 제자였으며 아버지는 어머니보다 스물한 살이나 연상이었고, 그는 재혼이었다. 실력 있는 생물학 교수이면서도 자신의 병에 대해서는 오히려 무지하고 치료받는 것을 두려워하며 고집스러웠던 아버지는 실비아가 8세 때 당뇨 합병증으로 한쪽 다리를 절단하는 수술을 받다 결국 사망했다. 이 사건은 어린 실비아에게 잊을 수 없는 트라우마가 된다.

어린 시절, 나이에 비해 조숙하고 영민하고 섬세했던 실비아의 눈에 비친 아버지는 가정에서는 나이가 많고 게으르며 보수적인 자상하지 못한 존재였으나, 한편으로는 그녀가 최초로 사랑한 남성이자 의지할 수 있는 유일한 힘의 존재이기도 했다. 무책임하게 가족을 두고 떠난 아버지에 대해 자신이 버려지고 남겨졌다는 배신의 충격은 후에 그녀의 남성에 대한 의식에 지대한 영향을 미친다. 부성, 또는 남성성은 그녀가 살아온 30년 동안 그녀가 벗어날 수 없는 굴레였음을 그녀의 첫 번째 시집인 『거상』(巨像, The Colossus)의 표제시인 「거상」을 통해 고백한다.

아마 당신은 스스로를 신탁(神託)이나
죽은 사람들, 아니면 이런저런 신(神)들의 대변자로 생각하겠지요.
삼십 년 동안이나 저는 당신의 목구멍에서 진흙을 긁어내려고 애썼답니다.
그런데도 전 조금도 더 현명해지질 못했어요.

거대하게 주조된 신상은 오랜 세월 끝에 무너지고 깨져 바닥에 널브러져 있다. 자신의 모습은 작디작은 개미로 묘사되어 그 신상 위를 수없이 오가며 깨어진 두개골 판을 수선하고 눈알을 청소하고 있다. 그러나 그 30년 동안 청소하고 노력해도 쌓인 시간의 흔적은 없앨 수 없으며 자신은 그 노동을 벗어날 수도 없다. '거대한'(colossal)은 실비아가 대학 시절부터 늘 애용하던 형용사로 강한 남성, 힘 있는 존재에 대한 애착을 보여주며 자신의 글쓰기나 위치도 거대하길 바랐다.

어린 실비아는 당돌하게도 아버지가 죽은 직후 어머니에게 재혼을 하지 말 것을 요구하며 서약까지 하게 한다. 젊은 어머니는 그 후 두 남매를 데리고 힘들고 고생스러운 생활을 하게 되었다. 속기 선생이나 고등학교 강사 같은 여러 비정규적인 돈벌이로 어린 남매를 키우던 어머니는 실비아를 마치 자신의 또 다른 분신인 양 여겼다. 지나치리만큼 많은 사랑과 간섭을 퍼부으면서도 한편으로는 실비아에게 모든 걸 의존했다. 그러기에 어머니의 모습은 강인하기보다 초라한 것이었고 어머니에 대한 벗어날 수 없는 의무와 속박감은 그녀에게 더 큰 무게를 싣게 된다.

그런 어머니의 모습은 여러 시 속에 나타나 있다.

「메두사」(Medusa)[2)]

당신을 부르지 않았어요.
당신을 한번도 불러본 적이 없어요.
그럼에도 불구하고, 그럼에도 불구하고
당신은 바다를 넘어서 나를 향해 전속력으로 달려왔어요,
공차는 연인들을 마비시키는

살찐 붉은 태반(胎盤)
푸크샤의 붉은 종 모양 꽃에서 숨을 비틀어 짜내는
코브라 같은 빛.
생명이 끊긴데다 돈 한 푼 없이,
엑스레이처럼 너무 노출이 되어

난 숨조차 쉴 수 없어요.

늘 곁에 있으며 자신의 삶의 목적을 실비아에게 두었던 청상의 어머니. 그래서 동네 유지의 아들과 결혼시키고 싶어했으나 뜻대로 되지 않았다. 게다가 경제적인 면에는 신경쓰지 않는 사위 휴스가 미덥지 않았던 어머니는 부르지 않아도 딸이 있는 영국을 향해 바다를 기꺼이 건너고, 잦은 "뜨뜻한 소금물 같은 눈물"을 보인다. 그런 어머니가 그녀는 진력이 난다고 말한다. 어머니는 "살찌고 붉은 태반"과 독사인 "코브라의 빛"이며 "흰 미끈미끈한 촉수"를 가진 존재다. "숨을 쉴 수 없다"고 실비아는 외친다.

상처만 남은 뉴욕생활

옥죄는 삶의 고통에서 벗어나고자 그녀는 일찍부터 자살을 여러 번 시도했다. 그녀의 몸에는 알 수 없는 자상(刺傷)의 흔적이 발견되곤 했다. 대학교 2학년 여름 방학 때 그녀는 잡지 『마드모아젤』(*Mademoiselle*)의 객원기자로 뉴욕에 한 달 간 머무를 기회를 얻었다. 뉴욕 생활은 작은 마을에서 청교도적인 순수하고 모범적인 삶을 살았던 그녀에게 문화적 충격과 혼란을 주었던 것 같다. 물질적으로 풍요로워 보이는 겉모습—맛있는 음식, 아름답고 화려한 의상들, 파티—과 자유로운 사고와 행동들은 그녀의 호기심을 자극하고 신선한 유혹으로 다가왔다.

그러나 한편으로 그녀는 상한 음식을 먹고 식중독으로 병원에 실려 가기도 하고, 남녀 간의 자유로운 만남에 저급함과 모멸감을 느끼게도 했다. 그녀는 부러움과 동시에 느끼는 환멸, 모두 승승장구를 하고 있는데 자신의 현실은 갑갑하고 미래는 불확실하다는 불안감과 자괴감, 동시에 젊은이들이 갖기 쉬운 자신의 능력에 대한 자존감 등 복잡미묘한 감정에 휩싸인다. 게다가 뉴욕 생활의 충격으로 혼돈스러웠던 그녀가 집으로 돌아왔을 때 들은 소식은 그녀를 절망으로 몰아넣었다. 그것은 자신의 꿈인 작가가 되기 위한 디딤돌로 여겼던 문학강좌수업에 탈락했다는 소식이었다.

삶과 문학의 자존심에 상처를 입은 그녀는 지하실 깊은 곳에서 수면제를 먹고 자살을 시도한다. 수면제를 토한 덕분에 다행히 잠에서 깨어났지만, 이 경험은 이마 위에 생긴 상처와 함께 그녀의 마음에 남은 고통스러운 기억이었다. 이러한 경험은 그녀의 첫 번째 자전적 장편소설 『벨자』[3]에 묘사되어 있다.

그 사건은 명문 여대생이 시도한 자살 미수라는 점 때문에 신문에까지 실릴 정도로 가십거리가 되었고, 그녀는 어머니와 주변의 권유로 정신과 치료를 받게 된다. 그러나 그 치료는 그녀에게 또 다른 정신적·육체적 고통이었다. 정신과 병원에서 전혀 효과적이지 않았던 전기충격치료를 억지로 받은 후 그 괴로움과 공포를 이렇게 묘사한다.

> 모든 열기와 공포가 한꺼번에 가시는 듯했다. 나는 놀랍게도 평온했다. 내 머리 몇 자 위에 벨자가 공중에 매달려 있었다. 나는 내 몸을 휘감은 공기 위에 서 있었다……
> 그러나 나는 자신이 없었다. 언젠가——대학에서, 유럽에서, 어디에서든지——이 숨 막히는 벨자가 다시 나를 덮치지 않으리라고 어떻게 확신할 수 있겠는가?

『벨자』는 실비아가 자살하기 한 달 전에 빅토리아 루카스(Victoria Lucas)란 필명으로 출판되었다. 그녀가 필명으로 『벨자』를 출판한 이유는 너무나 자전적인 요소 때문에 소설 속에 묘사된 지인들에게 피해를 줄까 하는 우려 때문인 듯하다. 후에 이 소설은 많은 여성주의 비평가들에 의해 최초의 여성주의 소설로 언급되며 미국 문학사에 크게 자리 매김한다. 소설 속에서 "나는 여자만 단 한 가지의 깨끗한 인생을 가져야 하고 남자는 두서너 가지의 다양한 인생을 가질 수 있다는 생각, 한쪽은 정조를 지켜야 하고 다른 한쪽은 그렇지 않아도 된다는 생각을 견딜 수 없다"는 여주인공의 언급처럼 실비아 플라스는 『벨자』를 통해 1950~60년대의 고정적 성 모럴의 일탈을 꿈꾸며 남성 지배 사회의 성 담론에 크게 일침을 가한다.

대학 시절 그녀의 룸메이트였던 낸시 헌터는 실비아에 대해 이렇게 기억한다. 키가 크고 조각상처럼 우아한 여성으로, 그녀의 머리는 자연스런 갈색이며 어깨까지 내려온 길이에 단정하고 매력적으로 멋을 내서 왼쪽 눈썹 위까지 내려오게 조심스럽게 다듬어져 있고, 눈은 검으며 광대뼈는 높고 뚜렷했다. 그녀는 영특하고 아름다운 여학생으로 섬세한 감성과 동시에 튀는 감각과 지성의 소유자였다. 그 시절 실비아는 『벨자』에 묘사되어 있는 것처럼 여성으로서, 그리고 문학도로서 완벽한 삶을 원했다. 또한 장학생으로서의 그녀의 위치를 지키고 문인으로서 더 크게 성장하고 싶어했다. 그러나 미래에 대한 불안감과 장학금에 부응해야 한다는 부담감은 그녀를 압박하기도 했다.

『벨자』에 드러나듯이 이런 상황 속에서 뉴욕에서의 문화적 충격과 문학수업 탈락 등으로 인한 잇따른 자살시도는 이런 그녀에게 자신이 벗어나지 못하고 갇혀 있던 청교도적 삶의 틀을 깨게 만드는 계기가 되었다. 그녀는 남성과 달리 여성에게만 강요되었던 청교도적인 순결의 강요가 불평등하다고 생각하고 성(性)에 대해 세계는 남자와 동침해본 자와 그렇지 않은 자로 나뉜다고 결론을 내린다. 그리고 진정한 남성을 발견하고자 그때까지 지나칠 정도로 청교도적인 순결과 순수를 고집하던 삶의 양식을 뒤집어 열정적으로 남성과의 관계를 탐색한다.

거대한 남자, 테드 휴스와 사랑에 빠지다

그러나 그녀가 만난 모든 남성들은 그녀에게 상처와 실망을 줄 뿐 그녀의 시대를 앞서간 정신을 동등한 위치에서 받아들일 수 있는 성숙한 지성을 지닌 사람은 아무도 없었다. 어머니가 남편감으로 지정했던 딕 노턴(Dick Notton)은 부잣집 자제로서 하버드 대학의 의과대학생이었으나 그녀를 예쁘고 매력적인 여성으로만 여길 뿐 그녀의 문학적 열정은 이해 못 하는 속물이었다. 『벨자』에 그에 대한 묘사를 보면 소설 속 여주인공이 시가 무엇인지 아느냐고 묻자 그는 "한 줌의 먼지"라고 대답한다. 그녀는 분노와 실망을 감출 수가 없었다. 그녀는 "네가 잘라놓은 시체도 마찬가지야. 네가 치료한다고 생각하는 그 환자들도 그렇고. 그것들은 먼지인 것만큼 먼지이고 먼지야. 한 편의 좋은 시는 그런 유의 사람들 100명을 함께 모아놓은 것보다도 훨씬 더 오래 살아남는다고" 하며 그에 대한 분노와 실망을 감추지 못한다.

 게다가 실비아는 가장 머리가 좋고 명석한 남자라고 생각했던 어윈(Irwin)이라는 생물학 교수에게 폭행까지 당하게 된다. 처참한 몰골로 피를 흘리며 귀가한 실비아를 돌봐준 것은 낸시였다.

 그러던 그녀에게 풀브라이트 장학생으로 재학 중이었던 캠브리지 대학 선배인 테드 휴스를 만나는 역사적 사건이 일어난다. 그녀는 『세인트 보톨프스』(St. Botolph's Reviews)란 소책자에 실린 휴스의 시에 이미 감동을 받은 터에 그 개간(開刊) 파티에서 그를 본 순간 이제껏 어느 남자에게서도 받지 못했던 충격에 휩싸인다. 그는 그녀가 좋아하는 키가 크고 멋진 체격의 검은 머리 남자였고 그의 목소리는 '거대했다'(colossal). 그녀의 운명적이고 치명적인 사랑은 급속히 진척되어 첫 만남의 날 그의 뺨을 깨물며 열정적 사랑을 나누었다는 일화는 너무 유명하다.

 그녀가 그토록 원했던 남성, 자신의 창조적 능력을 질투하지 않을 정도로 우위이고 또 자신을 인정해줄 수 있는 안목을 지닌 큰 남자, 그녀는 거대하고 엄청난 사랑이 시작됨을 직감했다. 그녀의 인생에서 가장 위험한 "최악의" 일이 일어난 것이다. 그녀의 일기 속에 운명적 만남은 이렇게 묘사되어 있다.

실비아 플라스가 첫눈에 반한
'거대한' 남자 테드 휴스.
그와의 만남은 실로
'최악'의 결과를 낳았다.

그러다 최악의 일이 일어났다. 바로 그 키 큰 검은 머리의 덩치 큰 청년이, 유일하게 내게 어울릴 만큼 거대한 그가…… 내게 다가와 말을 걸었는데, 알고 보니 테드 휴스였다. ……갑자기 그가 세차게 입술을 부딪쳐 와락 내게 키스해온 것이다. 테드가 목덜미에 키스를 할 때 나는 그의 뺨을 오랫동안 세차게 물어뜯었고, 우리가 함께 방을 나설 때엔 그의 뺨에 피가 철철 흐르고 있었다. 나는 마음속으로 비명을 질러댔지. 아, 그대에게 나를 줄 수 있다면, 충돌하고 투쟁하며, 그대에게 나 자신을 던질 수 있다면 얼마나 좋을까라고. 드디어 생전 처음으로 단 하나의 남자를 발견한 것이다.[4]

그녀의 인생에 많은 남자가 있었지만 그들은 진정한 남성이 아니었다. 그녀는 "단 하나의 남자"를 만나 회오리가 몰아치듯 그와 사랑을 하고

테드 휴스와 휴스의 부모님, 그리고 실비아(1956년).

결혼을 하게 된다. 그러나 너무나 강렬히 사랑했기에 그만큼 아픔과 고통이 따랐다. 일기에 나타난 것처럼 휴스는 그녀의 시를 자신의 방식대로 고치려 했고, 삶의 양식도 그가 원하는 대로 바꾸려 했다.

실비아는 그에게 너무 의존적으로 되어가는 자신이 싫었고 그가 교훈적이긴 했지만 광적일 정도로 집요한 데가 있는 것도 견디기 힘들었다. 게다가 가정을 꾸리는 것은 또 다른 현실적인 문제라 경제적인 면에 무심한 그가 서운하기도 했다. 가정이란 속박에서 벗어나 휴스보다 더 훌륭한 시를 쓰고 싶은 욕구와 동시에 평온하고 행복한 가정을 이루고 싶은 세속적인 욕망은 이중적으로 늘 그녀에게 혼란을 가져다주었다. 그렇게 결혼 생활을 아등바등 꾸려갔지만 휴스의 주변에는 늘 여자가 끊이지 않았고, 그가 여제자와 함께 있는 모습에 이상한 직감을 느낀다. 그녀의 직감은 틀린 것이 아니었다. 그런 남편의 바람기는 실비아의 여린 신경을 아프게 건드렸다. 그때의 심경은 일기에 이렇게 토로되어 있다.

> 나는 그를 아버지와 동일시할 때가 있는데 이런 시기는 커다란 중요성을 띠게 된다. 예를 들어 특별한 날, 그이가 있어야 할 자리에 있지 않고 다른 여자와 함께 있다는 걸 발견했던 마지막 학기, 그때의 다툼처럼 나는 맹렬하게 분노를 표출했다.[5]

> 역시 빈궁한 하루…… 테드가 일을 좀 하고 싶어하면 좋을 텐데. 즐기며 할 수 있는 일거리를…… 내가 그 부담을 다 져야 한다는 느낌이다. 예의 돈 문제가 우릴 속속들이 적시고 있다. 나와 글쓰기 작업 사이를 막고 있는 차가운 시체. 나는 외부적으로 흘러가고 있는 삶이 필요하다. 아이, 일거리…….[6]

실비아는 자신을 현실에 두고 떠나간 아버지와 휴스를 동일시하면서 그의 무책임함에 속상해하고, 또 그가 자신을 배신하고 떠나가지 않을까 하는 불안감에 시달린다. 게다가 돈이란 문제는 벗어날 수 없는 현실로서 그런 억압된 상황이 그녀와 글쓰기 사이를 "시체"처럼 막고 있었고, 자신이 돈벌이로 강의를 하며 글쓸 시간을 버려야 했다. 그런 삶의 무게 속에서 휴스는 그녀가 의지할 수 있는 버팀목이 아니라 오히려 그녀가 신경쓰고 안달내야 하는 존재가 되어버린다.

에어리얼을 타고 달리는 고다이버처럼

그들 사이에 둘째 아들이 태어난 지 겨우 6개월 밖에 안 됐을 때 실비아는 휴스가 젊은 유부녀 아시아 웨빌(Assia Wevill)과 불륜의 관계인 걸 알게 된다. 유산을 한 번 하고 맹장 수술까지 받아 힘들었던 상황에 둘째를 낳은 그녀의 정신적·육체적 상황이 힘들었으리라는 것은 어렵지 않게 짐작할 수 있다. 그런데 산후우울증도 채 가시기 전에 늘 못 미더웠던 남편이 자신도 알고 있는 젊은 유부녀와 바람이 났다는 사실이 그녀에게는 큰 충격이었다.

그 사실을 알게 된 지 약 2개월 후, 결국 부부는 별거를 하게 되고 실비아는 아이 둘을 데리고 런던의 아파트로 나가 살게 된다. 그녀가 세를 얻게 된 아파트는 예전부터 존경했던 영국의 위대한 시인 예이츠(William Butler Yeats, 1865~1939)가 살던 아파트였다. 그녀는 자신이 존경했던 예이츠가 그곳에서 강하고 위대한 시들을 창조했다는 것에 알 수 없는 운명이 이곳으로 자신을 이끌어 그동안 그토록 염원했던 시창작의 길로 인도했음을 느낀다. 이제 바쁘고 치열했던 결혼 생활 속에서 생활비를 벌기 위한 강의 때문에, 또 소소한 가사에 희생하느라 분출하지 못하고

20대 후반의 실비아 플라스.
그녀는 휴스의 외도와 유산으로 인해
심한 고통을 받았다.

억눌러왔던 창작에 대한 열정을 불사른다.

  마치 너무나 억울하고 비참한 자신의 현재 상황을 벗어나기 위해 몸부림치듯이, 또 자신이 그동안 느껴왔던 참을 수 없는 문학적 갈증을 채우듯이 그녀는 광기와 열정을 가지고 시를 쓰기 시작했다. 그제야 그녀는 자신의 내면에 늘 웅크리고 앉아 자신을 괴롭혀왔던 "아빠", 곧 남편이자 가부장적 사회를 죽였다라고 소리친다.

  이젠 안 돼요, 더 이상은
  안 될 거예요. 검은 구두
  전 그걸 삼십 년 동안이나 발처럼
  신고 다녔어요. 초라하고 창백한 얼굴로,
  감히 숨 한 번 쉬지도 재채기조차 못 하며.

......
만일 제가 한 남자를 죽였다면, 전 둘을 죽인 셈이에요.
자기가 아빠라고 하며, 내 피를
일 년 동안 빨아 마신 흡혈귀,
아니, 사실은 칠 년이지만요.
아빠, 이젠 누우셔도 돼요.

아빠의 살찐 검은 심장에 말뚝이 박혔어요.
그리고 마을 사람들은 조금도 아빠를 좋아하지 않았어요.
그들은 그것이 아빠라는 걸 언제나 알고 있었어요.
아빠, 아빠, 이 개자식, 이젠 끝났어.[7]

위의 시 「아빠」(Daddy)에서 실비아는 7년간의 결혼생활은 "흡혈귀"에 빨린 삶과 같으며 이제 종식되었고, 평생 자신을 억누르던 검은 구두와 같은 가부장의 상징인 "아빠"를 드디어 죽였다고, 그래서 끝났다고 강렬한 어조로 말한다. 그녀는 비로소 자신의 여성적 존재의 자신감을 회복한다. 그녀는 더욱 독립적이며 당당한 글쓰기에 몰입하게 되고 그 시는 더 강하고 명징한 비유와 상징으로 담금질된 강철 같은 시로 거듭난다.

난 그것을 다시 했지요.
십 년마다 한 번씩
그것을 해낸다구요?
......

죽는 것은 하나의 기술이지요, 만사가 그렇듯.
난 그걸 특히 잘 해내요.

난 그게 지옥처럼 느껴지도록 잘 해내죠.
난 그게 정말처럼 느껴지도록 잘 해내요.
아마 내 천직(天職)이라 해도 좋을 거예요.
……
하나님 선생, 루시퍼 양반
조심하세요,
조심하시라구요.

잿속에서
난 빨간 머리를 하고 일어나서는
남자들을 공기처럼 먹어치우니까요.

   위의 시 「라자로 부인」(Lady Lazarus)은 성경의 예수님께서 죽은 나사로를 살리신 그 예화에서 가져온 것으로, 자신을 "죽는 기술을 잘 하는" 너무나 진짜처럼 죽는 "라자로 부인"으로 표현하고 있다. 10년에 한 번씩 죽음을, 자살을 시도하고 마지막까지 치닫던 자신의 치열한 삶을 빗대어 말한다. 그러나 "나"는 하나님도 악마도 놀래킬 정도로 죽지 아니하고 "빨간" 불꽃의 "머리"를 하고 다시 일어나 남자들을 먹어치운다. 성경에서 인유(因由)한 골격에 잿더미 속에서 다시 태어난 불사조의 이미지를 복합한 것이다. 또한 라자로 "부인"은 그녀가 원했던 것이 그것인 양 "남성을 공기처럼 먹어 치우는" 강렬한 승리를 이룬다.

「튤립」(Tulip)에서는 자신이 이제 30년간의 그녀의 삶을 떠나보내며 물로 세례를 받듯이 순결한 몸으로 거듭났다고 말한다.

가족사진 속에서 미소 짓고 있는 내 남편과 아이.
그들의 미소가 내 살에 와 박힙니다, 미소 짓는 작은 갈고리들.

나는 모든 것을 풀어놓아버렸어요,
고집스럽게 내 이름과 주소에 매달린 서른 살의 화물선.
그들은 내 사랑스러운 기억들을 깨끗이 닦아버렸어요.
초록의 플라스틱 베개가 달린 운반 침대 위에서
알몸으로 겁에 질린 채
나는 내 찻잔 세트, 내 속옷장, 내 책들이
시야에서 침몰해가는 것을 보았습니다. 그리고는 물이 내 머리를 뒤덮었지요.
나는 이제 수녀입니다. 이렇게 순결했던 적은 없었어요.

꽃은 필요없어요, 그저
양손을 위로 향하게 하고 누워서 완전히 나를 비워두고 싶을 뿐이었습니다.
얼마나 자유로운지, 당신은 모르실 걸요. 얼마나 자유로운지?
그 평화스러움이 너무 커서 멍해질 정도니까요.
그리고 그건 아무것도 요구하지 않아요, 명찰 하나와 자질구레한 장신구 정도면 족해요.
평화란, 결국은, 죽은 자들이 다가와 에워싸는 것이죠, 난 그들이

성찬식의 밀떡처럼 평화를 입에 넣고 다무는 것을 상상합니다.

"가족사진 속에서 미소 짓는 남편과 아이들은 아직도 작은 갈고리처럼 내 살에 박히지만" 이제 "나"는 병원의 이송 침대에 누워 자신이 소유했던 모든 것들을 풀어놓아주고 물속에 가라앉는 것을 지켜보며 자신의 삶을 물속에 '수장'시킨다. 마치 물로 세례를 받아 새 몸으로 태어나듯이 그 어떤 때보다도 순결해진 자신을 본다. 고통스러운 삶은 죽음으로만 벗어날 수 있는 듯 완전히 자신을 비우고 떠나보내자 너무 큰 평화가 찾아오고, 죽은 자들이 자신의 입에 성찬식 밀떡 같은 평화를 넣어줌을 상상한다.

실비아 플라스의 삶은 언제나 죽음과 맞닥뜨려 있었고 또 죽음과 대면한 그 극한의 시간은 오히려 그녀에게 살아 있다는 존재감을 극대화시켜주는 영원이며 찰나적인 순간이다. 죽음과 용감히 대면하여 삶의 카타르시스를 느끼는 것, 그렇게 함으로써 오히려 더 큰 삶을 다시 꿈꾸는 것, 그것이 바로 그녀의 삶의 방식이다.

실비아는 자신의 피 흘린 치마를 상기시키는 듯 「10월의 양귀비 꽃」(Poppies in October)에서 양귀비꽃의 빨간 꽃잎에서 여인의 치마, 새빨간 심장이 피어난 웃옷을 입은 구급차의 여인, 울부짖는 때 늦은 입의 이미지를 포착한다.

오늘 아침 태양의 반점(斑點)들조차 그런 치마들을 당해낼 수가 없다.
또 웃옷을 그렇게 적시며 새빨간 심장이 놀랍게 피어오르는
구급차 속의 여인조차도—

창백하게 또한 타는 듯이
일산화탄소를 점화시키는 하늘도,

또 중산모 아래 흐릿해져 멈춰버린
눈들도 전혀 요구하지 않았던
선물, 사랑의 선물.

아아, 도대체 나는 누구란 말인가,
이때 늦은 입들이
서리 내린 숲 속에서 팔랑개비 국화들이 맞이하는 새벽녘에
크게 입을 벌린 채 울부짖어야 한다니.

"치마" "울부짖는 늦은 입"은 또 다른 시 「7월의 양귀비 꽃」(Poppies in July)의 "자그마한 피투성이 치마" "이제 막 피로 물든 입" 등과 함께 여성적 주체로 표현된다. 또 구급차로 이송되는 새빨간 피로 웃옷을 적시는 여인의 이미지는 자신의 죽어가는 절망적인 모습이 투사되어 있다.
"아, 나는 누구란 말인가"라며 실비아는 서리 내린 새벽에 크게 비명 지르고 울부짖는 양귀비꽃에 자신을 투영시키고 있다.
1963년 2월, 런던의 겨울은 너무나 춥고 잔인했다. 생활고는 점점 심해지고 있었고 첫째 딸 프리다(Frieda)는 세 살, 둘째 아들 니콜라스(Nicholas)는 이제 돌이 되어가고 있었다. 아이들은 사랑스러웠지만 돌보는 것은 온전히 그녀만의 몫이었다. 낮에는 아이들을 돌보며 새벽에는 미친듯이 글을 썼다. 그렇게 한 달에 이삼십 편의 시를 썼다. 그 어느 때보다도 많은 시작(詩作)이었다. 연약한 아이들은 추위에 감기를 달고 있

었고, 본인도 평생 고질병인 비염으로 고생하고 있었다.

  몸도 마음도 만신창이가 된데다 가뜩이나 추위를 심하게 타는 미국 여인은 런던의 유난히 추웠던 겨울을 지독히 겪고 있었다. 이 힘든 상황 속에서 이제 모두 다 내려놓고 큰 평화를 느끼고 싶었는지도 모른다. 아니면 이번에도 '죽는 기술'에 뛰어난 그녀로서는 죽음을 시도한 후 다시 태어나고 싶었는지도 모른다. 그녀는 진정 이 상황을 벗어나 시 「에어리얼」(Ariel)에서 표현한 그 자유를 맛보고 싶었는지도 모른다.

    새하얀 고다이버, 나는 옷을 벗어버린다—.[8]
    죽어버린 손들, 죽어버린 절박함.

    그리고 이제 난
    밀가루 거품, 바다의 광채.
    어린아이의 울음이

    장벽(障壁)에서 녹아버린다.
    그리고 난 화살이다.

    시뻘건 눈,
    아침의 큰 솥 속으로
    자살하듯 돌진해 들어가는

    이슬이다.

존 콜리어, 『레이디 고다이버』(1898년). 에어리얼을 타고 달리는 고다이버처럼, 실비아는 절망적인 상황에서 모든 것을 벗어버리고 내달리는 자유를 갈망했다.

실비아는 벌거벗은 채 말을 타고 거리를 돌아다녔다는 고다이버 부인처럼 자신의 애마 에어리얼을 타고 혼연일체가 되어 돌진하고 싶은 욕망을 보여준다.

처절한 절망 속에서 아이들의 울음을 뒤로 하고 모든 것을 벗어던지고 돌진하고 싶었을까? 가스 오븐 속에 머리를 집어넣고 실비아는 이번에는 다시 돌아올 수 없는 죽음으로 돌진했다. 다음날 아침 집안일을 돌봐주는 여학생도 집에 들어올 수 없도록 문은 굳게 잠겨 있었고, 아래층의 사람들도 흘러들어온 가스에 취해 잠이 들어 있었다. 아무도 그녀를 죽음에서 구할 수 없었다. 죽지 못하고 예전에 자살을 시도했을 때처럼 상처만 얻을지도 모른다는 우려 때문인지 그녀의 옆에는 "의사에게 데려다 주세요"라는 쪽지만 있을 뿐 유서도 당부도 없었다. 그녀는 시 「끝 모서리」(Edge)에서 "완성되었다"라고 말한다.

여인은 완성되었다.
그녀의 죽은 육체는

성취의 미소를 띠고 있었고,
희랍적 필연성의 환영이

그녀가 걸친 토가의 소용돌이 무늬 속으로 흐른다.
그녀의 맨발은

이렇게 말하는 듯하다.
우리가 여기까지 오긴 했지만, 이젠 끝났어요라고.

죽은 아이들마다 똬리를 틀었다, 흰 뱀처럼.
지금은 텅 빈

각자의 작은 우유 주전자에,
정원이 뻣뻣해지고

밤에 피는 꽃의 깊고 달콤한 목에서 향기가 흘러나올 때

장미 꽃잎이 닫히듯

그녀는 아이들을 다시 자기 몸속으로
접어넣었다.

달은 그녀의 뼈의 두건에서 지켜보며
슬퍼할 것이라곤 없었다.

달은 이런 일에 익숙해져 있다.
달의 검은 옷이 따닥따닥 소리내며 끌린다.

마치 신화 속 여신처럼 토가를 걸친 여인은 죽음으로 완성되었고 성취의 미소를 띤 아름다운 자태였다. "희랍적 필연성"에서 연상되는 그리스 신화의 여신처럼 맨발의 그녀는 이제 "우리는 여기까지 왔어, 그러나 이젠 끝났다"고 말한다. 그리고 그녀는 똬리를 틀고 있는 하얀 뱀처럼 죽은 아이들을 접어 자신의 몸속으로 접어넣는다. 마치 정원이 거칠어질 쯤 장미의 꽃잎이 접히는 것처럼. 정원은 밤 꽃의 깊고 달콤한 향기로 가득 차 있고 "하얀 뼈로 된 두건"을 쓴 양 하얀 달빛만 교교하다. 달은 무심하고 이런 일엔 익숙한 듯 검은 그림자를 끌고 자신의 길을 운행한다. 실비아는 이 시에서처럼 자신의 아이들도 "죽음으로 접어" 자신의 몸속에 넣어가고 싶진 않았을까? 그러나 나중에 아시아 웨빌은 휴스와의 사이에서 낳은 딸과 같이 자살했지만, 실비아는 아이들의 먹을 것까지 챙기는 모정을 끝까지 놓지 않았다.

실비아 플라스만큼 신화적 여인이 있을까. 강렬한 매력의 남성과 사랑에 빠지고 자신의 몸을 던져 폭풍처럼 사랑했으나 끝내 배신당하는 그녀에게서 신화적 비극이 느껴진다. 그녀와 휴스의 사랑 이야기에서 휴스는 그의 시가 남성적 힘과 폭력을 다룬 것처럼 강력한 힘의 소유자요, 폭력성과 잔인함의 상징을 이룬다. 그럼으로 그들의 사랑은 실비아에게 치명적 아픔이고 피할 수 없는 죽음으로 그 사랑은 완성된다.

또한 실비아는 죽기 전 마지막 자신의 영혼을 불사르듯 낮에는 아이들을 먹이고 돌보는 어머니로서 평범히 지내고, 아기의 울음소리도 우유 배달부도 미처 오지 않은 여전히 푸르스름한 새벽, 영원에 가까운 시각에 시신(詩神)의 영감을 받은 듯 그 이전에는 한 편도 쓸 수 없었던 시들을 미친 듯이 써내려갔다. 자신의 마지막 숨을 불어넣어 시대를 영속할 작품을 만들어 영원한 자신의 신화 속 뮤즈로서 자리매김하듯 온몸을 던져 핏빛 울음의 시들을 완성시킨다.

핏빛 울음으로 토해낸 고백

실비아가 죽은 후 테드 휴스는 아시아 웨빌과 결혼한다. 그러나 그 후 6년 후 휴스는 또다시 외도를 시작하고 실비아의 뒤를 따르듯 아시아 웨빌은 휴스와 사이에서 태어난 자신의 딸에게 수면제를 먹이고 실비아와 똑같은 방식으로 오븐에 머리를 넣고 동반 자살을 한다.

왜 아시아가 실비아와 똑같은 죽음의 방식을 선택했는지는 모른다. 그러나 우리는 아시아의 죽음에서 동일하게 감춰진 여성으로서의 삶의 아픔, 벗어날 수 없었던 치명적인 사랑을 또다시 느낄 수 있다. 아마 그녀는 실비아의 죽음에 죄책감을 느껴왔을 수도, 혹은 자신의 결혼 생활 중 겪었던 드러나지 않는 아픔에 실비아와 동료애를 느꼈을 수도 있다. 어쨌든 휴스는 그의 두 명의 부인이 모두 자살로 삶을 마감한 덕에 아내를 차례대로 죽여 벽장에 가둔 '푸른 수염'[9)]과 같은 잔혹한 남편의 이미지까지 얻게 된다. 게다가 휴스는 실비아의 일기를 출판할 때 자신에게 불리한 이야기가 있던 별거 시절 몇 개월의 분량을 삭제한 채 출판하고 그 이유를 "자녀들에게 충격을 주기 싫어서"라고 변명했다. 또한 그는 시집 『에어리얼』을 출판할 때에도 자신에게 불리한 시들은 빼는 한편 의도적으로 앞부분은 명랑하고 밝은 시를 넣고 어두운 시는 뒤에 실었다는 비난을 면치 못했다. 실비아를 사랑하는 사람들은 밤마다 실비아의 묘비에서 휴스라는 성을 지워버렸고, 그러자 또다시 새겨지고 없애는 일들이 반복되었다.

실비아 플라스가 사망한 후, 1960년대 중반부터 젊은 여성들이 보여준 그녀의 문학과 삶에 대한 관심은 가히 폭발적인 것이었다. 그녀의 작품들은 다시 읽히고 재평가되었으며 그녀의 명징한 시 속에 살아 넘치는 힘과 소설 속에 나타난 시대를 앞서간 지성적이고 창의적인 사고는 많은 독자와 비평가들의 마음을 뒤흔들며 찬사를 받았다.

실비아의 문학은 그 뒤 불붙듯 일어난 광범위한 여성주의 운동의 효시라 해도 과언이 아니다. 그녀가 시에서 강하게 표출한 여성으로서의 한계적 삶 속의 고통과 광기는 '아내로서 행복한 여성' '가정주부'로, 또 '어머니'로만 존재하는 남성 지배 사회 속의 여성의 모습에 대한 혼란과 투쟁의 몸부림이었다. 실비아는 때론 감수성이 강한 불안정한 언어로, 때론 차가운 이성의 강한 언어로 시대와 사회의 상황 속에서 스스로의 정체성을 외치는 시의 투쟁을 펼쳤으며 이에 모더니즘 이후 가장 주목받는 미국 시인의 대표자로 일컬어진다.

실비아 플라스의 시들 속에서 가장 드러나며 아름다운 것은 그녀의 강력한 자아다. 그녀의 시는 미국 시사(詩史)에서 현대 '고백시'(Confessional

기네스 펠트로(실비아 플라스 역),
다니엘 크레이그(테드 휴스 역)가
열연한 영화「실비아」(2003년).

Poetry)로 정의되는 것이 일반적이다. 그러나 그녀의 시는 다른 고백시인들과 달리 단순한 시인의 삶의 고통과 심리적인 문제를 토로하는 단순하고 제한적이며 사적인 체험의 고백에 그치지 않는다.

우리는 그녀의 시들 속에 언제나 맹렬히 빛나고 있는 자아의 눈들을 발견할 수 있다. 그 자아는 아버지의 죽음을 접했던 어린 시절부터 『벨자』의 젊은 여대생이었을 때에도, 또 삶에 지쳐 또 다른 영혼의 세계를 탐구할 때에도 강력히 살아 움직이며 주변을 탐구하고 정의하며 그 주변 속에서 끊임없이 스스로의 자아로 조절하고 판단하고자 한다. 상황의 중심은 늘 자신의 명철한 자아였으며 그녀의 이런 지적인 자아의 분신은 고다이버 부인이며, 나자로 부인이며, 늦은 날 붉은 꽃잎의 비명을 지닌 양귀비꽃이며, 곧 치명적 아름다움의 극치다.

아름답고 사랑스러웠던 여인, 냉철한 지성과 예리한 감수성의 그녀는 그 시대의 진정한 뮤즈였으며 치열하게 사랑하고 완벽하게 생을 마감한 아픔으로 기억될 것이다. 그녀는 1950~60년대의 여성에 대한 갇힌 성 모럴의 일탈을 꿈꾸었으나 그러나 완전히 벗어날 수 없었던 현실에 또 다시 자신의 새장 속으로 돌아와야 했다. 시대의 철저하고 숨막히는 인습과 비극적 운명의 장벽 앞에서 여성으로서의 치열한 삶을 고스란히 짊어지고 그를 예술로 승화시킨 실비아 플라스. 그녀는 피를 토하듯이 자신을 에워싸는 상상력과 영감으로 자신의 울음을 시로 창조해냈다.

역동적이고 다면적인 모습으로 자신에게 주어진 삶을 이끌어 나가며 시대에 발칙하고 솔직한 자기의 사고를 분출하고자 했던 그녀가 죽기 전 자신의 피로 물든 울음의 시들을 세상에 내어놓고 죽음으로 요절한 것은 존 키츠(John Keats)와 더불어 비운의 천재 시인의 대열에 그녀를 올려놓는다. 그녀의 묘비의 헌사처럼 "심지어 사나운 불꽃 속에서도 황금빛 연꽃을 피워 낸" 실비아 플라스의 사랑과 시와 죽음의 신화는 신비롭고 가슴 아픈 전설로 영원히 기억될 것이다.

실비아 플라스를 알기 위해 더 읽어볼 책

『거상』(巨像) | 실비아 플라스 지음, 윤준·이현숙 옮김, 청하, 1986
실비아 플라스의 첫 시집으로 '아버지 시'라고 불리는 가부장적 존재에 대한 고찰과 고통, 극복 등을 다룬다. 실비아 플라스의 특징인 명료한 이미지들과 직접적이고 간결한 시체를 잘 살려 우리말로 옮겨 놓았다. 아울러 『에어리얼』에 실린 시들도 함께 실려 있어 실비아 플라스의 시를 전면적으로 접할 수 있다.

『벨자』 | 실비아 플라스 지음, 이지훈 옮김, 고려원, 1981
실비아 플라스가 대학 시절 『마드모아젤』의 객원기자로 뉴욕에서 한 달간 지냈던 경험을 바탕으로 쓴 자전적 소설이다. 여성 문학도로서 삶과 야망과 현실에 대한 갈등과 고통이 잘 나타나 있으며, 정신 병원에 들어가기까지의 심리 묘사가 매우 뛰어나다.

『실비아 플라스 연구』 | 우상균 지음, 동인, 1998
실비아 플라스를 전공한 작가의 해박한 지식으로 작가의 생애, 작품론을 깊이 다루고 있다.

『실비아 플라스의 일기』 | 실비아 플라스 지음, 김선형 옮김, 문예출판사, 2004
실비아 플라스는 일기를 늘 써왔으며 이를 통해 삶 속의 그녀의 모습을 엿볼 수 있다. 단, 테드 휴스가 자신과 갈등이 있던 별거 전후를 의도적으로 없애버렸기 때문에 그 부분은 미루어 짐작 할 수밖에 없음이 안타깝다.

Plath, Sylvia, **The Collected Poems**, Ed. Ted Hughes, New York: Harper & Row, 1981.
플라스의 모든 시들을 묶었다. 플라스의 시를 원문으로 읽을 수 있다. 1981년 퓰리처상을 받기도 한 역작이다.

실비아 플라스 연보

1932   10월 27일, 에밀 오토 플라스와 아우렐리아 쇼버 플라스 사이에서 첫아이로 출생.
1940   11월 5일, 아버지 오토 플라스 사망.
1949   학교지『더 브래드포드』(The Bradford) 편집자로 임명, 『더 타운스맨』(The Townsman)에 칼럼 기고.
1950   잡지『세븐틴』에「그리고 여름은 또 다시 오지 않는다」,『크리스천 사이언스 모니터』에「쓴 딸기」등 단편소설 기고함.
       스미스 대학(Smith College)에 장학생으로 입학.
1952   『마드모아젤』(Madmoiselle)지에 단편소설「민턴에서의 일요일」(Sunday at Mintons)이 실림.
1953   『마드모아젤』지 객원 편집자로 뉴욕에서 한 달간 머묾.
       수면제 복용으로 자살 기도, 매사추세츠 정신병원에 입원.
1955   최우등생으로 졸업. 풀브라이트 장학생으로 캠브리지 대학교 입학.
1956   2월 5일, 테드 휴스를 만남. 6월 16일, 런던에서 결혼.
1958   스미스 대학에서 마지막 강의, 남편의 외도로 다툼.
1960   첫 딸 프리다 (Prida) 출산. 첫 시집『거상』(The Colossus) 출판.
1961   소설『벨자』집필 시작. 두 번째 임신은 유산됨. 맹장 수술을 받음.
1962   1월, 아들 니콜라스(Nicholas) 출산. 4월, 집중적으로 시작에 몰두.
       6월, 자동차 사고, 자살 미수로도 추정. 7월, 아시아 웨빌과 남편의 외도를 명확히 알게 됨. 9월, 별거 시작. 10월, 한 달 동안 무려 26편의 시를 씀.
       12월, 41편 이상의 시작으로 차기 시집 출판 준비 완료.
1963   1월, 빅토리아 루카스란 필명으로『벨자』출판.
       2월 11일, 자살.
1965   플라스의 41편 이상의 시 중 21편만 테드 휴스가 선별하여 유고 시집『에어리얼』(Ariel)로 출판됨.

주註

1 레즈비언의 기원이 되다 | 사포

1) 한정숙, 「사포와 여성적 세계: 협애한 성 정체성 구분을 넘어서는 고대적 포용성」, 『페미니즘 연구』, 제6호, 13~14쪽에서 재인용.
2) 마리옹 기벨 지음, 장영태 옮김, 『삽포』, 행림출판, 1985, 15쪽에서 인용.
3) 사포의 시들은 단편적으로 전해내려오고 있어 후대의 학자들이 그 단편들을 조각 맞추듯 짜깁기하고 어떤 이들은 번호를 붙여 작품을 구분했고 일부 편저자들은 내용에 맞게 제목을 붙였다. 그래서 아직 통일된 버전이 존재하지 않으며 여러 버전이 공존하고 있다. 이 책에서는 오자성이 번역한 사포의 『에게 해의 사랑』을 인용한다.
4) 에게 해에 있는 레스보스 섬의 중심 도시.
5) 사포 지음, 오자성 옮김, 『에게 해의 사랑』, 한겨레, 1991, 59쪽 주석 참조.
6) 고대 주석자들의 기록에 따르면 사포의 시집 아홉 권 가운데 한 권은 '축혼시집'이었다고 한다.
7) 이 초기 대화편은 소크라테스와 제자들이 모인 향연에서 사랑을 찬양하는 연설을 하나씩 하는 구성으로 되어 있다.
8) 이경직, 「플라톤의 『향연』 편에 나타난 동성애」, 『기독교 사회윤리』, 제3권 제1호, 2008, 5쪽에서 인용.
9) 정혜신, 『그리스 문화 산책: 디오뉘소스의 열정에서 사포의 사랑까지』, 민음사, 2003, 349쪽에서 재인용.

10) 레즈비언이란 단어가 여성 동성애자라는 뜻으로 쓰이게 된 것은 19세기 말부터다.
11) 트로이 전쟁의 이유가 되었던 헬레네와 메넬라오스 사이에서 낳은 딸.
12) 이 시에 대해서는 열정적인 사랑의 감정 자체를 노래한 것이라는 해석과, 신부의 매력을 강렬한 언어로 노래한 축혼가라는 주장이 있다. 한정숙, 앞의 글, 19쪽 참조.
13) 같은 글, 18~19쪽에서 재인용.
14) 마리옹 기벨, 앞의 책, 126쪽에서 재인용.
15) 한정숙, 앞의 글, 11쪽에서 인용.
16) 김헌, 『고대 그리스의 시인들』, 살림, 2004, 67쪽에서 인용.
17) 한정숙, 앞의 글, 12쪽 참조.
18) 새벽의 여신. 티토노스와의 사이에서 에티오피아의 왕 멤논을 낳았다.
19) 트로이 왕 라오메돈의 아들. 에오스는 제우스에게 사랑하는 티토노스를 불사(不死)의 몸으로 만들어달라고 했다. 그러나 불로(不老)로 해달라는 말을 잊었기 때문에 티토노스는 늙게 되었다. 에오스는 티토노스가 늙어가자 가두어놓았고 그는 결국 매미가 되었다고 한다. 이 시에 나오는 '의미 없는 소리'란 매미 소리를 뜻한다.
20) 이 절벽은 일명 lover's leap이라 불리며, 뛰어내려도 죽지 않고 상사병이 낫는다는 속설이 있었다고 한다.
21) 한정숙, 앞의 글, 42쪽 참조.
22) 『팔라티네 앤솔러지』 ix, 506. 정혜신, 앞의 책, 339쪽에서 재인용.
23) 한정숙, 앞의 글, 35~36쪽 참조.

2 신분을 넘어 사대부의 지우知友가 되다 | 황진이

1) 여기서 기녀에 대한 논의는 이능화, 이재곤이 옮긴 『조선해어화사』(동문선, 1992)와 조광국의 『기녀담, 기녀등장 소설연구』(월인, 2002), 서지영의 「조선시대 기녀 섹슈얼리티와 사랑의 담론」(『한국고전여성 문학연구』 제5집, 한국고전여성문학회, 2002), 그리고 이규경의 『오주연문장전산고』와 김택영의 『송도인물지』 등의 내용을 참조했다.
2) 조광국, 『기녀담, 기녀등장 소설 연구』, 월인, 2002, 88~89쪽 참조.

3) 황진이의 생몰연대는 미상이다. 따라서 단편적인 기록을 토대로 김탁환, 「실존인물의 삶을 어떻게 그릴 것인가?—황진이 관련 기록과 이태준의 장편소설 『황진이』를 중심으로」와 『(주석판)나, 황진이』(푸른역사, 2002)의 논의를 참조했다.
4) 이 글은 지금까지의 선행연구에 힘입어 정리한 것이다. 김탁환의 『나, 황진이와 서대석이 묶은 『우리고전 캐릭터의 모든 것』(휴머니스트, 2008), 조광국의 『기녀담, 기녀등장 소설 연구』, 박선의 「황진이 설화의 전개와 소설적 변용」(성신여자대학교 석사학위논문, 2010), 안남연의 「황진이의 재조명」(『한국어문학연구』49, 한국어문학연구학회, 2007), 임주탁의 「이야기 문맥을 고려한 황진이 시조의 새로운 해석」(『우리말글』38, 우리말글학회, 2006), 김병길의 「황진이 설화의 역사소설화와 그 계보」(『동방학지』46, 연세대출판부, 2009), 박유희의 「2000년 이후 서사매체와 역사속 여성의 허구화—2000년 이후 소설, 영화, TV 드라마를 중심으로」(『한국고전여성문학연구』15, 한국고전여성문학회, 2007), 이현경의 「현대 영화가 황진이를 소환하고 재현하는 방식」(『한국고전여성문학연구』15, 한국고전여성문학회, 2007) 등의 논문에 큰 도움을 받았다. 이 글의 목적이 대중에게 쉽게 황진이를 소개하는 데 있기 때문에 해당 인용부분에 일일이 주석을 달지 않았다. 이 점 저자들에게 양해를 구한다.
황진이의 시조나 한시 작품에 대해서는 연구자마다 이견이 있다. 여기서는 사대부와의 만남을 중심으로 작품을 소개했다. 인용한 한시는 여러 연구서의 번역을 참고하여 현대어로 제시했고, 시조는 한글 고어 형태로 제시했다.
5) 임주탁, 「이야기 문맥을 고려한 황진이 시조의 새로운 해석」, 『우리말글』38, 우리말글학회, 2006, 223쪽.
6) 김용숙, 「황진이의 전기적 연구」(강전섭 편, 『황진이연구』, 창학사, 1986)에서 이언방과 이사종이 처음 만날 때 똑같은 명창들로 시작하고, 또한 자기 이름을 속이고 밝히지 않은 것을 황진이가 노래로 알아맞혔다는 이야기를 볼 때 두 사람이 동일인일지도 모른다고 했다.
7) 유봉학, 「조선후기 개성지식인의 동향과 북학사상 수용」, 『규장각』제16집, 서울대학교 규장각, 1994, 86~87쪽.
8) 임주탁, 「이야기 문맥을 고려한 황진이 시조의 새로운 해석」, 『우리말글』38, 우리말글학회, 2006, 213~214쪽.

3 사랑과 정의의 몽상가 | 조르주 상드

1) George Sand, *Œvres autobiographiques*, Gallimard, coll., *La Pléade*, t.II. 1970, p.954.
2) 같은 책, p.965.
3) George Sand, *Lélia*, Garnier, coll. *Classiques Garnier*, 1985. 번역본으로 이재희가 옮긴 『렐리아』(서원, 2002)가 있다. 『렐리아』에 관한 본문의 인용문은 원서에서 인용한 것이다.
4) 같은 책, p.55~56.
5) 같은 책, p.57.
6) André Maurois, *Llia ou la vie de George Sand*, Paris, Hachette, 1952, p.81. 앙드레 모루아, 권영자 옮김, 『조르주 상드』, 율성사, 1978, 93쪽.
7) 같은 책, 296쪽에서 재인용.
8) 같은 책, 99쪽.
9) 같은 책, 99쪽.
10) George Sand, 앞의 책, *Lélia*, p.172.
11) 같은 책, p.172.
12) 앙드레 모루아, 앞의 책, 99쪽.
13) 같은 책, 98쪽.
14) 같은 책, 141쪽.
15) 같은 책, 117쪽.

4 시대의 올무를 끊다 | 조지 엘리엇

1) George Eliot, *The Mill on the Floss*, Harmondsworth, Penguin, 1979, pp.406~407.
2) 같은 책, p.59.
3) 같은 책, p.68.
4) 같은 책, p.253.
5) 같은 책, p.404.
6) 같은 책, p.442.

7) 같은 책, p.449.
8) 같은 책, p.166.
9) 같은 책, p.655.
10) 같은 책, p.92.
11) George Eliot, *Middlemarch*, Harmondsworth, Penguin, 1965, pp.25~26.
12) 로즈마리 애쉬톤, 이금희 옮김, 『조지 엘리어트』, 문경출판, 1986, 50쪽의 인용부분 재참조.
13) *The Mill on the Floss*, p.239.
14) 같은 책, pp.450~451.
15) 같은 책, p.605.
16) 같은 책, p.628.
17) 같은 책, p.612.
18) 로즈마리 애쉬톤, 앞의 책, 23쪽.
19) *The Mill on the Floss*, p.182.
20) 로즈마리 애쉬톤, 앞의 책, 67쪽의 인용부분 재참조.
21) George Eliot, *Silas Marner*, Harmondsworth, Penguin, 1967, p.22.
22) 같은 책, p.68.
23) 같은 책, p.167.
24) 같은 책, p.178.
25) 같은 책, p.180.
26) 같은 책, p.182.
27) 같은 책, p.184.
28) 같은 책, pp.190~191.
29) 같은 책, p.234.
30) 로즈마리 애쉬톤, 앞의 책, 8쪽.
31) *The Mill on the Floss*, p.450.
32) 로즈마리 애쉬톤, 앞의 책, 9쪽의 인용부분 재참조.
33) 같은 책, 32쪽의 인용부분 재참조.

5 인간의 실존적 비극을 탐색한 휴머니스트 | 버지니아 울프

1) 버지니아 울프, 정덕애 옮김, 『그래도 나는 쐐기풀 같은 고통을 뽑지 않을 것이다: 버지니아 울프의 일기』, 솔, 1996, 52쪽.
2) 버지니아 울프, 박희진 옮김, 『등대로』, 솔, 2004, 85쪽.
3) 버지니아 울프, 정명희 옮김, 『댈러웨이 부인』, 솔, 2006, 56~57쪽.
4) 같은 책, 79쪽.
5) 『등대로』, 앞의 책, 52~53쪽.
6) 『댈러웨이 부인』, 앞의 책, 94~95쪽.
7) 같은 책, 231~232쪽.
8) 버지니아 울프, 정상진 옮김, 『막간』, 지성의 샘, 1992, 113쪽.
9) 베르너 발트만, 이온화 옮김, 『버지니아 울프』, 한길사, 1997, 202~203쪽.
10) 『댈러웨이 부인』, 앞의 책, 241쪽.

6 일본 최초의 여성 직업 작가 | 히구치 이치요

1) 무가사회(武家社會)란 미나모토노 요리토모(源供朝, 1147~1199)가 1192년 가마쿠라(鎌倉)에 창설한 무가정권에서부터 도쿠가와 이에야스(德川家康, 1543~1616)가 1603년에 에도(지금의 도쿄)에 창설한 무가정권이 메이지유신에 의해 멸망한 1868년까지의 시기를 말한다.
2) 이 두 인물을 화폐의 인물로 선정할 당시 일본은 1990년대 후반부터 시작된 경기 침체가 10년이 넘도록 지속되고 있었다. 이러한 사회 상황에서 국민들에게 희망을 주기 위해 역경을 딛고 일어선 두 인물을 선정하지 않았나 하고 생각하는 바다. 일본 지폐의 인물 선정 추이를 살펴보면 처음에 황족 또는 천황의 측근에서부터 시작하여 정치가→문인→과학자로 변해왔다. 이러한 과정에서 여성 작가가 5,000엔 지폐에 채택되었다는 것은 많은 의미를 내포하고 있다.
3) '신초일본문학앨범'『히구치 이치요』(樋口一葉), 신초샤(新潮社), 1985.
4) 이치요가 태어난 곳은 현재 도쿄의 치요다(千代田) 구였는데, 같은 해에 현재 다이토(台東) 구에 집을 사서 이사를 했다. 두 살 때에는 현재 미나토(港) 구로 이사했고, 네 살 때에는 현재의 분쿄(文京) 구로 이사를 했다. 또 아홉 살

때에는 시모타니(下谷) 구로 이사를 했고, 열두 살 때에는 같은 구 안에서 이사를 했다. 열여섯 살 때에는 살던 집이 넘어가는 바람에 시바(芝) 구에서 셋집에서 지내던 둘째 오빠와 일시적으로 같이 살았는데, 이후에도 계속 셋집을 전전하게 되었다. 이것은 히구치 집안이 몰락해가는 전조이기도 했다.
5) 당시 일본의 초등학교는 등급제로 등급을 마칠 때마다 졸업을 했다. 이 등급제는 8등급으로 나뉘어 소학교 제8급은 초등학교 1학년, 제7급은 2학년, 소학교 고등과 제4급은 5학년에 해당하며, 제3급은 초등학교 6학년에 해당한다. 이치요는 소학교 고등과 제4급을 수석으로 졸업하고 그 이후에는 진학하지 못했다.
6) 『구사조시』(草双紙)는 초기에는 어린이를 대상으로 한 그림책에서 점점 발전하여 세태를 익살스럽게 표현하는 성인 대상의 장편소설로 변모하게 된다.
7) 당시 실시했던 통신교육은 우편을 이용하는 것이 대부분이었으며, 강사가 수강생들에게 텍스트 등의 교재와 첨삭용 과제, 문제, 해답용 리포트 용지를 보낸다. 수강생은 지정된 기일 내에 자신의 학습 성과에 대한 리포트를 작성해서 우편으로 보낸다. 강사는 수강생들의 해답과 리포트를 평가하며, 좋은 평가를 얻으면 졸업할 수도 있었다.
8) 당시 이치요 일가의 최소생활비는 10엔이었다고 한다. 한편, 1896년 29세의 나이로 고등학교에 교사로 부임한 나쓰메 소세키가 받은 첫 월급은 100엔이었다.
9) 히구치 이치요, 이상경 옮김, 『키재기』, 생각의나무, 2002, 11쪽.
10) 히구치 이치요, 유은경 외 옮김, 『히구치 이치요 작품선집』, 제이엔씨, 2005, 42쪽.
11) 같은 책, 66쪽.
12) 樋口一葉, 『水の上日記』, 1895. 5(『樋口一葉全集 3』, 小学館, 1996, p.271).
13) 히구치 이치요, 유은경 외 옮김, 앞의 책, 133~134쪽.
14) 이치요 문학 기념관 자료 『히구치 이치요』(樋口一葉), 1986.
15) 같은 글.

7 한국 여성의 길이 되다 | 나혜석

1) 나혜석, 『신동아』, 1933. 4; 『나혜석 전집』, 태학사, 2000, 355~356쪽. 이하

인용문은 모두 태학사판 『나혜석 전집』에서 발췌한 것이다.
2) 「경희」, 같은 책, 103~104쪽.
3) 「어머니와 딸」, 같은 책, 174쪽.
4) 「회생한 손녀에게」, 같은 책, 108쪽.
5) 「회생한 손녀에게」, 같은 책, 108~109쪽.
6) 「파리의 그 여자」, 같은 책. 147쪽.
7) 「강명화의 자살에 대하여」, 같은 책, 253쪽.
8) 「강명화의 자살에 대하여」, 같은 책, 254쪽.
9) 「모된 감상기」, 같은 책, 231쪽.
10) 「백결생에게 답함」, 같은 책, 238쪽.
11) 「부처간의 문답」, 같은 책, 247쪽.
12) 「나를 잊지 않는 행복」(1924), 같은 책, 264쪽.
13) 「생활개량에 대한 여자의 부르짖음」, 같은 책, 272쪽.
14) 「이혼고백장」(1934), 같은 책, 423쪽.
15) 「나의 여교원시대」(1935), 같은 책, 462쪽.
16) 「화가로 어머니로」(1933), 같은 책, 347쪽.
17) 「모된 감상기」(1923), 같은 책, 221쪽.
18) 「신생활에 들면서」(1935), 같은 책, 436쪽.
19) 「신생활에 들면서」(1935), 같은 책, 432쪽.
20) 「조선에 태어난 것을 행복으로 압니다」(1934), 같은 책, 654쪽.

8 고뇌와 욕망을 넘어서 역사가 되다 | 딩링

1) 1957년 중국의 주석이었던 마오쩌둥은 '인민 내부의 모순을 바로 처리하는 문제에 대하여'라는 보고에서 정풍 운동을 지시한다. 이어서 나온 '백화제방, 백가쟁명' 정책을 통해 민주 제 당파, 지식인이 중공을 비판하자, 이를 중대한 사회주의 체제의 위기로 판단하고 이들을 우파로 몰고서 동시에 '적·아군의 모순'이라는 계급투쟁으로 선회시킨다. 이로부터 반우파 투쟁이 전개된다.
2) 중국의 프롤레타리아 문화대혁명에 대해서는 여러 가지 분석이 있지만 일반적으로 1960년대 초반 마오쩌둥이 주도한 대약진 운동 등 제 정책을 지식인들이 비판한 사실에 대한 마오의 정치적 대응이라 보는 견해가 많다. 마오쩌둥이 소

집한 10대의 홍위병들이 그의 어록을 들고 전통과 기성세대에 반발해 난동을 부리는 사이에 요문원, 강청, 장춘교, 왕홍문 등 4인방이 세력을 쥐고 전국의 교육과 문화계 지식인을 수정주의나 우파분자로 몰아 핍박, 감금하고 숙청하는 일이 10년간이나 계속되었다고 해서 '10년 동란'이라 불린다.
3) 9월 20일 루위가 「홍색낭자군」의 안무가인 장주후이를 만나다. 9月20日魯豫有約〈紅色娘子軍〉編舞之一蔣祖慧(출처: http://www.phoenixtv.com:8086/home/fhkp/html/493/singlepage110783.html)
4) 周良沛, 『丁玲專』, 北京十月文藝出版社, 1994, pp.133~134.
5) 같은 책, p.160.
6) 이는 1928년에 출판된 딩링의 첫 단편소설집이다.
7) 丁玲, 「我的創作生活」(1933), 『丁玲散文 下』, 中國廣播電視出版社, 1997, p.243.
8) 丁玲, 「夢珂」, 『丁玲文集』(第2卷), 湖南人民出版社, 1983, p.44.
9) 1931년 2월에 일어난 이 사건을 '좌련오열사(左聯五烈士) 사건'이라고 부른다. 당시 좌익작가연맹의 진보작가들은 국민당의 탄압을 받아 비밀리에 집회를 하곤 했는데, 누군가의 밀고로 비밀장소가 누설되어 후예편은 러우스(柔石), 인푸(殷夫), 리츄스(李求實), 펑컹(馮鏗) 등과 함께 체포되어 상하이 롱화(龍華) 감옥에서 처형을 당한다.
10) 姬田光義 외, 『中國近現代史』, 日月書閣, 1985, p.289.
11) 이 사(詞)의 제목은 '臨江仙'이다.
12) 쫑청, 김미란 옮김, 『딩링』, 다섯수레, 1998, p.185.
13) 丁玲, 「寫給女青年作者」(1980.8), 『丁玲散文 下』, 中國廣播電視出版社, 1997, p.75.
14) 丁玲, 「我怎样跟文学結下了"緣分"」, 같은 책, 中國廣播電視出版社, 1997, p.277.
15) 丁玲, 「三八節有感」, 『丁玲散文 上』, 中國廣播電視出版社, 1997, p.614.
16) 딩링이 비판을 당한 내용 가운데 대표적인 것은 그녀의 행적이나 글이 반당 행위로 규정되고 반동주의자로 낙인이 찍힌 것이다. 초기 작품인 『소피의 일기』도 비판을 받는데, 소피는 곧 작가 딩링이며 '나쁜 여자'(壞女人)라고 비판을 당한다. 「삼팔절유감」은 반당행위를 발전시킨 '대독초'(大毒草)이며, 딩링이 작가는 신발을 만들듯이 대량생산을 해서는 안 되고 한 권의 좋은 책을 써야 한

다고 했던 말이 '책 한 권 주의'로 변질되었고, 이는 인민 대중을 무시한 작가 개인의 영리추구라 하여 비판을 당했다.(周良沛,『丁玲專』참조)
17) 丁玲,『丁玲散文 下』, 中國廣播電視出版社, 1997, pp.299~300.
18) 쫑칭, 앞의 책, 316쪽.

9 자유를 향한 열정 | 시몬 드 보부아르

1) 보부아르의 양녀인 실비 르 봉 드 보부아르는 두 사람이 보낸 편지들을 순서대로 편집해 한 권의 책으로 엮어 출판하려고 했다. 그러나 올그런의 미국 대리인들이 이를 거부해서 그 기획을 실현하지 못했다. 실비 르 봉은 보부아르가 보낸 304통의 편지를 프랑스어로 번역해 1997년에『연애편지』로 출판했고, 이 듬해에 미국에서 영문 편지를『대서양을 넘나든 사랑: 넬슨 올그런에게 보낸 편지』(A Transatlantic Love Affair: Letters to Nelson Algren)라는 제목으로 출판했다. 이 두 사람의 이야기를 바탕으로 스웨덴 출신의 라세 할스트롬이 감독하고 조니 뎁이 주연을 맡아「My American Lover」라는 영화를 제작하고 있다.
2)『타인의 피』와 같은 주제를 다룬 이 작품은 보부아르의 유일한 희곡 작품이지만, 실제 연극 무대에 올리기에는 어렵다는 평가를 받고 있다.
3)『처녀 시절』과『한창나이』가 작가가 되어가는 한 인간의 성장에 대한 기록이라면,『사물의 힘』은 유명한 작가가 된 후의 삶, 특히 프랑스의 제국주의에 저항하는 알제리 전쟁 지원 활동과 그에 따른 사회의 부당한 대응을 상세히 기록하고 있다.
4) 클로드 랑즈만은 20세기 프랑스 지성을 대표하는 저널리스트 중 한 사람으로 최고의 기록영화로 평가받는 9시간 30분짜리 대작 다큐멘터리『쇼아』(Shoah, 1985)를 제작했다. 오랜 반제국주의·반전운동의 경험을 바탕으로 만들어진 이 영화는 유대인수용소에서 살아남은 유대인들과 가해자인 나치 친위대원들의 증언을 엮은 것으로, 홀로코스트의 현장을 증언하는 수많은 사람들의 얼굴에 드러나는 공포와 절망, 냉소와 위선을 가감 없이 보여주어 관객에게 충격을 준 걸작이다. '쇼아'는 '절멸' 또는 '파국'을 의미하는 히브리어다.
5) 시몬 드 보부아르, 소장순 옮김,『위기의 여자』, 문예출판사, 1998, 195쪽.
6) 같은 책, 218쪽.
7) 1944년생인 바댕테르는 파리 이공과대학에서 철학교수를 지냈으며, 프랑스

사회당 상원의원인 로베르 바댕테르의 부인이자 세 자녀를 둔 어머니다. 그는 계몽주의 철학과 시몬 드 보부아르가 형성한 사상을 바탕으로, 사회민주주의를 옹호하는 여러 저술을 통해 현대 여성의 사회적 위치를 재평가하는 데 주력해왔다. 2003년에 출판한 『잘못된 길』(Fausse Route)에서는 여성이 피해자라는 주장을 바탕으로 한 페미니스트 운동의 방향을 비판했다.

10 모든 생을 사랑하다 | 루이제 린저

1) 이에 대해 다음과 같은 글이 있다. 김창활, 「루이제 린저와 전혜린의 행복한 만남: '여성'이란 이름을 한 하나의 그들, 하나의 얼굴」, 『문학사상사』, 제34권 제6호, 2005, 188~192쪽.
2) 전혜린, 『이 모든 괴로움을 또다시』, 민서출판사, 1991, 238쪽.
3) 같은 책, 132쪽.
4) 같은 책, 141쪽.
5) 루이제 린저 지음, 박찬일 옮김, 『삶의 한가운데』, 민음사, 2008, 257쪽.
6) 같은 책, 319~320쪽.
7) 같은 책, 349쪽.
8) 같은 책, 277쪽.
9) 같은 책, 263쪽.
10) 카를 오르프는 독일 뮌헨 출생으로 작곡가 겸 지휘자이자 교육가로 킨터와 함께 음악과 체육을 결합시키는 데 힘썼다. 대표작 「카르미나 부라나」(Carmina Burana) 등을 작곡하여 독자적인 작풍을 확립했다.
11) 루이제 린저, 홍경호 옮김, 『잔잔한 가슴에 파문이 일 때(외)』, 범우사, 1999, 202~203쪽.
12) 루이제 린저, 노영돈 옮김, 「바르샤바에서 온 얀 로벨」, 『루이제 린저 단편선』, 도서출판 미크로, 1999, 253~254쪽.
13) Ursula Homann, 「Wer war Luise Rinser? Widersprüchliches Bild in der Öffentlichkeit」, http://www.ursulahomann.de/WerWarLuiseRinser/kap001.html.
14) 카를 라너는 독일 프라이부르크 출신으로 가톨릭 신학자이자 예수회 수사다. 뮌헨 대학 교수였고, 토마스 아퀴나스를 실존주의적으로 해석했다. 교회일치

운동의 가톨릭 측 실무자로 활동했으며, 다른 종교, 사상과의 대화와 교류를 통해 현대사회의 여러 문제를 해결하려고 한 20세기의 가장 영향력 있는 신학자 가운데 한 사람이며 신학교육의 개혁을 주창했다. 주요 저서로『신학논총』『사명과 은혜』『그리스도교 신앙입문』『누가 너의 형제냐』『말씀의 청자』등이 있다.

15) 루이제 린저, 강규현 옮김,『루이제 린저의 북한 이야기』, 형성사, 1988,「서문」.
16) 같은 책,「서문」.
17) 윤이상, 루이제 린저,『윤이상. 상처입은 용』. 랜덤하우스중앙, 2005, 8쪽.
18) 같은 책, 9쪽.
19) 같은 책, 12쪽
20) 루이제 린저, 김희상 옮김,『평화. 루이제 린저와 달라이 라마의 아름다운 만남』, 황금물고기, 2005, 120~121쪽.
21) J. Jürgen Seidel: Rinser, Luise, in: Biographisch-Bibliographisches Kirchenlexikon, Band XXIII(2004), http://www.bbkl.de/r/rinser 1.shtml.

11 역사를 넘어서 인간의 내면을 꿰뚫다 | 샤오훙

1) 魯迅,「生死場」序言, "……女性作者的細致的觀察和越軌的筆致, 又增加了不少明麗和新鮮",『蕭紅文集・中短篇小說集』, 安徽文藝出版社, 1997, p.221.
2) 중국의 샤오훙 연구가 중의 한 사람인 황푸샤오타오(皇甫曉濤)는 저서『샤오훙 현상』(蕭紅現象)에서 1980년대 이후 샤오훙 연구의 유행을 '샤오훙붐'(蕭紅熱)이라 이름하고, 이는 단순히 한 작가의 사상이나 예술적 성취에 대한 평가의 문제가 아니라 중국의 현대문화사상이 그동안 겪은 역사적 곤혹을 벗어나 현대 사상사의 학술적 진전과 현대문학 연구 이론의 역사적인 전환을 기대하는 의미에서 나온 문화현상으로, 자신은 이를 '샤오훙 현상'(蕭紅現象)이라 명명한다고 밝히고 있다. 皇甫曉濤,『蕭紅現象』, 天津人民出版社, 2000, p.2. (內容提要)
3) 范橋, 盧今 編,「祖父死了的時候」,『蕭紅散文』, 中國廣播電視出版社, 1995, pp.311~315.
4) 샤오쥔(蕭軍, 1907~88)은 본명이 류훙린(劉鴻霖)으로 랴오닝 성 의현 농촌 의용군 출신의 혁명소설가다. 대표작으로 장편소설「팔월의 향촌」(八月的鄕

村)이 있다. 하얼빈 국제협보 문예부간의 편집기자로 있던 1932년에 샤오홍을 만나게 된다. 그는 유약하고 겁이 많은 샤오홍과는 달리 성격과 말투가 거칠고 폭력적이었으며 주사가 있었다.(葛浩文, 『蕭紅新傳』, 香港三聯書店, 1989, p.19)

5) 蕭紅,「廣告副手」, 앞의 책, 安徽文藝出版社, 1997, p.65.
6) 같은 책, p.71.
7) 같은 책, p.74.
8) 許廣平,「追憶蕭紅」, 『蕭紅文集』, 散文詩歌及其他, p.377.
9) 김철, 권제봉, 『중국현대문학사』, 청년사, 1989, 337~338쪽.
10) 蕭紅,「生死場」, 앞의 책, p.258.
11) 蕭紅,「橋」, 같은 책, p.129.
12) 같은 책, p.140.
13) 蕭紅,「手」, 같은 책, p.91.
14) 戴錦華·孟悅, 『浮出歷史地表』, 河南人民出版社, 1989, p.184.
15) 거하오원(葛浩文)은 이때 샤오홍이 고통을 당하면서도 바로 샤오쥔과 헤어지지 못한 이유는 그녀가 애써서 그의 우월감과 이기심을 맞춰주었고, 다른 하나는 그녀가 의지할 사람이 아무도 없었기 때문이라고 보고 있다. 葛浩文, 앞의 책, p.92.
16) 蕭紅,「朦朧的期待」, 앞의 책, p.166.
17) 같은 책, p.168.
18) 두안무훙량(端木蕻良)은 1912년 랴오닝 성 창투 현 출신의 현대소설가다. 본명은 차오린주(曹蘭柱), 그는 칭화 대학교에서 공부했고, 초기에는 소설을 썼다. 샤오홍과 함께한 1939년에 그는 상하이 푸단 대학에서 교편을 잡기도 하고 1940년 홍콩에서는 문예잡지를 만들기도 했으며, 『홍루몽』 『안나 카레리나』 등을 연극으로 개작했다.
19) 丁玲,「風雨中憶蕭紅」, 『丁玲散文 上』, 中國廣播電視出版社, 1997, p.323.
20) 聶紺弩,「在西安」, 『蕭紅文集』 散文詩歌及其他, 安徽文藝出版社, 1997, p.411.
21) 같은 책, p.413.
22) 같은 책, p.410.
23) 蕭紅,「逃難」, 『蕭紅文集』, p.173.
24)「逃難」, 같은 책, p.176.

25) 蕭紅, 「馬伯樂」, 『蕭紅文集 · 長篇小說集』, pp.228~229.
26) 같은 책, 291쪽.

12 폭풍 같은 삶, 핏빛 울음의 시 | 실비아 플라스

1) 테드 휴스는 영국의 시인 · 극작가 · 비평가다. 남성적인 시를 썼으며 폭력성, 동물의 힘 등을 시의 주제로 잡았다. 실비아 플라스와 결혼 후 시인으로서 명성을 높여갔으며 영국의 계관시인 대열에 오른다. 실비아가 죽은 후 3년 동안은 시작(詩作)을 멈추고 그녀의 유고 시집을 펴냈다.
2) 그리스 신화에 나오는 괴물. 바다의 신 포르키스와 케토의 딸인 고르고(Gorgo) 세 자매 가운데 막내였으나 아테네의 저주로 괴물로 변했다. 멧돼지의 엄니와 청동(靑銅)의 손, 황금 날개를 가지고 있으며, 머리카락 대신에 뱀이 나 있는 괴기한 용모로, 이것을 한 번 본 사람은 돌로 변해버린다.
3) '벨자'란 밑이 뚫려 있는 실린더의 일종으로 종모양의 유리로 된 병이다. 과학 실험을 할 때 안의 물질을 보호하면서도 밖에서 자세히 관찰할 수 있는 용도로 쓰인다. 그러나 '벨자' 속의 사물은 유리의 성질 때문에 굴곡되고 이그러진 모습으로 관찰될 수밖에 없다. 이는 자신이 늘 '벨자' 속에 갇혀져 관찰되고 있다는 실비아 플라스의 의식에서 표현된 것이다.
4) 「1956년 1월 26일 일기」, 실비아 플라스, 김선형 옮김, 『실비아 플라스의 일기』, 문예출판사, 2004, 238~239쪽.
5) 「1958년 12월 27일 일기」, 같은 책, 547쪽.
6) 「1959년 1월 8일 일기」, 같은 책, 563~565쪽.
7) 1962년 10월 12일 별거 후 한 달 안에 쓴 이 시가 수록된 시집 『에어리얼』(Ariel)이 1965년 자신의 시 저작권을 자연히 승계받은 테드 휴스의 손으로 유고 시집으로 출판되었다는 것은 아이러니한 일이다. 또 그 부부가 이혼이 아닌 별거의 상태였기에 유고 시집들이나 일기 등의 출판이 남편 테드 휴스에게 큰 수익을 가져다준 것도 사실이다.
8) 고다이버 부인(Lady Godiva)은 11세기 영국의 귀족 부인으로, 벌거벗은 채 말을 타고 거리를 돌았다고 전한다. 그 이유로 유력한 이야기는 다음과 같다. 워릭셔 주, 코번트리의 귀족이었던 남편 레오프릭 백작에게 시민들의 무거운 세금을 줄여달라고 고다이버 부인이 간청하자 백작은 시장거리를 알몸으로 지

나간다면 그 청을 들어주겠다고 했다. 그러자 시민들을 긍휼히 여겼던 부인이 머리카락으로 몸을 감싸고 말을 탄 채 시장거리를 돌진했다는 것이다. 이때 시민들은 부인에 대한 존경과 사랑으로 모두 외출을 하지 않았다고 한다. 지금도 이를 기념해 고다이버 행진이 행해지고 있다.

9) 17세기 프랑스 샤를 페로의 잔혹 동화. 마을의 영주인 주인공 '푸른 수염'은 아내를 차례대로 죽여 작은 방에 숨겨놓는다.

10) '고백시'란 영미 비평가인 로젠탈(Rosenthal)이 『신시인들』(*The New Poets*)에서 과거의 시와는 차별된, 시인의 개인적이고 사사로운 삶의 사실과 매우 내적인 경험, 깊은 심정을 시의 내용으로 다룬 서정시를 일컬으면서 보편적인 시의 한 장르가 되었다. 대표적인 시인으로는 로버트 로웰(Robert Lowell, 1917~77)이 있다. 실비아 플라스는 1959년 보스턴 대학에서 로웰의 시 창작 교실에 같은 시대의 여성 시인인 앤 섹스턴(Ann Sexton)과 함께 참여했고, 많은 감명을 받았음을 여러 기록에서 언급했다.

저자소개

권오숙 權五淑
1 레즈비언의 기원이 되다 | 사포
한국외국어대학교 영어과를 졸업하고 같은 대학교 대학원에서 셰익스피어에 대한 연구로 박사학위를 받았다. 지금은 한국외국어대학교, 덕성여자대학교, 경희대학교에서 셰익스피어를 비롯한 영문학과 문화, 번역 관련 강의를 하고 있다. 주로 셰익스피어와 여러 장르의 예술을 아우르는 비교문화 연구에 매진하고 있으며 셰익스피어와 관련된 다양한 저술 활동을 하고 있다. 주요 저서로는 『셰익스피어 그림으로 읽기』, 『셰익스피어와 후기 구조주의』(문화체육관광부 우수학술도서), 『청소년을 위한 셰익스피어』, 『여성 문화의 새로운 시각 7』(공저, 문화체육관광부 우수학술도서) 등이 있으며, 옮긴 책으로는 셰익스피어의 『맥베스』, 『햄릿』, 오스카 와일드의 『살로메』와 리스 디리의 『엄마에게 쓰는 편지』 등이 있다.

안정심 安貞心
2 신분을 넘어 사대부의 지우知友가 되다 | 황진이
덕성여자대학교 국어국문학과와 같은 대학교 대학원 국어국문학과를 졸업했다. 성균관대학교 동아시아학과에서 박사과정을 이수하면서 현재 덕성여자대학교에서 강의하고 있다. 두 아이의 엄마로 늦은 공부를 시작해 아직 내세울 만한 연구성과가 없다. 늦은 만큼 더 열심히 공부하고 있다.

박혜숙 朴惠淑
3 사랑과 정의의 몽상가 | 조르주 상드
연세대학교 불어불문학과 졸업하고 같은 대학교 대학원과 미국 오하이오 대학교에서 불문학 석사학위를 받았다. 파리 소르본 대학에서 「Types féminins dans les romans de George Sand」으로 불문학 박사학위를 받았고 조르주 상드에 대한 관심으로 파리 상드협회 회원이 되었다. 지금은 연세대학교 인문학연구원 전문연구원으로 있으면서 같은 대학교에서 불어불문학을 강의하고 있다. 저서로는 『Types féminins dans les romans de George Sand』(Septentrion), 『소설의 등장인물』, 『프랑스 문화와 예술』, 『매체와 이야기의 인문학』(공저), 『프랑스 문학에서 만난 여성들』(공저) 등이 있으며, 옮긴 책으로는 피에르 비투 등이 쓴 『채털리』, 자클린나 카시의 『영화배우』 등이 있다.

김문숙 金文淑
4 시대의 올무를 끊다 | 조지 엘리엇
한국외국어대학교 영어과를 졸업하고 같은 대학교 대학원에서 「조이스 소설에 나타난 식민주의 비판」으로 박사학위를 받았다. 한국외국어대학교, 한국산업기술대학교 등에서 강의하고 있으며 지금은 명지대학교에서 객원교수로 재직하고 있다. 조이스에 관한 연구 논문 「페넬로피: 여성 섹슈얼리티의 탈식민주의적 재현」 「죽은 사람들: 죽음, 재생, 그리고 여성」 「스티븐과 어머니: 사랑의 쓰라린 신비」 등을 발표했고, 옮긴 책으로는 토머스 하디의 『테스』, 마이클 핸런의 『과학이 아직까지 풀지 못한 10가지 질문』 등이 있다.

김채남 金採南
5 인간의 실존적 비극을 탐색한 휴머니스트 | 버지니아 울프
한국외국어대학교 영어과를 졸업했으며, 같은 대학교 대학원에서 「Virginia Woolf 소설의 사회성 연구」로 박사학위를 받았다. 지금은 한국외국어대학교, 광운대학교 등에서 학생들을 가르치고 있다. 옮긴 책으로는 『중·고등학교 교사를 위한 영어 말하기 지도법』이 있으며, 논문으로는 「시몬느와 소월의 시적 연관성」 「『Jacob's Room』: 상류사회 청년 지식인의 초상」 등이 있다.

이정희 李貞熙
6 일본 최초의 여성 직업 작가 | 히구치 이치요
덕성여자대학교 일문과를 졸업하고, 일본 쓰쿠바(筑波) 대학교 대학원에서 문학으로 석사·박사과정을 수료했다. 일본현대문학을 전공하여 아베 고보(安部公房) 연구로 박사학위를 받았다. 지금은 위덕대학교 일본언어문화학과 교수로 재직하고 있다. 저서로는 『現代日本文学の旗手 安部公房の小説を読む』 『일본 현대문학의 기수 아베 고보 연구』(2009년 대한민국학술원 기초학문분야 우수학술도서) 등이 있고, 옮긴 책으로는 아베 고보의 단편집 『벽』과 장편소설 『타인의 얼굴』 등이 있다. 논문으로는 「아베 고보와 〈만주〉체험―「짐승들은 고향을 향한다」를 중심으로―」 「安部公房の〈満州〉体験と文学的イメージ」 「다매체 시대의 일본문학 교육방법론」 「일본문학 교육 방법 II―아베 고보의 「붉은 누에고치(赤い繭)」 읽기―」 등이 있다.

김윤선 金玧宣
7 한국 여성의 길이 되다 | 나혜석

덕성여자대학교 국어국문학과를 졸업하고 고려대학교 국어국문학과 현대문학 전공으로 석사와 박사학위를 받았다. 고려대학교, 덕성여자대학교, 인천가톨릭대학교, 한림대학교, 한성대학교 등에서 강의를 했다. 고려대학교 민족문화연구원 연구원, 고려대학교 연구교수, 덕성여자대학교 교양학부 초빙교수를 거쳐 지금은 고려대학교 인문대학 부교수로 있다. 저서로는 『한국현대소설과 섹슈얼리티』(2006년 문화관광부 우수학술도서)가 있고, 공저로는 『도전받는 가정공동체』 『미래를 여는 가정공동체』 『대중서사장르의 모든 것』 등 다수가 있으며, 논문으로는 「『帝國新聞』에 나타난 美國 留學과 留學生 寄書(便紙) 硏究」「녹색 성장 시대 새로운 글쓰기」「근대 여성매체 『신여성』에 나타난 여성의 소비문화」「1930년대 한국 영화의 문학화 과정 ─ 영화 「무정」(박기채 감독, 1939)을 중심으로」「한국 근대 기독교와 여성적 글쓰기 ─ 나혜석을 중심으로」 등이 있다. 현재 태평양학술문화재단의 「한국현대 '여성미'의 형성 및 전개와 여성의 소비문화」를 연구 수행중이며 『천주교 미담 연구』를 집필하고 있다.

오경희 吳京嬉
8 고뇌와 욕망을 넘어서 역사가 되다 | 딩링
11 역사를 넘어서 인간의 내면을 꿰뚫다 | 샤오훙

숙명여자대학교 중어중문학과를 졸업하고 중국 베이징 대학교 대학원에서 비교문학 박사학위를 받았다. 숙명여자대학교 아시아여성연구소와 다문화통합연구소의 책임연구원을 거쳐 지금은 백석문화대학교 중국어학부 교수로 있다. 인문학자로서 역사와 사회에서 소외된 이들의 보이지 않는 삶과 문화에 대해 지속적으로 관심을 가지고, 중국문학과 문화·여성·소수자·다문화에 관한 강의와 연구를 하고 있다. 논문으로는 「중국조선족 이주담론에 나타난 디아스포라의 삶과 정체성」「민족과 젠더의 경계에선 여성의 이산 ─ 강경애의 〈소금〉과 허련순의 〈바람꽃〉 비교」가 있다. 공저로는 『일곱가지 여성콤플렉스』 『일곱가지 남성 콤플렉스』 『제3의 성 ─ 중년여성 바로보기』가 있고, 옮긴 책으로는 따이진화의 중국대중문화연구서 『숨겨진 서사 ─ 1990년대 중국대중문화 읽기』(공역)가 있다.

이화숙 李花淑
9 자유를 향한 열정 | 시몬 드 보부아르
한국외국어대학교 불어과와 같은 대학교 대학원 불어과를 졸업했다. 현대 프랑스 시인인 프랑시스 퐁주(Francis Ponge)에 관한 논문 「프랑시스 퐁주의 사물 인식과 반복의 글쓰기」로 불문학 박사학위를 받았다. 한국외국어대학교와 포항공대, 위덕대학교에서 불문학과 글쓰기를 강의했으며, 지금은 캐나다에 살면서 다른 세상을 여행하고 있다. 옮긴 책으로는 프랑수아 스티른의 『인간과 권력』, 피에르 바뱅의 『느끼는 시대, 오늘』, 생텍쥐페리의 『젊은 날의 편지』, 리처드 로어의 『내안에 접힌 날개』, 올리비에 포스텔 비네이의 『X염색체의 복수』, 몰리에르의 『동 쥐앙 또는 석상의 잔치』 등이 있다.

서유정 徐有貞
10 모든 생을 사랑하다 | 루이제 린저
한국외국어대학교 독일어과와 같은 대학교 대학원 독어독문학과를 졸업했다. 독일 본 대학교에서 「20세기 독일어권 여성작가의 유년기 자서전」 연구로 독문학 박사학위를 받았으며, 지금은 한국외국어대학교에서 학생들을 가르치고 있다. 옮긴 책으로는 체루야 샬레부의 『모독 1·2』, 우도 마르크바르트의 『팝콘먹는 소크라테스』, 슈테판 카르티어의 『하늘의 문화사』, 벤노 플루드라의 『마이카의 황새』, 마르셀 라히니 라니츠키의 『사로잡힌 영혼. 한 문학저널리스트의 사랑과 삶』(공역) 등이 있으며, 논문으로는 「카슈니츠의 『유년의 집』에 나타난 여성의 유년기억의 억압과 정체성 문제」 「독일인과 유태인의 새로운 대화가능성을 모색하는 여성적 시도―루트 클뤼거의 『삶은 계속된다』」 「여성의 미와 추에 관한 문학적 재고―슈티프터와 박민규를 중심으로」 「헤르타 뮐러 문학의 정치성과 미학성―『저지대』를 중심으로」 「한독여성문학의 자전적 글쓰기 비교연구―헬가 노박과 오정희」 등이 있다.

강문애 姜文愛
12 폭풍 같은 삶, 핏빛 울음의 시 | 실비아 플라스
한국외국어대학교 영어과를 졸업하고 같은 대학교 대학원에서 박사과정을 수료했다. 미국 시(詩)를 전공했으며 한국외국어대학교, 상지대학교 등에서 영어와 영문학을 강의했다. 지금은 한국산업기술대학교에서 학생들을 가르치고 있다. 논문으로는 「디킨슨(Dickinson)과 자연시(自然詩)」가 있다.